ISAGÔGÈ PHILOSOPHIAE

INTRODUCTION TO PHILOSOPHY

ISAGÔGÈ PHILOSOPHIAE

INTRODUCTION TO PHILOSOPHY

Dirk H. T. Vollenhoven

Edited by
John H. Kok and Anthony Tol

Dordt College Press

Published with permission of the D.H.Th. Vollenhoven Foundation

Translated from the Dutch by John H. Kok.

Printed in the United States of America.

Dordt College Press   www.dordt.edu/dordt_press
498 Fourth Avenue NE
Sioux Center, Iowa 51250
United States of America

ISBN: 978-0-932914-63-7

The Library of Congress Cataloging-in-Publication Data
is on file with the Library of Congress, Washington, D.C.
Library of Congress Control Number: 2005931477

Editors' note

The editors brought together work for which each has primary responsibility.

J.K. provided the translation. Extensive use of his draft versions over the years provided opportunity to experiment with variant formulations of Vollenhoven's distinct use of the Dutch language. He wishes to thank Al Wolters for his translating help early on—it was the early 1980s—and numerous Dordt College students who helped him know better where the translation continued to lack clarity.

A.T. was able to provide a definitive version of the Dutch text through his research on the genealogy of Vollenhoven's text. He wishes to thank Kornelis A. Bril for his continuous interest in the project and his unfailing encouragement and support. In earlier stages of the project, Pete Boonstra and Erik Barter gave initial technical assistance with the diagrams, which is very much appreciated. And a special thanks to Jan de Koning, who shared with me his notes and his experiences as a classroom user of the *Isagoge* in 1942–1943, more than half a century later, thereby contributing to our knowledge of the effect the Vollenhoven text had in the classroom setting.

Through email contact, the editors were able to undo the divide of continents. In close cooperation they worked together to ensure that the text and the translation would have optimal agreement.

Finally, we wish to thank the Vollenhoven Foundation for permission to publish *Isagôgè Philosophiae*.

John H. Kok
Anthony Tol

Contents

Preface

This good English translation, with a researched critical Dutch edition, of Vollenhoven's text, *Introduction to Philosophy*, presents a cornerstone of theory in philosophical reflection germinated at the Free University of Amsterdam during the past three generations. All those foreigners like myself who spent years in doctoral study there with Vollenhoven, Zuidema, Dooyeweerd, Mekkes, K.J. Popma and Van Riessen, cut our Dutch teeth on this primordial, skeletal text. It had a confusing simplicity, a lingual scrupulosity, and quiet biblical earnestness that both captivated and frustrated us early North Americans who were in a hurry to become christian philosophical thinkers. Vollenhoven takes time to be understood.

The fact that Dirk H. Th. Vollenhoven was a pastor of a congregation and wrote a Ph.D. dissertation on the philosophy of mathematics gives an indication of the range and stature of the man who began to teach **systematic philosophy** at the university in the faith-thought tradition of Abraham Kuyper. Vollenhoven's *Introduction to Philosophy* is a **philosophical** text; it is not worldviewy. Vollenhoven has a chaste love to be exact in word precision when he writes philosophy. His meticulous prose is not colorful. A good teacher of this introductory text will fill out its terse distinctions with concrete life examples. And if one makes the effort to follow slowly and plumb the visionary wisdom in Vollenhoven's conceptual leadership, the result is a humbled redemptive orientation in the philosophical task.

Other building blocks Vollenhoven, with colleagues, offered toward construction of an on-going Scripturally directed christian philosophy are now also available in the English language. They are mentioned in the fine introduction to this volume by Anthony Tol. My hope is that many christian college instructors, who may be looking for a radically Bible-true (but not biblicistic) effort to give a new generation of students good direction for thinking through matters in their varied disciplines, will examine this basic introductory text. For those who are able to be patient to do justice to Vollenhoven's slowly unfolding analysis of the creatural world we inhabit, which belongs to

God revealed in Jesus Christ, there is a surprise coming: the blessing which makes one thankful that our local stories and philosophical reflections can share in the certain, enduring, worldwide promise of the Lord's Rule acoming in God's historically troubled but well-ordered creation.

Calvin Seerveld, emeritus
Institute for Christian Studies, Toronto
July 2005

Foreword

The publication of Vollenhoven's *Introduction to Philosophy* in a bilingual edition is an important step forward in making the work of the Protestant-Christian Dutch philosopher, Dirk H. Th. Vollenhoven (1892–1978), more generally available. While the text does not fully summarize his whole thought at the time it was written nor adequately represent his later thought, it nevertheless touches on the central themes of his thought. It has a unique place in his *oeuvre*, both in its content and its style. No serious study in Vollenhoven can afford to ignore this text.

Besides illuminating the thought of its author, the text also reflects in many ways the context in which it arose. Vollenhoven worked at the Free University of Amsterdam, and at that university he, along with his brother-in-law, Herman Dooyeweerd (1894–1977), initiated a development in philosophy usually referred to as *Reformational philosophy*. The text portrays something of the atmosphere of the Free University in the 1930s and 1940s. Thus, this publication will also help the reader gain a better view of Dutch (Neo-)Calvinism in the twentieth century, particularly as this concerns the Free University in the *interbellum* period. In this introduction, we shall concentrate on the context in which the text arose and the goals that Vollenhoven hoped to achieve with it. It is through the context of this work that the peculiarities of its content and style find their explanation. We shall end with a discussion of some select features of the text.

Philosophy at the Free University of Amsterdam

The text of this *Introduction to Philosophy* arose in the context of Vollenhoven's teaching duties. When he was appointed professor of philosophy at the Free University of Amsterdam in the fall of 1926—the first full-time appointment in philosophy since the university's founding in 1880—Vollenhoven's duties included teaching a course on the main contours of philosophy and a survey course in the history of philosophy. Both courses were required courses for all first-

year students. The present text is the syllabus, in its most developed form, of the first of these two courses.[1]

The requirement of philosophy had everything to do with the distinct character of the Free University. When founded, the university committed itself to the pursuit of academic goals in the light of a Reformed understanding of humankind, the world, and history. To secure an academic counterweight to humanism, scientistic worldviews, and speculative history, the university expressed its explicit commitment to "Reformed-Calvinist principles." The university hoped that, in time, both its own community and academia at large would be served as the example of an academic pursuit of knowledge based on Reformed-Calvinist principles took on more explicit form.

By disposition and training, Vollenhoven was an ideal candidate to develop a program of philosophy that would comply with the university's general aim. Before he accepted the university appointment, Vollenhoven had been a minister in the Reformed churches (Gereformeerde Kerken). This attests to his firm allegiance to the Reformed cause. But of more specific significance was that Vollenhoven had written a remarkable dissertation on the philosophy of mathematics from what he then called "a theistic point of view."[2] This work gave evidence of an impressive knowledge of the whole history of Western philosophy as well as a distinct ability to discern philosophical problems that lie buried in the foundations of mathematics. The courage and resolve shown by the young Vollenhoven in executing a *principled* investigation in this area, where the relevance of a *faith commitment* is not immediately evident, became exemplary of the kind of standards, regarding both personal qualities and the work

---

1. The syllabus offering an overview of the history of philosophy, entitled (in translation) "Short Survey of the History of Philosophy," is now available in English, in D. H. Th. Vollenhoven, *The Problem-Historical Method and the History of Philosophy*, ed. Kornelis A. Bril (Amsterdam: De Zaak Haes, 2005).

2. D. H. Th. Vollenhoven, *De Wijsbegeerte der Wiskunde van Theïstisch Standpunt* (Amsterdam: Van Soest, 1918). Vollenhoven soon regretted the use of the adjective *theistic*, because he found this in practice to be ambiguous. The last chapter of this dissertation, titled *The thetical part*, has been translated by John H. Kok; cf. his *Vollenhoven: His Early Development* (Sioux Center: Dordt College Press, 1992), 308–53. Kok's work contains a detailed discussion of Vollenhoven's dissertation.

achieved, that the Free University wished to promote.[3]

When Vollenhoven accepted the chair of philosophy, there was no existing philosophy program at the Free University.[4] Various professors, such as Abraham Kuyper, Jan Woltjer, Wilhelm Geesink, Herman Bavinck, and (especially) Hendrik J. Pos,[5] interspersed their lectures with philosophical themes of their own choosing. Vollenhoven had to set up a program from scratch; hence, it took a few years before he had developed his first-year courses to the point of meeting his specific goals. By 1930, his notes on the main contours of his philosophical position were sufficiently rounded out to enable them to be mimeographed as syllabi for student use. He gave it the title *Isagôgè Philosophiae*, which means "Introduction to Philosophy." From that time on, a syllabus has been available, even up to the present time, though the text underwent many revisions in the subsequent years until 1945, when Vollenhoven ceased working on it.

Isagôgè Philosophiae and the university's goals

The text of the *Isagoge*—Vollenhoven's preferred working title of this syllabus—attempts to meet different goals. There is, to start with, the context of the university, in particular its distinct "Reformed-Calvinist foundation."

The Free University was founded by the multitalented and influential Abraham Kuyper (1837–1920). Calvinism had taken firm root in the Netherlands, and Kuyper gave Calvinism in the Netherlands a

---

3. Vollenhoven's thesis played a prominent role in the early years of the Faculty of Mathematics and Natural Science of the Free University, when this faculty opened its doors in 1930. Cf. H. Blauwendraad, *Worsteling naar waarheid. De opkomst van Wiskunde en Informatica aan de VU* [*Wrestling for Truth: The Rise of Mathematics and Information Science at the Free University*] (Zoetermeer: Meinema, 2004); cf. especially Chapter 2.

4. In 1926, the Free University had only three faculties, a Faculty of Theology, a Faculty of Law, and a Faculty of Classical Languages. Philosophy was a section of the latter faculty. Philosophy became an independent faculty only in 1964—a year after Vollenhoven's retirement—when a change, in 1963, in the legislation regarding higher education made this possible.

5. Vollenhoven mentions the first four names in his article on "Calvinistic philosophy" in the *Oosthoek Encyclopedie*, 4th edition, 1953. H. J. Pos, a linguist, also had definite philosophical interests. In 1932, he left the Free University for the University of Amsterdam, where he accepted an appointment in philosophy.

new *élan* in terms of what he called "sphere sovereignty." This was a religiously motivated view of society, in which the social "spheres" of family, business, school, jurisprudence, state, church, and so on are each seen as divinely endowed with the responsibility of regulating its own affairs, without one sphere encroaching upon another. This multiple responsibility implies division of power. This fits in with the Christian confession of *divine* sovereignty having authority over all of life and calling for human responsibility in all of its walks. But as Dutch national life became increasingly influenced by Enlightenment ideals and modernistic humanism—and the dominance of the state that these developments brought with it—the acknowledgment of divine sovereignty in national life eroded. Accordingly, the Calvinist sector felt the need to counter this effect in the social spheres in terms of a more principled view of responsibility, which Kuyper formulated as "sphere sovereignty." As applied to education, Calvinist forebears had fought hard for the right to establish Christian schools that were free of state control. The establishment of a "free" university was the last step in this educational emancipation.[6]

The establishment of the Free University was, therefore, part of a movement in which Calvinism did not accept a limitation to an ecclesiastical identity, but became aware of itself as implying a broader and distinct "worldview." In practice, Calvinism found its main support among "Calvinist believers," in other words, those who belonged to Calvinist churches, though in theory it could be supported by all who were attracted to the pluralistic form of societal governance that this worldview upheld. Kuyper worked hard to effect this worldview of sphere sovereignty in Dutch national life. He initiated and ran a Christian-Calvinist press, formed a Christian labor union, and established an "antirevolutionary" political party. The founding of the Free University also brought academia within the sphere of influence of this Calvinist worldview.

Kuyper was fully aware that the Free University could only legitimate its existence in terms of a "foundation" that clarified where the

---

6. Sociologically, the implementation of sphere sovereignty resulted in an emancipation of the *kleine luyden* (simple folk of Calvinistic conviction). While there is certainly something to say for this, the more important factor is the freedom from state and ecclesiastical tutelage. The word *free* in "Free University" was chosen to indicate the freedom from both state and ecclesiastical domination that this university enjoys.

university stood in the world of learning. While this foundation would be consonant with the "Reformed confession" and openly affirm the Scriptures as having leading authority, it had also to contain (or imply) such principles as are relevant to academic learning and scientific research, and as are applicable to meeting the responsibilities of academic affairs with a view to their own nature and needs. This foundation was referred to as "the Reformed foundation" (*de Gereformeerde grondslag*). While most members of the Free University community had an intuitive awareness of the kind of principles involved, these principles were never actually spelled out. There was always a certain haze of uncertainty about them. There was a tendency, after Kuyper's death, to give theological pronouncements pride of place. Kuyper himself probably came the closest to explicating the intuitively felt principles in his Stone Lectures, six "Lectures on Calvinism," delivered at Princeton University in 1898.[7] There he presents Calvinism explicitly as a worldview, and in the fourth lecture he discusses "Calvinism and science." But while he forcefully argues that science always involves a faith commitment, of whatever signature, he does not settle the question as to the nature of the "Reformed foundation."

In developing his philosophy program for the Free University, Vollenhoven was expected to throw light on this matter; at least, philosophy at the Free University would have to rest on the foundation of Reformed principles and be a "Calvinistic philosophy." Vollenhoven openly chose the latter term as label for his philosophical endeavor, even though it invited misunderstandings. But anyone acquainted with the Kuyperian context of the Free University would understand that the adjective *Calvinistic* is not used here in reference to the sixteenth-century reformer personally, nor to suggest that philosophy is ancillary to Calvinistic theology, but rather—as will be argued below—to emphasize the relation, and hence also an implied

---

7. A. Kuyper, *Lectures on Calvinism* (Grand Rapids: Eerdmans, 1931). In the course of time, various reports were drafted, attempting to clarify the nature of the principles involved, but none proved to be satisfactory. In practice, in the 1930s to the 1950s, the work of Vollenhoven and Dooyeweerd was accepted by many as an application of the intended principles. But this never became official. In about 1970, a broadly formulated ecumenical "mission statement" replaced the "Reformed Foundation." A detailed description of the history of this discussion is in J. Roelink, *Een blinkend spoor* [*A Glittering Trail*] *1879–1979* (Kampen: Kok, 1979), 9–46.

difference, between philosophy and worldview.[8] Philosophy is here taken as *comporting with* the Calvinian-Kuyperian worldview, an acknowledgment of its "Sitz im Leben" (situation in life), without sacrificing genuine philosophical demands.

The philosophy program that Vollenhoven developed sought to effectuate a "reformation of philosophy." The term *reformation* is intentionally ambiguous. Vollenhoven wanted on the one hand to point to the tradition of the Reformation as forming the worldview context of his philosophical thought, and on the other hand to signal the internal difference in philosophy itself that would accrue when philosophy is informed by the Calvinian-Kuyperian tradition. In appealing to the Reformed tradition, in its Calvinian-Kuyperian strand,[9] Vollenhoven was able to put "Reformed principles" to work, not by assigning philosophy the task of routing them up and coming to their defense, but by showing how the historical tradition of the Reformation itself places *limitations* on philosophy. When one's "Sitz im Leben" is duly recognized, there is a sounding board for specifying what may and what may not be expected or demanded of philosophy when the context of the Reformed tradition functions as a presupposed context. It was in appealing to the living Reformed tradition

---

8. The term *Calvinistic philosophy* occurs only once in the *Isagoge*, but Vollenhoven wrote a major work under this flag, published as "Calvinism and the Reformation of Philosophy" in 1933. In its opening pages, he defends the choice of the term *Calvinistic* in connection with philosophy. The term *worldview*, or, as the Dutch prefer, *world and life view*, doesn't even occur in the *Isagoge* and is hardly encountered in Vollenhoven's earlier work. But in later publications, it becomes more than clear that Vollenhoven looks on Calvinism as a worldview. As to "Calvinistic philosophy," cf. D. H. Th. Vollenhoven, *Het Calvinism en de Reformatie van de Wijsbegeerte* (Amsterdam: Paris, 1933), 14–21; regarding "Calvinistic worldview," cf. "Schriftgebruik en wijsbegeerte" in A. Tol and K. A. Bril, *Vollenhoven als Wijsgeer* (Amsterdam: Buijten en Schipperheijn, 1992), 97–106. Both texts are translated in *A Vollenhoven Reader*, edited by John H. Kok (Dordt College Press, 2005).

9. N. Wolterstorff distinguishes, quite correctly, "two perspectives that have been prominent in the Calvinist tradition": the common-sense philosophy stemming from Thomas Reid in Scotland and neo-Calvinism in the Netherlands. Needless to say, Vollenhoven is a distinct representative of the latter. Cf. N. Wolterstorff, "Introduction," *Rationality and the Calvinian Tradition*, ed. H. Hart, J. van der Hoeven, and N. Wolterstorff (Lanham: University Press of America, 1983), vii.

that Vollenhoven put the Free University's identity to work.

To start with, philosophy is not a panacea for all human ills. Much traditional philosophy has overt, but also covert, redemptive aims, not least of all in such down-to-earth philosophies as Marxism and positivism. Such philosophies evince not only an alliance of philosophy with worldview matters, such as social struggle or technological innovation, but also bring secular religious motives into play. In the Calvinian-Kuyperian context of the Free University, religion is taken as standing on its own feet in the heartfelt acknowledgment of divine sovereignty in covenant relation with humankind. Philosophy is not to be a redemptive surrogate, either in covering over a religious lack or in being a secular substitute. The opening paragraphs of the *Isagoge* discuss the religious context as *prior* to philosophy.

In the second place, Vollenhoven did not assign to his program specifically apologetic or constructive aims. The defense of the faith is the direct responsibility of ecclesiastical institutions. There may be meaning in calling upon philosophy to give argumentative support to (or critique specific) statements of faith and forms of faith experience. But clearly, any subject matter that calls for defense or critique needs to be understood in terms of its own context before philosophy has anything to perform. (A translation in "secular" terms often amounts to setting up a "straw man.") The "life of faith" is one example, indeed an important one, of a sphere or "form of life" (to use Wittgenstein's phrase) that philosophy takes cognizance of. Philosophy builds no world except that of its own concepts and statements. It needs to be able to appeal to—namely, name, describe, explain, affirm, criticize, or deny—a world of activity and experience that we acknowledge as being our societal, cultural, and natural world. A worldview calls attention to this reality and elicits from it a primary interpretation.[10] It is at this level that Kuyper's "sphere sovereignty" is of importance. Philosophy may criticize, affirm, or suggest reform as to what goes on in the "life-world" of these spheres. But philosophy would overstep the bounds of credulity if it turned to dictating what ought and what ought not to take place there. Philosophy interacts with this concrete reality and, while it can discuss reflectively the

---

10. In "Levens-eenheid" [The Unity of Life] (1955), Vollenhoven speaks of "circumspective concepts" (*omramingsbegrippen*) in this regard; cf. A. Tol and K.A. Bril, *Vollenhoven als Wijsgeer*, 131; also *A Vollenhoven Reader*.

internal boundaries of the spheres of which concrete reality is composed, it does not take over the prime responsibility of a sphere nor legitimate its governance.[11]

There is a third delimiting factor that devolves upon philosophy. This factor is only indirectly related to the Reformed tradition; at least its direct motivation is less clear in Vollenhoven's work. It is the view that philosophy is for the most part concerned with the theory of knowing and its ontological underpinnings (cf. §6 of the *Isagoge*), so that, accordingly, the proper treatment of the problems of philosophy ought to be scientific in a general sense. In other words, philosophy, in the strict sense of the term, is a general science. It shares with the special sciences the characteristics of a science, and, together with the special sciences, philosophy is distinct from nonscientific matters, among which are religion and worldview matters (cf. §§9 and 10 of the *Isagoge*). Though philosophy is distinct from the latter, it still needs to reflect upon the matters of religion and worldview so as to be in proper comportment with them. That reflection would appear to be a reflection on the foundations of philosophy as general science.

An influential factor promoting this point of view would appear to stem from the factual historical context of the "current philosophy" of Vollenhoven's student days, namely the context of late nineteenth- and early twentieth-century philosophy. At that time, philosophy began to be "pulled apart" (decentralized) in three directions: (i) philosophy as a "strict science" (as in phenomenology [Edmund Husserl] and analytical philosophy [Bertrand Russell]), (ii) philosophy as a form of "social engagement" (as in socialist thought [Marx and Lenin]), and (iii) philosophy as "worldview interpretation" (as in hermeneutical historicism [Wilhelm Dilthey]). It is easy to imagine that for someone who reflects on this situation and takes his or her cue from the Reformed tradition, philosophy as social engagement would not be an option—the practice of sphere sovereignty needs no direct guidance from philosophy—and that philosophy as "worldview interpretation" could be taken as confusing the religious moment,

---

11. In the opening paragraphs of the *Isagoge*, Vollenhoven discusses this matter in the terminology of "non-scientific knowing" (within a sphere) and the "scientific knowing" of philosophy; cf. especially §§9–11.

which is determinative for interpreting a worldview,[12] with the broad scope of philosophical thought. Only philosophy as a "strict science"—in other words, as concerned with questions pertaining to the (encyclopedia of the) sciences—remains a viable option.[13] Vollenhoven's early philosophical preference for Henri Bergson and Henri Poincaré is in line with this alternative.[14]

These three delimiting influences on Vollenhoven's view and understanding of philosophy were consonant with the Free University's general position, at least as Vollenhoven understood this. The difference this was to make in the practice of philosophy will be touched on after we first indicate the impression that Vollenhoven's work has had on his public.

Isagôgè Philosophiae and its initial readers

The text of Vollenhoven's *Isagoge* also had to answer to the specific needs of the first-year students, who were required to study its content. Every teacher of "introductions" knows how challenging introductory courses can be. There is the constant dilemma of either speaking over the hearer's heads or simplifying the material to the point of falsifying it. Vollenhoven certainly did not want to be open to

---

12. The Dutch tend to see all worldviews as basically implying a religious or faith stance, which is probably why they prefer to speak of "world and life view." Dilthey's basic division of worldviews into artistic, religious, and philosophical types is not persuasive in the Dutch setting.

13. In this light, we can understand why Vollenhoven, early in his career, was open to the influence, as he later admitted, of the Marburg school of neo-Kantianism and Husserlian phenomenology. Both schools take philosophy as primarily serving a basic scientific-cognitive interest. Cf. D. H. Th. Vollenhoven, "Divergentierapport I" in A. Tol and K. A. Bril, *Vollenhoven als Wijsgeer*, 112. A statement from the opening discussion in Vollenhoven's dissertation is also telling in this regard: "Every topic in philosophy derives its importance from questions as to values, boundaries, and relations of the distinct sciences mutually" (*De Wijsbegeerte der Wiskunde van Theïstisch Standpunt*, 2).

14. Vollenhoven admits to "many points of agreement" with Bergson in his dissertation, in particular the various kinds of intuition (=intuitive knowing) in Bergson, as interpreted by H. Höffding. The chapter on Poincaré is basically affirmative, except for the latter's leaning towards conventionalism and pragmatism. Cf. *De Wijsbegeerte der Wiskunde van Theïstisch Standpunt*, 348–51 and 352–84.

the latter accusation. The constant reworking of the text is sufficient indication of his wanting to get it "just right." The opposite danger of being too difficult Vollenhoven tried to assuage in his own way.

Vollenhoven no doubt thought that by being brief and succinct, he would increase his chance of being clear and understood. At least he explains in the text that he in no way tries to be complete—indeed, that would have called for a major volume of philosophy. His self-expressed aim is "to indicate with words, as clearly as I can, the most important determinants and diversity that I discern in the cosmos, so that others may also see them" (§18).

It is a known fact that, despite Vollenhoven's efforts to be clear, only a small percentage of the students could grasp what he was teaching. A larger percentage could appreciate his effort, especially upon realizing that Vollenhoven's thought comported with the ideals of the university. The remaining students were left puzzled and perplexed—but also impressed! There is but slight evidence that the difficult work of Vollenhoven engendered disrespect. Indeed, Vollenhoven's reputation rose quickly. For many years, he was greatly honored for his insight and knowledge. And while his rhetorical and pedagogical skills were never strong, these were more than compensated for by his unassuming and ingenuous personality and by his general openness towards students and their circumstances. The fact that he cared for his hearers and their intellectual development itself stimulated the study of his work.

Vollenhoven's effort to be clear dictates the style of the *Isagoge*. The text develops at two levels. The first level is its organization, with its division into main parts and the progressively refined subdivisions of these parts. This organization tells its own story, for in fact the organization delineates the main features of Vollenhoven's "philosophical conception." One must be constantly aware as to "where one is" as reader, not only to stay on track, but also to be conscious of which part of the conception is under discussion.[15]

---

15. It is something of an enigma why almost every version of this text that was printed over the years lacked the visual aid of a table of contents. The retyped version of 1967 did finally include such an overview, but by then the text no longer served as syllabus for a course. Without such an aid, the understanding of the text is greatly impaired.

The second level is that of the textual content. This "fills in" the architectonic framework. This content unfolds in a sequence of consecutively numbered paragraphs, each with its own section head that briefly indicates the content. The length of these paragraphs varies greatly, from a simple statement of six words to a disquisition of over 1,700 words. The text on the whole is marked by brevity and clarity, and, as one progresses, one cannot help noticing Vollenhoven's talent for combining beguiling simplicity with deep subtlety, sweeping generalization with careful distinction. However, there is no attempt to achieve a balance in the treatment of topics that are placed at the same level of distinction. For example, in treating the main distinction of the work, that between things heavenly and things earthly, the discussion of the first topic is confined to two pages (§§19–21), while the discussion of the second comprises the bulk of the work (§§22–136). This main text is rounded off with a discussion of the relation between things heavenly and things earthly, which, though it caps the entire discussion, is limited to what strictly needs to be said (§§137–140).

Many a reader today may feel, and not without reason, that Vollenhoven's way of "indicating what he saw" is marked by his time and place. The Free University of the 1930s and 1940s was a Reformed bastion. The vast majority of its students came from Reformed homes. Not only could Vollenhoven assume an affinity with the Reformed tradition—indeed, the students themselves would not have expected less—there was no need to specifically defend or explain it. Vollenhoven could suffice with a mere mention of its relevance as backdrop for the philosophical distinctions he wished to make. Readers who are not acquainted with this background—such as the growing population of students at the Free University after World War II—or those preferring a more ecumenical engagement could feel some estrangement with the "flavor" of this text.

Vollenhoven himself was aware of the theological climate he had to work in, in particular the element of scholastic intellectualism concerning matters of faith. (This, too, is a feature of the Reformed tradition, a feature that Vollenhoven much regretted.) This led him to be more reticent in his discussions of themes that touched on matters of scholastic dispute, such as the nature of the soul (cf. §§92–93) and Christology (§140), than he would perhaps otherwise have

been.[16] He placed more emphasis on religion, which he saw as man's living, practical, and intellectual dependence on God, and the implied acceptance of divine revelation. Vollenhoven's appeal to the Scriptures is very direct. No doubt this reflects genuine piety on his part. But it was also meant as antidote to the attitude of scholasticism.[17] On the other hand, this appeal could give the impression of an almost positivistic reading of Scripture, lacking hermeneutical sensitivity within Vollenhoven's overall covenant understanding of the Christian religion. However, other sources indicate that Vollenhoven was definitely aware of—indeed he emphasized—the relevance of the social and historical context of biblical revelation.[18] If there were less occasion to be cautious, Vollenhoven would in all likelihood have been more explicit in the *Isagoge*.

What marks the text perhaps more than anything else is the way philosophy is presented. The reader sees the unfolding of the contours of a "philosophical conception." A reader today might expect more explicit argument in defense of the thoughts expressed or to be given more leeway to help make up his or her own mind. Again, the situation reinforced Vollenhoven's concern to show how philosophy is able—indeed, in his view, ought—to comport with Scripture and accord with a Calvinian-Kuyperian worldview. But one must not thereby overlook the genuine philosophical concern Vollenhoven invests in this text.

When all of the circumstances of time and place have been taken into account, the bottom line is still that the *Isagoge* is distinctly challenging. Thoughts of great complexity are expressed in sentences of disproportionate brevity, involving a terminology that is honed for its use. The philosophical conception unfolds only slowly, and it takes

---

16. Vollenhoven's caution was realistic. In 1939, he had to defend his formulations of both topics before the curators of the Free University, as the result of an official complaint lodged against him by the theological faculty. Cf. Chapter 9, "Vollenhoven beschuldigd" [Vollenhoven accused] in J. Stellingwerff, *Vollenhoven (1892–1978) Reformator der Wijsbegeerte* (Baarn: Ten Have, 1992).

17. A core element of scholasticism is its view of a direct concord, however conceived, between human intelligence and the divine mind. This view requires that faith be intellectualized (or theologized) and that religion and life practice be subsumed under it.

18. Cf. A. Tol and K. A. Bril, *Vollenhoven als Wijsgeer*, 185–87, 207–10.

some effort to let its elements fall into place. But even when one grasps "the whole," distinct statements still call for prolonged reflection. There are but few works of this genre, if indeed it is a genre, but in the austerity of its style and structure there is some analogy with the *Tractatus Logico-Philosophicus* (1921/1922) of Ludwig Wittgenstein.

Isagôgè Philosophiae and Vollenhoven's own aim

From the beginning of his career, Vollenhoven had his own aim with regard to philosophy. The *Isagoge* itself does not express this aim distinctly, at least with regard to its motivation, but the important volume of 1933 does, even in the terms of its title: *Calvinism and the Reformation of Philosophy*. In that work, Vollenhoven states that a "synthesis between the Christian faith on the one hand and the current philosophy on the other is impossible."[19] The upshot of this conviction is the clash between the normative heart of Christianity and the humanistic pretensions of current philosophy. Here lie both the positive and the critical aspects of Vollenhoven's program. The *Isagoge* develops the positive side of this program.

The negative side of "current philosophy"—to touch on this briefly—focuses on its humanism in its religious meaning. Vollenhoven's criticism should not be read as "anti-human," but as referring to the role that the doctrine of humanism ascribes to human beings. Throughout the history of philosophy, there is a strong tradition of seeking consolation or edification in philosophy. Human beings are thought of being capable of gratifying this desire by means of a self-gained, or self-constructed, access to a higher wisdom or a better life. This lacks, in Vollenhoven's view, a sense of assignment or charge, for its purpose is fed by the sense of need, lack, or even evil in current experience, which it wishes to contain, avoid, or transcend. This makes one vulnerable to ignoring or being insensitive to human limitations. Such a project all too readily overreaches itself, turning its promises into illusions as one discovers that the need, lack, or evil itself is not fundamentally challenged. There is a dialectic here, a "religious dialectic" with respect to the world, as Vollenhoven once

---

19. *Het Calvinisme en de Reformatie van de Wijsbegeerte*, 16. On the same page, Vollenhoven specifies that philosophy's terminology is "so drenched with humanism" as to be unserviceable for use in Christian thought.

called it,[20] which (we might add) is in its effects not unlike tragedy. In Vollenhoven's view, a Christian approach ought to proceed from a sense of being addressed—there is a law or delimiting norm for philosophical knowing (cf. §14)—in response to which there is a task at hand, namely to work towards *reforming* the situation in which the need or lack manifests itself as relevant to philosophy.[21]

In line with what has been said about the factors that limit the meaning of philosophy, it ought to be clear that Vollenhoven's own program of philosophy does not advocate a religious philosophy as such, nor even a worldview philosophy. Philosophy does presuppose the context of the life-world and its historical setting. But rather than taking the life-world, as is commonly done, as the prereflective and naively understood context of concrete life and subsequently subjecting it to reason's reconstruction and legitimation, Vollenhoven takes concrete life as itself involving its own challenge. The Reformed tradition formulates this in terms of the "(partial) offices" of a human being: prophet, priest, and king. A person speaks, celebrates, and regulates, all with due regard to the complexity of his or her experience of creaturely life. Philosophy is not called upon to lord over this creaturely life. Its main task is to inquire what this entails for the cognitive enterprise of philosophy, or—more in Vollenhoven's terminology—the possibility of thinking and knowing reality to the extent that this falls within human reach. Religious and worldview matters are prior to philosophy, but not without implications for philosophy.

Vollenhoven formulates two notions that belong to the foundation of philosophy.[22] The first is the notion of *subjectivity*. This notion differs from the more common, modern meaning on two counts. In the first place, before a human being can initiate activity, he needs to

---

20. D. H. Th. Vollenhoven, "Divergentierapport I," in A. Tol and K. A. Bril, *Vollenhoven als Wijsgeer*, p. 114.

21. The last sentence of §12 of the *Isagoge* is apposite in this regard: "And the deepest motive for our making this demand [of philosophy being consonant with Scripture and thus accepting the divine charge] is not the desire to avoid the sorrow that any division of life brings with it, but respect for God, who forbids fragmenting life in any way."

22. For a more thorough discussion of the foundation of philosophy in Vollenhoven, in particular in its relation to religion and worldview, cf. John H. Kok, "Vollenhoven and 'Scriptural Philosophy,'" *Philosophia Reformata* 53 (1988), 101–42.

acknowledge that he "stands in subjection." It is as creature, situated in the concrete, created world, that a human being finds him- or herself called to be responsible. This "standing in subjection" is prior to judgment and spontaneous response. In modern thought, the subject is usually taken to be the source or principle of its own activity, as grounded in the *Cogito* ("I think") and expressed as dominance over an object in the aim of pursuing one's (enlightened) self-interest. Vollenhoven's meaning comes close to Emmanuel Levinas's more recent use of *subject*, when Levinas characterizes the subject as "responsibility" and the human being's primary situation as that of being addressed by the Other. (For Levinas, this situation is also the beginning of philosophy.) Vollenhoven is perhaps less reticent than Levinas in attributing the authority of the "Other" to the divine will.

But Vollenhoven gives the term *subjectivity* a second, or rather a broader, meaning that is not readily found elsewhere. Not only is humanity addressed, but the whole of cosmic reality is addressed in having been creatively "called forth" and in being sustained by the same divine will. If the human awareness of "standing in subjection" is elicited by his concrete life situation (the sense of responsibility in light of one's vulnerability, finitude, dependence, and the like), then there is nothing "illogical" in holding that the whole cosmos, as created reality, similarly stands in subjection, namely in being subject to, and sustained by, the Sovereign will, who takes fundamental responsibility for it. In its cosmic or universal breadth, Vollenhoven takes this "standing in subjection" to be the *point of orientation* of philosophy (cf. §17). It characterizes everything creaturely in relation to divine Sovereignty, whose expressed will Vollenhoven calls "law." Whatever stands in subjection has the passivity of possibility and is sustained by a will that can activate it. Standing in subjection is possibility for activity and actualization. Human knowledge is a species of actualization, requiring submission to a determining law. While human knowledge can be retraced as to its own actualization—at least that is an element in "the problem of knowledge"—this presupposes the depth of the creation's (and thus a human being's) possibilities. Possibilities deploy in the process of development (cf. §189, comment 4), but their source is the mystery of creation that man cannot plumb.[23]

---

23. Cf. §17. We might add that this "point of orientation" of philosophy characterizes the being of created reality not as a (theoretical-intellectual) *is*, nor a

The second notion that Vollenhoven formulates is that of "law-sphere." Here, too, we are at the founding edge of philosophy. If the notion of subjectivity has a religious provenance, that of law-sphere has a worldview background.

The worldview background in question is that of Kuyper's doctrine of sphere sovereignty. However, that doctrine is adjusted to make it serviceable for philosophy.[24] To start with, Kuyper had limited this doctrine to societal realms. He assumed that there is a diversity of divine ordinances relevant to the pluralistic governance of society. Vollenhoven expanded the application of this doctrine. With his cosmically broad view of subjection, he felt that the notion of realms for which ordinances hold need not be limited to society. Hence, his worldview formulation of the spheres came to include the whole of created reality as standing in subjection to a diversity of ordinances.

Vollenhoven also emphasized another difference with Kuyper's view. Kuyper certainly maintained that sovereignty is a divine pre-rogative. But his understanding of sovereignty in the doctrine of sphere sovereignty included the idea that those who are responsible for the governance of the societal spheres have a delegate sovereignty to act on God's behalf.[25] They are delegated to enforce divine ordinances. Vollenhoven, on the contrary, holds that what is delegated is responsibility and a task, not sovereignty. It is completely improper to speak of human sovereignty (except in a guarded and limited way). The relation of man to God's law is always one involving subservience, never substitution. The very awareness of law (as ordinances) takes place in an intuition that calls for compliance. (It is in this sense

(practical-moral) *ought*, but, in emphasizing address and response, a (poetical-religious) *can*. In his lectures of 1926–1927, Vollenhoven called the cosmos a divine "work of art."

24. For Vollenhoven's discussion of Kuyper's thought, cf. "De soevereiniteit in eigen kring bij Kuyper en ons" and "De visie op de Middelaar bij Kuyper en ons," in A. Tol and K. A. Bril. *Vollenhoven als Wijsgeer*, 36–46, 66–92. The first of these is translated in *A Vollenhoven Reader*.

25. Kuyper gave this doctrine a Christological setting in maintaining that the divine sovereignty is channeled as "messianic sovereignty." Thus, the office bearers in societal spheres act on behalf of Christ. It is in this context that Kuyper exclaims: "there is not a square inch in the whole domain of human existence over which Christ, who is Sovereign over *all*, does not cry: 'Mine!'" Cf. *Abraham Kuyper: A Centennial Reader*, edited by James D. Bratt (Grand Rapids: Eerdmans, 1998), 488.

that law activates or motivates, resulting in meaningful activity when ordinances are followed.) When law is merely described or, worse yet, used as means of repression, its normative essence is fundamentally denatured.[26] This is of particular importance for the way in which Vollenhoven puts the idea of a cosmically broad range of spheres to use in his doctrine of law-spheres.

A law-sphere, contrary to the *prima facie* impression, is not a sphere of laws (ordinances), but a specific mode of standing in subjection (cf. §40). In its plural form, the term emphasizes intrinsic differences in subjection, differences that equally characterize fundamentally distinct responses. In being a mode of *subjection*, a law-sphere is *correlated* to the law (or ordinances) that holds for that which stands in subjection to it. But in being a *mode* of subjection, a law-sphere is a distinct sphere differing from other law-spheres. Possibility of response is graded modally, each fundamental modality of which is warranted by its distinct law or rule.

There is no explicit account as to the "how" and the "why" of the diversity of modes of subjection given in the *Isagoge*. In lecture notes prior to the first edition of the *Isagoge*, Vollenhoven argues that one cannot deduce the diversity of laws, to which the law-spheres are correlated, from the general notion of law to which subjectivity, as point of orientation of philosophy, appeals. The worldview assumption of a diversity of spheres can only be turned into a philosophical principle if we are enabled, within the orientation point of subjectivity, to argue for the required distinctions. The drift of the argument is that if we deny modes of subjection, we will do violence to our understanding of subjectivity. For example, if we take it to be one, we cannot account for plurality; if we look on it as mind, we cannot

---

26. This is not to deny the importance and relevance of positive law, or laws enacted and enforced by human beings. In the *Isagoge*, Vollenhoven holds that those who enact laws must be in touch with the people for whom the laws are to hold (cf. §111). Thus, there must not be autocratic rule. Vollenhoven's later formulations are more explicit. From 1953 on, he held that positive laws must always respect the "central law of love,"—hence, serve to encourage good life and not promote evil, and address historical and geographical situations of need, the latter being discerned when norms are vitiated in concrete life. Thus, those who enact laws always remain subject to the love command and to norms (ordinances) that hold in virtue of creation. Cf. A. Tol and K. A. Bril, *Vollenhoven als Wijsgeer*, 105, 127–28, 188.

account for matter, and so on. But also if we acknowledge modes of subjection, we need to be sufficiently aware of their diversity, if antinomies in our understanding are to be avoided. If physical reality is extension, as Descartes held, can geometry account for all physical forces? If logic is basically psychological, is logical validity no more than felt compulsion? If social structures are determined by economic relations, are family relations in some sense commodities of goods? Vollenhoven looks on questions such as these as formulating antinomies. And the correlate of the acceptance of law is the exclusion of antinomies! This is his guiding principle in distinguishing the modes of subjection (cf. §§33, 201, 202). Once law-spheres are distinguished according to the principle of the exclusion of antinomies, we can confirm the distinctions of the modes of subjection involved by seeking to intuit the rules that are applicable to the phenomena of the law-spheres in question. These rules or laws stand in correlation to the law-spheres they govern.

Since antinomies can arise in our understanding of the natural world as well as our understanding of the societal world, we may include the natural world in this dimension of law-spheres along with the law-spheres of human interaction. It is probably Vollenhoven's most basic *philosophical* postulate that the law-spheres constitute a sequential order of modes of subjection that is basic for any understanding of the structure of created reality.[27]

The notion of a law-sphere refers to the domain of an obtaining law (or rules of a distinct modality). Law and domain are correlated, and in speaking of correlation Vollenhoven emphasizes their mutual difference. The domain of a law-sphere stands in subjection to its law, so clearly that law cannot be subject to itself. Accordingly, Vollenhoven needs to say how the things of a domain (the states of affairs) evince their subjection to law. Such subjection is evidenced in the lawfulness of activity; namely, activity that is law-bound has a positive

---

27. One might object that the occurrence of "created reality" still contains, direct or indirect, a religious or worldview component that, in view of Vollenhoven's insistence that philosophy is to be distinguished from worldview, is not properly philosophical. We can then say that any thing's being created means that it is not self-sufficient—whether as abstract possibility, mindful necessity, or concrete actuality—its insufficiency stemming not only from its "standing in subjection" but also its standing in some relation or connection to other beings.

and orderly outcome, while activity that takes place in disrespect of law results in brokenness and failure. The lawfulness is discerned in a domain, but its possibility calls for a law's obtaining or impingement in order to elicit law-bound activity. Activity takes on definiteness and determination only to the degree that it is law-bound.

Vollenhoven uses the term "subject function" to characterize activity in relation to law. This term is ambiguous, because the term *subject* has gained two meanings in modern thought. The older meaning of "being subject to" (*subjectum*) catches the passivity of subjection to law that brings about definitiveness. But this meaning has had to make room for the more active "subjecting," as something brought about by activity, usually in opposition to an object. Vollenhoven avails himself of a difference in Dutch pronunciation to distinguish these meanings, a distinction not preserved (except indirectly) in translation. He speaks of *subjèctsfunctie*, literally "function of subjection," in the context of the first meaning, and when referring to the second, the more active meaning, he speaks of *súbjectsfunctie*, i.e. "subjecting function." To avoid clumsiness of expression in English, it seems best to simply use "subject function" and to let the context decide which meaning is intended. The important point for Vollenhoven is that the active meaning of subjecting itself calls for determinateness, hence subjection is prior.

When speaking of individual things, Vollenhoven keeps the priority of subjection in mind. He refers generically to things as "unities of subjection" or "subject units" (*subjèctseenheden*), thus characterizing individual things in their multiple but simultaneous participation in modes of subjection. To explicate the lawfulness of this participation that individual things display, Vollenhoven appeals to two "cosmic determinants." The first is a vast network of the *relational* connections between things, namely, such relations as pertain to one and the same mode of subjection of the things relationally connected. The second determinant pertains to the "structure" of things. Multiple participation in different modes of subjection simultaneously calls for structured connections between the functions within one and the same thing. Things are more than mere conjunctions of functions. Accordingly, there are what Vollenhoven calls "analogical" connections between subject functions of an individual thing. Such analogical connections account, on the one hand, for the intrinsic *properties* of things—whereby things actively influence other things (their "subject[ing]-functions")—and, on the other hand, for the *qualities* of

things—those features of things (their "object-functions") that call for the subject(ing) functions of other things to be realized.

So, in summary, (i) from out of the religious background of his thought, Vollenhoven broaches the notion of the *point of orientation* of philosophy, which he specifies to be that of "standing in subjection," or "being-subject." When such a notion is ignored, or insufficiently accounted for, philosophy will, practically speaking, find itself confronted with sovereignty-subjection tensions, usually formulated in any of many alternative ways, such as domination and subservience, good and evil, substance and phenomenon, determining and determined, and the like, without being able to account for this distinction in a way that avoids blatant injustices. (ii) The worldview affect upon his thought, in turn, provides the springboard for his ontological generalization of the sequence of the *law-spheres* and their implicit intuition of fundamental characterization. The awareness that a plurality of law-spheres is called for, but without forfeiting systematic connectedness, relieves one of the supposed need to reduce complexity for the sake of adequate explanation and at the cost of harboring antinomies. (iii) Finally, the cosmological grandeur of the diversity of things calls for the recognition of a thing's *unity of subjection* as it participates in the *diversity of law-spheres.* Individuality in relationships and functionality in lawful actualization together delineate a vast scope of cosmic possibilities. There is more between heaven and earth than is dreamed of in many a philosophy.[28]

About *Isagôgè Philosophiae*

There are a number of features of the text that is reproduced here that call for commentary. In the first place, there is the matter of the provenance of the "definitive" edition. Secondly, something needs to be clarified as to Vollenhoven's choice of method adopted in this text. Then, thirdly, the notions of "structure" and "direction" call for some comment. Finally, there are a number of features that we feel

---

28. Needless to say, we do not wish to suggest that Vollenhoven has watertight means of avoiding all vicious splits, debilitating antinomies, or realities debunked. The point is that his prephilosophical orientation enjoins the reader, as belonging to the *task* of philosophy, to seriously analyze a problem situation, as required of responsible philosophy that responds to the norm of being just and fair to created things, as opposed to silencing (with a view to a chosen rational strategy?) the conscience that calls to account.

would not have been included in a final edition, had Vollenhoven himself been able to prepare the text for publication.

1. *The "definitive" edition.* The current text that is reproduced here is based on the syllabus edition of 1941, which Vollenhoven corrected and dated "1945." We interpret this dating to mean that Vollenhoven worked on the text until (and into) 1945. There is evidence that Vollenhoven hoped eventually to publish the text. But it is also clear that he wished the thoughts expressed in the text to "ripen" further, and so—perfectionist that he was—he set the text aside for further consideration later.

Ever since the first "complete" version of the *Isagoge* appeared in 1930, the text underwent many revisions. Initially, it counted 145 paragraphs, which is about two-thirds of its final count of 224 paragraphs. The version of 1932 incorporated changes that affected the structure of the main text. Here, he introduced the three-part division of first discussing things heavenly, then things earthly, and concluding with a discussion of the connection between heaven and earth. He also rewrote the account of knowledge, which he now placed in the appendix. This may give the impression that the theme of knowledge is somewhat additional. But in the introduction of the *Isagoge*, Vollenhoven states that the kind of distinctions one needs in an introduction to philosophy pertains, in the main, to the theory of knowledge (cf. §6). While these distinctions belong, generally speaking, to ontology, they are such as to warrant the resorting of knowing within or under being. The text on the theory of knowledge demonstrates this "resorting."

Other revisions were introduced in the version of 1939. At this point, Vollenhoven definitely drops the terminology of the "biblical dualism" of God and the world. The account of good and evil is given more prominence, and—not unrelated to this—the law is said to be distinctly knowable. Of course, ever since 1926 (if not 1922), Vollenhoven made specific mention of the law in its role as "boundary" between God and the world. But its account had remained within the religious awareness and the general "biblical dualism" (or difference) of God and the world. Now, in 1939, the law is interpreted as being basic for the relation between God and the world

(which, of course, in no way cancels their difference).[29] In the 1941 version, Vollenhoven brings the account of religion up to par. The difference of God and the world is mediated by the law, which is expressed in God's covenant relation with regard to the world, as centered in man, and man's response to God is religiously evident in man's attitude to the law (as God's will), as compliance or rebellion. The pursuit of good and evil is linked to these religious attitudes. Along with this revision, Vollenhoven now adds the account of society. Society had not been discussed explicitly in prior versions.

The version of 1941 was the last major revision of the text. But now new confusion is evident in the copies of the 1941 version, which was probably occasioned by the situation of war.[30] In replenishing the stock of this text, new stencils were needed to replace ones that were worn or torn. In the retyping, several hundred errors arose. Many, but not all, of these were noted in a correction notification. The *Isagoge* of 1943 tried to incorporate these corrections, but this did

---

29. Vollenhoven never held to a monistic view of relations (the view that a relation is but a property of the whole of the related terms, a view favored by Idealism), but this does not prevent him from speaking of "wholes," for example, the natural kingdoms, organic species, and the like. In his dissertation of 1918, he had committed himself exclusively to a monadistic view (the view that relations hold between two and only two terms, and that relations are based on two [inherent] properties of the terms said to be related). The felt need to reform his thought in the early 1920s, leading to the first published statement of his "Calvinistic philosophy" in 1926, has much to do with freeing himself of monadism and its implications. In the *Isagoge*, the view of what may be called "external" relations is required (the view that relations have a status that is not reducible either to properties of the terms said to be related nor to the whole of these terms), though this requirement is not exclusive. At least in speaking of the relational connections between individual things, the relational factor is here irreducible.

30. In the Spring of 1942, the University of Leiden ceased to operate to avoid compromising itself to German occupational demands. As a result, many students came to the Free University, who accordingly had to take the required introduction to philosophy. This called for extra copies of the (1941) *Isagoge*. In April of 1943, the Free University, in turn, closed its doors but Vollenhoven continued to teach at his home until the end of the war. Cf. G. Zondergeld, *Geen duimbreed?! De Vrije Universiteit tijdens de Duitse bezetting* ["Not an inch?! The Free University during the German Occupation"] (Zoetermeer: Meinema, 2002), 111; also J. Stellingwerff, *D. H. Th. Vollenhoven (1892–1978) Reformator der Wijsbegeerte*, 153, 179.

not completely succeed. In addition, the errors that had not been
listed, some of which are quite serious, remained undetected. The
stencils of the 1943 version were used to make a large backlog of
copies, which lasted into the 1960s. To keep the text available, Vollenhoven agreed to a new edition of the *Isagoge* in 1966, which was
typed anew and appeared in 1967. This version was based on the
1943 version.

Vollenhoven's own copy of the *Isagoge*, on which he based his lectures, is one of the earlier copies of 1941. His copy, which contains
the original typing errors of the initial 1941 stock, did not contain the
errors that arose in the retyping of the text. It seems he did not check
the text that was used to type the 1943 version, for he does not seem
to have been aware of the later errors. Also, he evidently did not
check the text used for the 1967 version. What Vollenhoven had
done is read his own copy of 1941 carefully. He added all the corrections that had been listed, but, in the process, he introduced new
changes in the text, which he added in the margins of his copy along
with the corrections. It would seem he completed this in 1945. After
the war, others took over the teaching of the required course in philosophy. So Vollenhoven stored his own copy away. The fact that it
played no role in the production of the version of 1967 means either
that he forgot he had his own corrected version or that he was under
the assumption that his version did not disagree with the version of
1943. In any case, his private copy of 1941, as corrected and dated
1945, is the most definitive version of the text. This text has now
been edited and forms the basis of the current publication.[31]

2. *The Isagoge's method.* Vollenhoven views philosophy as an enterprise of a general scientific nature. That means that method must be
explicit. After the discussion of preliminaries, which sets the stage for
the actual discussion of philosophy, Vollenhoven applied a method
of "resolution and composition," as required in a scientific approach.
The method's two components specify its "two routes": (i) when
resolving, one analyzes, beginning with concrete reality and ending
where the material itself resists further analysis; (ii) when *(re)composing*
(or proceeding "in the direction of ever-greater complexity"; cf. §23),

---

31. This history of the text of the *Isagoge* is carefully documented in the Dutch
   critical edition. That edition includes all the versions prior to Vollenhoven's
   1945 copy, from 1930 on.

one retraces the steps taken on the first route, proceeding now from where the analysis had ended toward the concrete.

Now in the *Isagoge*, Vollenhoven limits his discussion to the "second route" of his method, the way of composition (cf. §§23 and 24). Because this route proceeds from what is structurally "abstract" towards the concrete, the impression might be gained of the concrete being constructed via abstractions of thought, with relations being the work of thought. In emphasizing that there is a prior route of analysis, the said impression is at least partially dispelled. But some discussion of the whole method is in order.

In beginning with concrete reality, Vollenhoven emphasizes the context in which philosophy—or scientific work in general—takes place. This has been discussed above. The actual work of analysis is not so much a process of abstraction as a way of discovering what is present in all the subject-matter of thought and which, in the end, resists analysis. One applies, if you will, a "scheme of difference" so as to discover the most discernible identities of thought. Then, in retracing the way back to concrete reality, one comes to explicit knowledge as to how that which had resisted analysis is determinative (like a framework) for the details that progressively accrue as one approaches the concrete again.

So Vollenhoven avails himself of a systematic scheme of thought, roughly put: of pulling apart and of putting together. This follows from the methodological principle he appeals to throughout his thought: "In every case where two things are different, we can ask about the relationship between the two" (§10). Analysis (resolution) seeks to make the difference explicit to the extent that this is discernible. Thus, analysis is applied to what is in some sense a complex whole. Synthesis (or composition) seeks to account for the initial togetherness of the complex whole in terms of structural relations that secure the connectedness. Vollenhoven speaks of a "determinant" when the analysis and the synthesis are of a type, such as "modal difference and connection," "individual difference and connection," "genetic difference and connection." The differentiat*ing* and the connect*ing* are here the "work of thought." But the discerned differences are not themselves "merely conceptual," nor are the connecting relations "the product of thought." Vollenhoven holds to a "realism of terms" in this regard. (In 1926, he spoke of "*Gegenstände*," later replaced by "states of affairs.") But the realism is interpreted as being part and parcel of a "created" structure, a product of divine

activity and subject to the divine will. A "platonic realism," namely of terms subsisting in an absolute sense, undercuts the biblical understanding of *creatio ex nihilo.*

The deepest application of the method is in connection with "being." The way of resolution ends in the discovery of the complete generality of "being-subject" or "standing in subjection." This discovery serves as the "point of orientation" of all subsequent philosophy both as to things heavenly and things earthly (§§17 and 18). The point of orientation of things earthly displays two kinds of being: being thus-or-so and being this-or-that. This sets the stage for the discussion of the *modal* (thus-or-so) determination and the *individual* (this-or-that) determination.

3. *Structure and direction.* We call attention to these terms because the editorial hand has had to finalize their occurrence in the text. In Vollenhoven's own copy, at the point where he introduces the distinction between "the structure of things and humans" on the one hand and "the structure of the kingdoms and of humankind" on the other (cf. §26), he changed the wording in both cases to read "structure and direction." Because these topics are discussed in their respective "subparts," the phraseology recurs in the headings of these subparts. The heading of the first subpart is duly changed to read "Structure and direction of things and humans" (§27). But Vollenhoven failed to change the reading of the heading of the second subpart, which starts at paragraph 95. To be consistent, this ought to read "Structure and direction of the kingdoms and of humankind," replacing the unchanged "The structure of the kingdoms and mankind." Assuming this to be a mere lapse on Vollenhoven's part, the expected reading has been incorporated here.

Now each of these subparts consists of two divisions. In the introduction of the two divisions of the first subpart (cf. §27), Vollenhoven adds, in brackets, the term *structure* to the first division and *direction* to the second. In the heading of the first division, at the place where this topic starts (§28), Vollenhoven also adds, as is to be expected, the term *structure* to the heading of this division. But in the heading of the second division, which starts at paragraph 85, the term *direction* has not been added, contrary to expectation. Taking this, too, to be a lapse, the term has been added in the text at this point.

We note that the addition of the term *direction* here is appropriate in the light of the contents of this division. Vollenhoven discusses the antithesis of good and evil, and, linked to this, the direction of the functions as determined by the human hart.

But now what about the second subpart? If we accept the changed reading of its heading, can the distinction of "structure" and "direction" be apportioned over the two divisions of this subpart? The topic of the first division, the discussion of which begins at paragraph 96, is about the genetic connections within the kingdoms and the general relations between the kingdoms. The heading "The structure of the kingdoms" could be deemed appropriate here. The second division, which starts at paragraph 109, treats the main structures of society and the topic of religion. The latter includes the contrary responses to the "fundamental law of love." Thus, the most appropriate heading of this (second) division would appear to be "Structure and direction of humankind." The headings of each of these divisions of this second subpart now read as indicated.

We wish to note that an alternative reading of the first division of the second subpart is possible. Something can be said for the reading "Structure and direction of the kingdoms." The term *direction* would then have to pertain to the genetic connections within humankind. Now Vollenhoven does hold that human procreation involves "man as living soul, in other words man as whole, including the soul in the meaning of heart." Here, the theme of direction is at least implicit, though the term *direction* does not occur. Vollenhoven adds a remark here about the conception of Christ our Mediator. Because the role of Christ is also central to the topic of religion, this is an added point supporting the possible alternative reading of the heading.

Now while the general subpart heading "Structure and direction of the kingdoms and of humankind" does not rule out the alternative reading of the division as pertaining to the kingdoms, we feel that the inclusion of "direction" here would be strained. In the light of the whole division, the evidence is too circumstantial and too limited to warrant the alternative reading. So apart from noting its possibility, we leave the reading of this division heading as Vollenhoven had it.

The theme of structure and direction is an important one in Vollenhoven's thought. Structure is intrinsic to created reality. It is expressed in what Vollenhoven calls the modal and the individual determinations. There is the modal order of distinct modes of being, connected, so to speak, analogically. And there is the network of

individual differences, mediated in turn by relational connections. But to account more adequately for human life, we need a factor that pertains to the whole of an individual's concrete being. Here the determination of good and evil—a third determinant besides the modal and the individual determinants—comes into play, which is direction determining for the whole of one's individual living. The criterion for differentiating good from evil is the (religious) love command. Good and evil are not "essences" but pertain to fundamental attitudes of obedience and disobedience, respectively, in light of the law of love.

Because individual things are genetically situated in kingdoms, there is at the human level a comparable matter of direction as pertaining to the whole of mankind. Here Vollenhoven places the Christ in his office of representing humankind in the work of redemption. Through his work of obedience to the will of God, which was a work of love, those "in Christ" are enabled to act for the good, being motivated by love in bearing responsibility in representing others, in the "partial offices" of human society.

Thus, direction is specified neither modally—it is more than a matter of faith belief or morality in a modally ethical sense—nor individually as goal of individual pursuit apart from humankind. It is a holistic determination of a religious nature, affecting a human being's concrete redemptive living. For philosophy, it is a prerequisite that cannot be decided or determined merely in structural terms.

4. *Some infelicities*. Vollenhoven's checking of the text of the *Isagoge* in 1945 must not be seen as the definitive preparation for its publication, though he did initiate plans in that direction with an Amsterdam publisher. It is likely that Vollenhoven wished to give the text a final working over when his new method of historical research was more settled. Because that method—the so-called "consequential problem-historical method"—proved to be much more challenging than Vollenhoven had initially expected, he never found the time to bring the *Isagoge* up-to-date, which was why he agreed to the reprint of the 1943 version that appeared in 1967. The current text (Vollenhoven's own copy of 1945) has numerous features that would, in all likelihood, not have survived in a published version. The following are possible candidates for revision.

a. Vollenhoven speaks of a "main part" ("Hoofddeel") of the *Isagoge* (cf. §6). This is a remnant of the earlier setup, whereby the first

main part of the *Isagoge* is, in fact, the text as we have it, said to be the positive results of what Vollenhoven considers to be "scripturally responsible" reflection. The second "main part" was a discussion of prominent nonscriptural features of traditional philosophy. This second part has only been found in a 1932 edition of the *Isagoge*. This text—the second main part—was subsequently published, with some alterations, as Chapter 3 of Part I of Vollenhoven's *Het Calvinisme en de Reformatie van de Wijsbegeerte* (Amsterdam: Paris, 1933, 49–67), and it was no longer included in the *Isagoge* after 1933. The content of this whole "second main part" became definitely dated when Vollenhoven began to develop his problem-historical method for the study of the history of philosophy in the early 1940s. It is probably an oversight that there are still some references to this setup (e.g., cf. §§6 and 141).

b. In paragraph 61, Vollenhoven gives the impression that one can count with irrational numbers and that this constitutes an anticipation of spatial continuity. This impression is unfortunate. A mathematician never counts with irrational numbers, and the sequence of the square roots of the natural numbers in no way approaches continuity. A first degree of continuity is found in connection with the set of rational numbers (numbers that can be written as fractions) when ordered according to magnitude. Between any two fractions, there is always another fraction. This implies that the number of fractions between any two fractions is unending, and accordingly the set of rational numbers is said to be "compact." If the rational numbers are ordered according to the increasing sums of the numerators and denominators—in other words, 1/1 [sum of 2], 1/2, 2/1 [sum of 3], 1/3, 2/2, 3/1 [sum of 4], 1/4, 2/3, 3/2, 4/1 [sum of 5], and so on— then this sequence of rational numbers includes every rational number, and it constitutes a countable sequence (though one would not use it to actually count). But what mathematicians think of as continuity in the full sense is found in connection with the set of "real numbers," ordered according to magnitude. The set of real numbers consists of the rational numbers and the irrational numbers, the latter being numbers that cannot be written as a fraction, for example, $\sqrt{2}$, $\sqrt{5}$, or π, and so on. Now, because irrational numbers, such as the given examples, mark distinct positions on a line, as do the rational numbers, the rational and the irrational numbers together form a sequence reflecting the one-dimensionality of the line. The irrational numbers "fill-in," so to speak, the interstices between the rational

numbers, on account of which the set of real numbers is said to be "dense." However, this set is not denumerable (countable). The set of real numbers reflects the continuity of the line. It is in this sense that the set of real numbers displays a "spatial anticipation." One may ask whether the "compactness" of the set of rational numbers does not reflect (or anticipate?) the more primitive spatial relation of "part and whole," as suggested by the numerator and denominator of fractions.

c. In the course of the 1950s, Vollenhoven agreed with Dooyeweerd in splitting the physical law-sphere into two spheres, one concerned with motion and the other with energy forms or interactions.[32] In fact, this constituted a reintroduction on Vollenhoven's part. Vollenhoven had distinguished these two law-spheres in the 1930 version of the *Isagoge*, but he subsequently dropped the distinction. The history of the "modal sequence" is not without its own interest, for it took time to settle. In 1926, Vollenhoven enumerated the lower spheres (in order of increasing complexity) as being: the logical, number, space, time, motion, energy, biotic, psychic, and so on (there is no complete listing in 1926 of the remaining law-spheres).[33] In (early) 1927 (in the lecture notes of 1926–1927), the logical sphere is moved to its "canonical position," namely, between the psychical and the technical-formative ("historical") spheres. In the lecture notes of 1929–1930, Vollenhoven gives a provisional listing of the law-spheres as: arithmetical, spatial, mechanical ("including energy, chemistry"), organic, psychical, logical (analysis and synthesis), social, historical, linguistic, economical, juridical, ethical, and pistical. Vollenhoven notes that the position of the aesthetic remains uncertain. We, in turn, note that time is now no longer viewed as a law-sphere, and that motion and energy are merged, only to be split again in the 1930 *Isagoge* and reunited in subsequent editions. In addition, the position of the social law-sphere is not yet in its "canonical position," namely, between the linguistic and the economic (as of 1930). In the *Isagoge* of 1931 and later versions, the listing is "standard" (apart from the later resplitting of the physical sphere in the 1950s).

---

32. Cf. A. Tol and K. A. Bril, *Vollenhoven als wijsgeer*, 175, 204.
33. Cf. "Kentheorie en natuurwetenschap" [Epistemology and Natural Science], *Orgaan van de Christelijke Vereeniging van Natuur- en Geneeskunde in Nederland*, No. 2 & 4, 53–64, 147–97—esp. page 154; also *Logos en Ratio* (Kampen: Kok, 1926), 55.

d. The chapter on scientific knowing (§198 ff.) is very brief and in part incomplete. It consists of two "chapters," the first on scientific knowing in the special sciences, and the second purportedly on scientific knowing in the general sciences. However, the content of this second chapter is deferred with the remark that more needs to be said than can justly be included there. (It is not certain what Vollenhoven meant here.) Vollenhoven refers to pedagogy as one "general science" that would have to be discussed. Philosophy, too, is considered by Vollenhoven to be a "general science." However, he does not mention philosophy here. But, given what Vollenhoven said in paragraph 5 about the "precise determination" of the place of philosophy and the "complete circumscription" of its task, the discussion of these points could be expected here.

The first chapter is brief for the likely reason that Vollenhoven had given its topic a broad discussion in 1926, namely in "Kentheorie en natuurwetenschap," although there is no reference to this long article in the *Isagoge*. In the subsequent editions, the text of this part of the *Isagoge* was only superficially revised; hence, there is little difference here between the original text of 1930 and the text of 1945. It seems one needs to approach this topic through the work of 1926.[34]

In conclusion

Vollenhoven was aware, especially in later life, that the *Isagoge* had its faults and that it did not represent fully numerous features of his later thought. In the brief foreword for the 1967 reprint, he writes: "For my initial plan, to adjust the whole of the text here and there, would in fact have resulted in a reworking." He explains that he could no longer afford the time—he was seventy-five years old at the time—for such a major undertaking, preferring to invest his remaining energy in continuing to develop the "problem-historical method" for the study of the history of philosophy. He ends by expressing the hope that the work will nonetheless serve the purpose that its title indicates. We can do no better than repeat the hope that this text will continue to stimulate philosophical thought.

Anthony Tol

---

34. To that end, cf. Chapter 7 on "Logos, states of affairs, and knowledge" of John H. Kok, *Vollenhoven: His Early Development*, 233–90, for a discussion of Vollenhoven's work of 1926.

Isagôgè Philosophiae

INTRODUCTION TO PHILOSOPHY

Isagôgè Philosophiae

Woord vooraf.

Eerst een enkel woord over naam, doel en methode van dit college en over de indeling van dit dictaat.

1. Naam.

Deze bestaat uit twee delen. Het eerste is "isagôgè"; als bepaling is daaraan toegevoegd "philosophiae". Bij de betekenis van elk dezer woorden (A en B) en bij die van hun verbinding (C) staan we even stil.

A. "Isagôgè" is de Nederlandse transcriptie (weergave van een vreemd woord in het schrift van een andere taal) van het Griekse *eisagôgè*. Dit woord is samengesteld uit *eis* – naar binnen – en *agôgè* van *agein* – het voeren. *Isagôgè* betekent dus *inleiding*.

B. "Philosophiae" is een verbogen vorm van *philosophia*. Dit woord is eveneens samengesteld. De bestanddelen zijn *philos* – bevriend – en *sophia* – wijsheid. *Filosofie* betekent dus *liefde tot wijsheid*.

Nu is deze omschrijving reeds oud: mag men de traditie geloven, dan stamt zij zelfs van Pythagoras, een Grieks wijsgeer uit de 6e eeuw voor Christus. Bij hem was ze echter met een ernstige misvatting verbonden. Pythagoras moet namelijk hebben gezegd, dat hij, wijl mens, niet, gelijk de goden, wijsheid bezat, maar naar wijsheid streefde, wat onderstelt, dat menselijk denken naar het bezit van goddelijke wijsheid kan staan. Om deze misvatting af te snijden is het goed reeds dadelijk op te merken, dat we bij de omschrijving van "filosofie" als "liefde tot wijsheid" uitsluitend met voor mensen bereikbare, dus met menselijke wijsheid te doen hebben.

Introduction to Philosophy

Preface

First a few words concerning the name, purpose, and method of this course and the division of this syllabus.

1. Name

The name of this course consists of two parts: The first is *isagôgè*, to which is added the specification *philosophiae*. We deal briefly with the meaning of each of these words and then with the meaning of their combination.

a. *Isagôgè* is the transcription (rendering of a foreign word in the characters of another language) of the Greek word *eisagôgè*. This word is a compound of *eis-*, meaning "into," and *agôgè* (from *agein*), meaning "a leading." Hence, *isagôgè* means *introduction*.

b. *Philosophiae* is an inflected form of *philosophia*. This word is also a compound, the constituent parts of which are *philos*, or "friendly," and *sophia*, meaning "wisdom." Hence, *philosophy* means *love of wisdom*.

Now this circumscription is very old; if we can believe tradition, it stems from Pythagoras, a Greek philosopher from the sixth century B.C. However, he combined it with a serious misconception. Pythagoras is reputed to have said that he, being a man, did not possess wisdom as did the gods, but strove toward wisdom. He assumed that human thinking can aspire to the possession of divine wisdom. To eradicate this misconception, it is good to note at the outset that in the circumscription of "philosophy" as "love of wisdom," we are

Wat nu de verhouding van de term "filosofie" tot deze menselijke wijsheid betreft, dient te worden opgemerkt, dat, al moge genoemd woord allereerst dit menselijke streven aanduiden, het toch ook iets anders betekent, namelijk het samenstel van oordelen, welke uitdrukken de kennis welke men bij dit streven verkreeg. Filosofie betekent dus zowel een *daad* als een *resultaat*.

C. "Isagôgè philosophiae" betekent dus: 1e inleiding tot filosoferen, en 2e inleiding tot het verstaan van het daarbij door anderen verkregen resultaat.

Isagogie is dus steeds, in welke zin men deze term ook gebruikt, een inleiding, dat wil zeggen een helpende werkzaamheid; dus niet een boek of een dictaat, al noemen we die laatste ook wel eens kortweg met dezelfde naam. Zo'n dictaat moet er dan ook niet "ingezet", maar dient te worden gebruikt. De volzinnen duiden namelijk gedachten aan, die bedoelen de lezer te leren de kwesties op verschillend gebied wijsgerig aan te pakken.

2. Doel.

Bij een inleiding als werkzaamheid onderscheidt men naast de in te leiden en de inleidende persoon ook datgene, waarin laatstgenoemde de ander binnenleidt. Men denkt daarbij aan een gebouw. Met dit laatste beeld hebben we echter voorzichtig te zijn: voeren we het te ver door, dan verliezen we immers uit het oog de *eerste* betekenis van het woord *filosofie*, namelijk *filosoferen*, en zien nog slechts de tweede, namelijk die van resultaat.

Nu heeft ook een inleiding tot de wijsbegeerte in de tweede betekenis van deze term ongetwijfeld goede zin. Met name geldt dit wanneer men zich op de hoogte heeft te stellen van de vele resultaten bij tal van wijsgeren, in de vorige eeuwen aan te treffen: een goede bestudering van de geschiedenis der filosofie is zonder zulk een inleiding, als later in de *Conspectus Historiae* ["Overzicht van de geschiedenis"] volgt, kortweg niet mogelijk. En ook een inleiding tot het werk van tijdgenoten kan nodig zijn. Zo wanneer het door een of andere denker gevondene voor een bepaald milieu moeilijkheden oplevert. In die geest schreef Dr. A. Drews een inleiding op de wijsbegeerte van Ed. von Hartmann (1902), Dr. H.A. van Andel een op het werk van Dr. H. Bavinck en Dr. W. Reyer een op de gedachtegang van E. Husserl en diens school (1926). De auteur van zulk een inleiding meent meestal, dat z'n leermeester verschillende vraagstukken goed heeft gezien. Toch blijft ook zulk een inleiding rechtstreeks slechts toe leiding tot

concerned exclusively with what human beings can attain—hence, with human wisdom.

As for the relationship of the term *philosophy* to this human wisdom, note that though it first of all denotes this human striving, it also means something else, namely, the complex of statements that express the knowledge men obtained through this striving. Philosophy, therefore, signifies both a *deed* and a *result*.

c. Hence, *isagôgè philosophiae* means firstly, an introduction to philosophizing, and secondly, an introduction to an understanding of the result thereby obtained by others.

Isagôgè, therefore, in whichever sense we use the term, is always an introduction—that is to say, an auxiliary activity—and not a book or syllabus, though we occasionally refer to the latter in passing with the same name. Such a syllabus must not be "cased" but be used. For the sentences denote thoughts that are meant to teach the reader to tackle the questions in different fields philosophically.

2. Purpose

In an introduction in the sense of activity, we should distinguish, in addition to the person to be introduced and the person doing the introducing, also that into which the latter introduces the other. The image evoked is that of a building. However, we must be careful with this image; if we press it too far, we lose sight of the *first* meaning of the word *philosophy*, namely, philosophizing, and see only the second, namely, that of a result.

Now an introduction to philosophy in the second meaning of this term undoubtedly also makes good sense. This holds especially when we have to acquaint ourselves with the many results of numerous philosophers to be found in bygone centuries. A good study of the history of philosophy is simply not possible without an introduction like the one offered in the *Conspectus Historiae* ["Overview of the History"]. An introduction to the work of contemporaries may also be necessary, for example, when what a given thinker has found presents difficulties for a particular group of people. It is with this in mind that A. Drews wrote an introduction to the philosophy of E. van Hartmann (1902), H. A. van Andel one to the work of H. Bavinck, and W. Reyer one to the thought of E. Husserl and his school (1926). The author of such an introduction is usually of the opinion that his or her teacher has a correct view of various problems. Yet such an introduction remains an adduction specifically of the

gedachten en boeken van een ander en eerst indirect tot de problemen, namelijk voorzover ze door een ander zijn gezien en opgelost.

Waarop het zo in het ene als in het andere geval aankomt, is dit: "Heeft de besprokene de moeilijkheden genoegzaam gezien en heeft hij de problemen juist gesteld?" En deze vragen kan men niet beantwoorden zonder in te gaan op de stand van zaken, over welke ook de besproken denker, als 't goed is, heeft gedacht.

Dat ingaan op de stand van zaken dient daarom bij een inleiding met wijsgerig karakter voor te zitten. Met andere woorden: wanneer men bij enig onderzoek niet tot helderheid kan komen, moge de eerste vraag al zijn: "Wat zei deze of die er over?" — het antwoord op deze vraag mag nooit het laatste zijn: het door een ander gezegde kan immers verder helpen, maar het kan ook achteruit zetten. Het laatste geschiedt bijvoorbeeld wanneer hij enkele moeilijkheden, die we zelf wel ontwaarden, niet zag en wij ze nu voortaan ook ter zijde laten. Steeds dient dus na lezing van een wetenschappelijk werk – althans door wie wetenschappelijk wil bezig zijn – gevraagd te worden: "Is het door de auteur beweerde wel juist, dat wil zeggen klopt het met de stand van zaken?" En alleen indien men meent te weten, dat deze vraag bevestigend mag [worden] beantwoord, kan men rustig aan het schrijven gaan, ook al zal dit bevestigend antwoord lang niet door allen worden overgenomen. Zo gaf [J.G.] Walch een inleiding in de filosofie (1727) – hier gememoreerd, wijl ze in de tijd na de Renaissance wel de oudste is onder die naam – van zuiver rationalistisch standpunt. Hij meende dat de stellingen van hem en zijn geestverwanten, de rationalisten, steunden op de stand van zaken.

Een derde groep van inleidingen wordt gedragen door de gedachte, dat de vraagstukken met welke de wijsbegeerte zich bezighoudt, tot nog toe – geheel of ten dele – verkeerd werden gesteld. Zulke inleiders beginnen vaak met negaties, dat wil zeggen met afwijzing van anderer theorieën, of verwerken die tenminste in de uiteenzetting van wat ze menen gevonden te hebben. Zo doen bij de ouderen bijvoorbeeld [J.G.] Fichte (1797 en 1801) en [J.F.] Herbart (1813), bij de nieuweren de Fransman Charles Renouvier (1895), onze landgenoten J.P.N. Land (1889, ^{2}1900) en J.G. Wattjes (1926), de Duitsers Fr. Paulsen (1892, $^{39\text{-}40}$1924), O. Külpe (1895, ^{12}1929), Erich Becher (1926), Wilhelm Wundt (1901, ^{8}1920) en W. Windelband (1914, ^{3}1923), de

thoughts and books of another and only indirectly of the problems, namely, to the extent that they were seen and solved by this other person.

The important thing in both cases is the following: Has the person in question seen the difficulties sufficiently and has he posed the problems correctly? These questions cannot be answered unless one also grapples with the state of affairs that the thinker being discussed, if he did his work well, thought about as well.

That is why a grappling with the state of affairs should have priority in a philosophical introduction. In other words, if in some investigation one cannot find clarity, the first question may well be: "What did this or that person say about it?" The answer to this question may never be taken as final: What someone else says can help us, but it can also set us back. This happens, for example, when the thinker in question did not have an eye for the difficulties that we discern, and we thereupon ignore them as well. Therefore, after reading a scientific work, the question should always be asked, at least by those who want to work scientifically: "Is what the author asserts correct—that is to say, does it comport well with the state of affairs?" And only if we are of the opinion that this question may be answered in the affirmative, can we uninhibitedly turn to writing, even though this affirmative answer will be far from acceptable to many. In like manner, J. G. Walch gave an introduction to philosophy (1727)—I mention it here because it is the oldest under that name since the time of the Renaissance—from a purely rationalistic standpoint. He maintained that what he and those who thought like him—the rationalists—had to say was built on the state of affairs.

A third group of introductions is prompted by the thought that the problems with which philosophy was concerned hitherto were posed incorrectly, be it completely or in part. Such authors often begin with negations, in other words, with the rejection of other theories, or at least integrate the same in their exposition of what they claim to have found. J. G. Fichte (1797 and 1801) and J. F. Herbert (1813) are examples of older writers, while the Frenchman Charles Renouvier (1895); the Dutchmen J. P. N. Land (1889, 2 1900) and J. G. Wattjes (1926); the Germans F. Paulsen (1892, 40 1924), O. Külpe (1895, 12 1929), Erich Becher (1926), Wilhelm Wundt (1901, 8 1920), and W. Windelband (1914, 3 1923); the Englishmen G. S. Full-

Engelsen G.S. Fullerton (1906) en B. Russell (1912, ³1918), en de Belg L. de Raeymacker (1938, ²1944). Uit hun werken* – met grote voorzichtigheid te gebruiken, daar ze geen van allen op schriftuurlijk standpunt staan – komen we dus niet slechts te weten wat deze schrijvers positief beweren, maar ook wat ze bestrijden.

> Opm. Het soms hoge nummer der herdrukken toont aan, hoe groot de behoefte aan inleiding is — een behoefte tegenwoordig ook uitkomend in het roepen om "eenheid in stijl" bij academische vorming.

Ook deze auteurs gaan, voorzover hun standpunt dat toelaat, op de zaken zelf in. En ieder die dat doet, kan, voorzover hij dat doet met inachtneming van de grenzen der wijsbegeerte, en dus voorzover hij goed filosofeert, ons helpen.

3. Methode.

A. Deze dient allereerst *thetisch* te zijn. Het gaat er namelijk om, te leren de moeilijkheden voor welke het denken komt te staan, aan te pakken vanuit eigen standpunt.

> Opm. 1. Dit thetische kan nooit worden *vervangen* door historicale uiteenzettingen: historie der wijsbegeerte is immers iets anders dan wijsbegeerte. Derhalve is ook de wetenschap omtrent deze historie (historica) iets anders dan inleiding.
>
> *Verbinding* van beide methoden, nog onlangs door F. Heinemann (1929) beproefd, bevordert de duidelijkheid niet en is dus niet aan te bevelen.

B. In de tweede plaats behoort de methode echter ook *kritisch* te zijn. Wie filosofeert mag niet doen alsof voorgangers en tijdgenoten wijsgerige belangstelling misten. Hij heeft, integendeel, ernstig kennis te nemen van hun uiteenzettingen. Wat hij echter evenmin mag, is: zweren bij de woorden van een menselijke meester of heil zoeken in een geknutsel, waarbij hij, uitsluitend om mannen van gezag te ontzien, aan elk van hen iets ontleent. Steeds heeft hij zich af te vragen: "Zagen ze de moeilijkheden voldoende en stelden ze het probleem wel juist?" En diezelfde vraag heeft hij ook, en zelfs herhaaldelijk, te stellen aan het door hem zelf verkregen resultaat. Die nieuwe overweging van oude antwoorden en vragen zal kunnen voeren tot tweeërlei resultaat: de bestudeerde oplossing voldoet of ze voldoet

---

* *Noot redacteur.* Voor de titels van de bedoelde werken, zie de literatuurverwijzing op bladzijden 144–45.

erton (1906) and B. Russell (1912, ₃1918); and the Belgian L. de Raey-macker (1938, ₂1944) are more recent examples. Their works* (which are to be used with the greatest of caution given that none stand on the scriptural standpoint) not only acquaint us with what these writers positively claim but also with what they challenge.

> Comment: That some of these books were reprinted so often demonstrates how great the need is for introduction, a need that has also been recently expressed in the cry for a "unity in style" in academic forming.

To the extent that their standpoint allows, these authors also deal with the matters at issue. And everyone who does that can help us; everyone, that is, to the extent that they keep the limits of philosophy in mind and, therefore, to the extent that they philosophize well.

3. Method

a. The method of this course must in the first place be *thetical*, for the point is to learn to approach the difficulties faced by thinking from one's own point of view.

> Comment 1: This thetical approach can never be *replaced* by historical expositions: After all, the history of philosophy is something other than philosophy. For that reason, science about this history (*historica*) is something other than introduction.
>
> A *combination* of these two methods, such as has recently been attempted by F. Heinemann (1929), does not foster clarity and is, therefore, not to be recommended.

b. In the second place, however, the method ought also to be *critical*. We who philosophize may not act as though our predecessors and contemporaries lacked philosophic interest. On the contrary, we must seriously consider their expositions. However, we also may not swear by the words of a human master or seek a solution in a patchwork, in which simply out of awe for people of authority we borrow something from each of them. We must always ask ourselves: "Did they sufficiently appreciate the difficulties and did they pose the problem correctly?" And we must also, and repeatedly, ask the same question of the result that we ourselves have arrived at. This kind of fresh consideration of old answers and questions can lead to two kinds of results; the solution being examined can be satisfactory or

---

* *Editor's note*: The titles of these works are listed under "References" on pages 144ᶜ–45ᶜ below.

niet, hetzij omdat zij verkeerd antwoordt op een juist gestelde vraag, hetzij ook wijl ze uitging van een verkeerde probleemstelling.

Kritiek sluit niet noodzakelijk in, dat het nog eens rustig te overwegen antwoord reeds vroeger onvoldoende werd bevonden; kritisch onderzoek kan evengoed eindigen in een hartelijke aanbeveling van een door anderen verkregen of een handhaven van eigen, door tegenstanders aangevochten stelling. "Kritiek" is dus allerminst hetzelfde als "negatie". Wel kàn kritiek leiden tot een negatief resultaat. Doch ook zo'n negatief resultaat heeft grote waarde: het vasthouden van gedachten die telkens weer in conflict komen met de hoofdlijnen van een systeem, ondermijnt immers de kracht ervan en verhindert goede vragen te stellen en nieuwe resultaten te bereiken.

C. Het *thetische* en *kritische* in de methode staan niet los naast elkaar. Vandaar, dat hier nog een enkel woord dient gezegd over beider verhouding. Ze is mijns inziens deze: elke kritische werkzaamheid sluit in, dat men een stelling inneemt. 't Kan best zijn, dat deze positie later onhoudbaar blijkt, maar dat wil toch alleen zeggen, dat men z'n positie enigszins heeft gewijzigd: men heeft zich iets teruggetrokken of heeft een stelling ingenomen, die men vroeger meende te moeten bestrijden. Maar hoe dit ook zij, alle kritiek onderstelt, zal ze haar naam waard zijn, dat men bepaalde gedachten meent te kunnen handhaven.

Opm. 2. Vergeet men dit, dan rest in het uiterste geval dat men slechts onderstellenderwijs een standpunt inneemt: men aanvaardt het ene ogenblik de gedachten van *P* en kritiseert met behulp van deze die van *Q*, om zich het volgende ogenblik de positie van *Q* eigen te maken en de gedachten van *P* te onderzoeken. Indien dit hypothetisch redeneren echter het enige is wat men hier doet, leidt het tot niets anders dan tot *wijsgerig nihilisme*.

Meestal gaat men niet zover. Ook dan geeft men zich niet steeds voldoende rekenschap van eigen standpunt. Dit leidt er dan weer toe, dat men een bepaalde probleemstelling als juist aanvaardt, doch zowel de negatieve als de positieve beantwoording onvoldoende acht, en ze derhalve combineert, anderen waarschuwend voor de eenzijdigheid van elk der twee partijen afzonderlijk. Zulk een *combinatie* moet echter, indien de vraag werkelijk kan [worden] toegespitst op een "ja of neen", [worden] verworpen. Want hebben beide partijen gelijk – in 't andere geval is er van combinatie geen sprake –, dan is de probleemstelling onjuist en dient ze door een andere vervangen en niet door een combinatie bemanteld [te worden].

Een nog minder gewenst verschijnsel is het *eclecticisme*, dat meestal niet eens tot het al of niet juist gestelde probleem doordringt, maar

not, either because it answers wrongly a correctly formulated question or because it proceeded from a wrong formulation of the problem.

Criticism does not necessarily mean that the answer found earlier and now subjected to a reevaluation is found to be unsatisfactory: Critical examination can just as well result in cordially recommending theses obtained by others or maintaining a thesis of one's own that others have contested. "Criticism" is, therefore, certainly not equivalent to "negation." To be sure, criticism can lead to a negative result. But such a negative result has great value: Tenaciously maintaining thoughts that constantly clash with the main lines of a system undermines its power and prevents good questions from being asked and new results from being obtained.

c. The *thetical* and the *critical* approaches in the method are not isolated from one another. Therefore, we must add a word about their relationship, which, in my opinion, is as follows: Every critical activity implies that one takes a thetical position. It is quite possible that this position will later prove to be untenable, but all that means is that one has modified one's position somewhat; one has drawn back a bit or has adopted a thesis that one thought earlier had to be opposed. But whatever the case may be, all criticism presupposes, if it is worthy of the name, that one is confident in maintaining certain thoughts.

> Comment 2: If this is forgotten, then the extreme consequence could be that the person adopts a position hypothetically, one moment accepting the thoughts of P to criticize those of Q, the next minute adopting the position of Q to investigate the thoughts of P. If, however, this kind of hypothetic reasoning is the only thing that a person does, it leads to nothing but *philosophic nihilism.*
>
> Usually a person stops before that. But even then, she does not always take sufficient account of her own standpoint. This has the further consequence that the formulation of a particular problem is accepted as correct but both the negative and the positive answer to it are considered unsatisfactory. Hence, she combines the two, warning others of the one-sidedness of each of the two parties separately. However, this kind of *combination,* if the question is indeed one that can be answered by a clear-cut yes or no, must be rejected. For if both parties are right—if this is not the case, there would be no question of combination—then the formulation of the problem is incorrect and must be replaced by another one and must not be cloaked by a combination.
>
> A phenomenon that is even less desirable is *eclecticism.* It usually does not even penetrate as far as the problem, correctly formulated or not,

enkele gedachten, hier en daar opgestoken, bijvalt, zonder zelfs te onderzoeken of ze elkaar wel verdragen.

Handhavend het houdbare van eigen positie, kritisch onderzoe-
kend het resultaat niet alleen door anderer, maar ook door eigen
denken vroeger bereikt, consequenties aandurvend — zo komt men
al worstelend verder, en behaalt een dubbele winst: 'n versterkte
positie en een beslister *afwijzing* van wat daarmee strijdt.

4. *Indeling.*

Deze volgt de onderscheiding in 't voorlopig resultaat, dus van
positief en *negatief.*

Daarbij dient het positieve voorop te gaan. Anders dreigt immers
het waarlijk niet denkbeeldige gevaar, dat men nimmer met de negatie klaar komt. En de voorstander van de afgewezen mening heeft er
recht op te weten, wat de achtergrond is van de kritiek, die tot deze
afwijzing leidde.

Men kan nu eerst één bepaalde kwestie aan de orde stellen en deze
positief en negatief afhandelen, vervolgens overgaan tot een tweede
probleem, enzovoorts. Deze werkwijze stuit echter op dit bezwaar,
dat men, om de verscheidenheid in vraagstelling en beantwoording te
belichten, bij ieder probleem de richtingen behoort te schetsen, die
deze vraag aansneden, dus noodzakelijk in doen van herhalingen valt.
Derhalve verdient het reeds uit overwegingen van tijdsbesparing
voorkeur het positieve resultaat aaneengesloten te geven.

Daarmee is natuurlijk niet gezegd, dat het impliciet afgewezene
wel kan worden verwaarloosd: het dient, in tegendeel, nauwkeurig te
worden weergegeven, opdat men ook anderer opvattingen en terminologie kent en verstaat. Een en ander kan echter beter niet hier,
maar in het overzicht van de geschiedenis der wijsbegeerte plaats
vinden, waarin immers doch de verschillende richtingen in het kader
om haar grondgedachten en in de lijst van haar tijd dienen te worden
getekend.

Op deze gronden doet de Isagogie het beste zich te beperken tot
de aaneengesloten uiteenzetting van eigen positief resultaat. Een
enkele negatieve opmerking beoogt dan ook uitsluitend de portee van
het in de tekst bedoelde te verhelderen.

but simply supports a number of thoughts encountered here or there, without even bothering to inquire whether they are compatible.

It is by maintaining that which is tenable in one's own position, by critically examining not only the result acquired by others but also the result of one's own thinking at an earlier time, and by having the courage to accept the implications of one's position, that one can make progress through struggle and attain a double profit: a reinforced *position* and a more definite *rejection* of whatever is inconsistent with it.

4. Division

The division of the material is correlate with the distinction within the provisional result, that is to say, the distinction between *positive* and *negative*.

The positive must have precedence. If this is not the case, the anything-but-imaginary danger looms that a person will never be done with his negation. Also the advocate of an opinion that is rejected has the right to know what is behind the criticism that led to this rejection.

One way of proceeding is to take one particular question and deal with it in a positive and then a negative manner and consequently to turn to another problem, and so on. This procedure, however, meets the objection that to clarify the diversity in the formulations of the question and answers, it would be necessary in the case of every problem to outline the schools of thought that have concerned themselves with this question, therefore necessarily leading to repetition. Hence, preference must be given, if only for reasons of economy of time, to the procedure whereby the positive result is given in a coherent whole.

This is, of course, not to say that whatever has implicitly been rejected may also be ignored. On the contrary, it must be precisely presented so that people may also know and understand the conceptions and terminology of others. This, however, should not be done in the present context, but in the survey of the history of philosophy; for it is there that the different schools of thought are outlined within the framework of their basic thoughts and in the context of their historic period.

For these reasons, the *Isagoge* can do no better than to limit itself to a connected account of my own positive result. In the few instances where a negative comment has been made, the only purpose has been to clarify the implications of the position spelled out in the text.

Inleiding.

De plaats van de wijsbegeerte in de kosmos en haar taak.

5. Een prealabele kwestie.

Meestal is men reeds lang wijsgerig bezig, voordat men stilstaat bij de vraag naar de plaats der wijsbegeerte in de kosmos en naar haar taak. Wie echter anderen helpen wil, zal zeker zelf over dit punt licht dienen te hebben. Doch ook indien dit het geval is, staat hij voor een moeilijke beslissing. Moet zijn opvatting omtrent taak en plaats der wijsbegeerte bij de hulp, die hij anderen tracht te bieden, voorop gaan, of doet hij beter voorlopig daarover te zwijgen? Voor het laatste pleit, dat de *nauwkeurige* bepaling van die plaats en de *volledige* omschrijving van deze taak steeds het gebruik vergt van onderscheidingen, die in verband staan met geheel de conceptie en wier strekking eerst ten volle duidelijk wordt na tal van uiteenzettingen. Aan de andere zijde: menige mislukking en teleurstelling op wijsgerig gebied is juist dááraan te wijten, dat men verzuimde deze prealabele kwestie onder de ogen te zien, en dus is tijdig waarschuwen plicht.

Vandaar, dat ik, hoewel gaarne de genoemde bezwaren tegen de vooropstelling erkennend, toch deze kwestie reeds hier, zij het ook slechts kort, aan de orde stel.

6. De aard dezer kwestie.

De reeds aangeduide onderscheidingen, die men in een inleiding niet kan ontberen, behoren voor het grootste deel tot de theorie omtrent het kennen. Nu geloof ik, dat men de portee van de meeste dezer onderscheidingen eerst aan het eind helder kan vatten. Vandaar, dat ik ze hier slechts gebruik, en wel zo duidelijk mogelijk, doch voor nadere toelichting verwijs naar het Aanhangsel van dit Hoofddeel.

7. Wijsgerig bezig zijn is meer dan denken.

Bekend is, hoe Descartes z'n wijsgerig systeem trachtte op te bouwen op de stelling: *Cogito, ergo sum*, "Ik denk, dus ben ik".

Nu ga 'k, om geheel verschillende zaken niet tegelijk te behandelen, hier nog niet op het tweede deel van deze stelling in. En nog minder wil 'k op het ogenblik de vraag opwerpen, of geheel het gedachten-experiment, waarop deze bewering heet te berusten, met

INTRODUCTION

THE PLACE OF PHILOSOPHY
IN THE COSMOS AND ITS TASK

5. A preliminary question

Usually people are active in philosophy for some time before considering the question as to the place of philosophy in the cosmos and its task. But those who want to help others should certainly be able to shed some light on this point. Even when this is the case, they are still confronted with a difficult decision: Should they, in their attempt to help others, present their view of the task and place of philosophy at the beginning or can they better save that for later? An argument in favor of the latter solution is that the *precise* determination of that place and the *complete* circumscription of this task always requires the use of distinctions that are related to the conception as a whole and whose tenor becomes fully clear only after numerous expositions. On the other hand, many failures and disappointments in the field of philosophy can be blamed on precisely the fact that people have failed to face this preliminary question. Therefore, an early warning is behooving.

It is for this reason that I, although I am ready enough to acknowledge the objections against dealing with this question first, nevertheless begin with a brief discussion of this point.

6. The nature of this question

The distinctions alluded to above, that we cannot dispense with in an introduction, belong for the most part to the theory about knowing. I believe that the import of most of these distinctions can clearly be grasped only at the end of our discussion. That is why I simply use them here as clearly as possible and refer the reader for further clarification to the Appendix of this main part.

7. Being philosophically engaged is more than thinking

It is well known how Descartes sought to build his philosophic system on the basis of the proposition "Cogito ergo sum," "I think, therefore I am."

So as not to deal with entirely different matters at the same time, I will not consider the second part of this proposition at this point. Nor do I want to raise the question of whether the whole thought experi-

andere woorden de poging het denken los te maken van z'n grondslag en van z'n verleden, wel mogelijk is. 'k Stel hier alleen déze
kwestie aan de orde, of, gesteld dat de redenering van Descartes juist
ware, "denken" *(cogitare)* de goede term is voor wijsgerig-bezig-zijn.
Met andere woorden, ik vraag slechts dit: "Is 'filosoferen' inderdaad
hetzelfde als 'denken'?"

Bij het zoeken van het antwoord op deze vraag overwegen we, dat
het woord "filosofie" twee betekenissen heeft, namelijk streven naar
en bezitten van wijsgerige kennis, en dus in beide heen duidt naar
kennen. Nu duidt het woord "kennen" in de hier bedoelde betekenis
iets aan, waarvan op de een of andere wijze "denken" wel een bestanddeel is, maar niet het geheel uitmaakt.

Vandaar dat het antwoord op de gestelde vraag ontkennend moet
luiden. Met andere woorden: wijsgerig bezig zijn en wijsgerig kennen
is meer dan denken.

8. Kennen en zijn.

Letten we thans op het tweede lid in de stelling van Descartes,
met andere woorden op zijn "dus ben ik" *(ergo sum)*. Is dit "dus" *(ergo)*
te handhaven, indien men – in overeenstemming met de vorige
paragraaf – het "ik denk" vervangt door "ik ken" *(cogito* door *cognovi)*?

Om hier te beslissen dient men natuurlijk eerst te weten, wat dit
"dus" voor Descartes betekende. Met andere woorden: de kwestie
die hier rijst is in de eerste plaats een van historische interpretatie.

Sommigen nu menen, dat "dus" hier een verband van identiteit
zou aanduiden. Dit kan echter niet juist zijn. Descartes stelt immers
zijn en denken niet ident: naast het denken kent hij nog de uitge-
breidheid. Derhalve is zijns inziens het denken slechts een onderdeel
van het zijn.

Nu bedoelt Descartes dit, rationalistisch, in déze zin, dat het denken de kern is van het zijn, een opvatting die we uiteraard verwerpen,
gelijk trouwens ook de gememoreerde indeling van het zijn.

Maar niet rationalistisch, doch juíst is zijn subsumptie van het
denken en kennen onder het zijn; het heeft namelijk goede zin van
een niet-denkend en van een niet-kennend zijn te spreken: er zijn
immers heel wat dingen – denk slechts aan stoffen, planten en dieren
– die wel zijn, maar niet kennen.

We vinden dus:

a. negatief, dat kennen niet ident is met zijn;

b. positief, dat kennen een onderdeel is van het zijn.

ment upon which this assertion is said to rest, namely, the attempt to isolate thought from its foundation and its past, is even possible. The only question I want to raise here is whether, supposing the reasoning of Descartes was correct, the term *thinking (cogitare)* is the right term for being philosophically active. In other words, I am asking only this: Is "philosophizing" indeed the same thing as "thinking"?

In searching for an answer to this question, we take into consideration that the word *philosophy* has two meanings, namely, striving after and the possession of philosophic knowledge and therefore, in both cases, points toward knowing. Now the word *knowing* in the sense intended here denotes something as a constituent and not the whole of which, in one way or another, is "thinking."

It is for this reason that the answer to the stated question must be negative. In other words, being philosophically active and philosophic knowing is more than thinking.

8. Knowing and being

Let us now look at the second part of Descartes' proposition, namely at "therefore I am" (*ergo sum*). Is this "therefore" (*ergo*) tenable if we replace—in conformity with §7—the expression "I think" with "I know" (replacing *cogito* by *cognovi*)?

To decide this, we must, of course, first know what Descartes meant by this "therefore." In other words, the question that arises is in the first place a matter of historical interpretation.

Some are of the opinion that this "therefore" denotes a connection of identity. However this cannot be correct, for Descartes does not identify being and thinking: Besides thinking, he also presupposes extension. Therefore, in his opinion, thinking is only a component of being.

Now Descartes meant this in a rationalistic way, that is, in the sense that thinking is the essence of being; an opinion that we, of course, reject, as much as we reject the division of being indicated here.

However, it is not rationalistic but correct to subsume thinking and knowing under being, for it makes good sense to speak of a nonthinking and a nonknowing being. There are clearly many things—for example, minerals, plants, and animals—that are but that do not know.

We conclude, therefore:

a. Negatively, that knowing is not the same as being

b. Positively, that knowing is a component of being

Opm. Onjuist zijn dus stellingen als deze: "Kennen is parallel met of af-
beelden van het zijn"; "Kennen is overeenstemming van denken en
zijn"; "Kennen gaat aan zijn vooraf en constitueert dit".

9. Niet alle kennen is wijsgerig kennen.

Rest nog de vraag, of alle kennen wijsgerig kennen is. Ook indien
we ons strikt beperken tot datgene wat we hier beslist nodig hebben,
is het niet moeilijk aan te tonen, dat men onder "kennen" – en ook
onder het correlaat van kennen, dus "kennis" – niet steeds hetzelfde
verstaat.

Het inzicht waarmee de zakenman z'n firma dient, is namelijk wel
het resultaat van meer dan denken, namelijk van kennen, doch de
praktijk bewijst, dat deze kennis aanwezig kan zijn – en ook vaak is –
terwijl de betrokkene geen wetenschappelijke kennis bezit. We hebben dus allereerst nodig niet- en wèl-wetenschappelijk kennen te
onderscheiden. En wijsgerig kennen ressorteert niet onder het eerste.

Derhalve is nu de vraag aan de orde of de taal terecht wetenschappelijk en wijsgerig kennen onderscheidt. Allereerst rijst de vraag: "Zijn
beide ident?"; met andere woorden, "Mag ik zeggen: 'Alle wetenschappelijk kennen is wijsgerig van aard'?" Dat gaat zeker niet op: tal
van mannen en vrouwen beoefenen met grote bekwaamheid de
vakwetenschappen zonder daarbij veel belangstelling voor wijsgerige
vragen aan de dag te leggen. Reeds dat is voldoende om binnen de
wetenschap weer vakwetenschap en wijsbegeerte te onderscheiden.

Samenvattend vind ik dus het volgende. Wijsgerig kennen is niet
ident met wetenschappelijk kennen, doch ressorteert als niet-
vakwetenschappelijk kennen, met het kennen der vakwetenschap,
onder het wetenschappelijk kennen.

Korter gezegd: wijsgerig kennen is wetenschappelijk-, doch niet
vak-wetenschappelijk kennen.

10. De verhouding van het wijsgerig kennen en het niet-wijsgerig kennen.

Steeds wanneer twee verschillend zijn, kunnen we vragen naar de
verhouding tussen beide. Vandaar, dat thans de verhouding tussen
wijsgerig en niet-wijsgerig kennen aan de orde komt.

Ook deze verhouding kan thans nog niet in den brede worden besproken. Toch valt omtrent haar reeds thans het een en ander te
zeggen. En dan niet slechts in negatieve, maar ook in positieve zin.

> Comment: Therefore, propositions such as "knowing is parallel with or reflects being," "knowing is the agreement of thinking and being," and "knowing precedes being and constitutes it" are incorrect.

9. Not all knowing is philosophic knowing

One remaining question is whether all knowing is philosophic knowing. Even if we restrict ourselves to the basics needed to answer this question, it is not difficult to demonstrate that people do not always understand the same thing by the term *knowing* (or by the term for the correlate of knowing, namely, "knowledge").

The insight with which a businessperson serves his or her firm is, to be sure, the result of more than just thinking. It is the result of knowing. But experience teaches that this knowledge can and often is present in cases where the person concerned has no scientific knowledge. We must, therefore, first distinguish between scientific and nonscientific knowing. Philosophic knowing does not fall under the latter.

Therefore, the question must now be discussed whether language correctly distinguishes scientific and philosophic knowing. First of all, the question arises: Are both identical? In other words, can we say, "All scientific knowing is of a philosophic character"? That is certainly not the case, as many men and women are engaged in the special sciences with great competence without evincing much interest in philosophical questions. This by itself is sufficient to distinguish within science between special science and philosophy.

In summary, I come to the following conclusion: Philosophic knowing is not identical with scientific knowing but is subsumed as nonspecial-scientific knowing, together with the knowing of the special sciences, under scientific knowing. More concisely, philosophic knowing is scientific, but not special scientific, knowing.

10. The relationship of philosophic knowing and nonphilosophic knowing

In every case where two things are different, we can ask about the relationship between the two. That is why we now come to the relationship between philosophic and nonphilosophic knowing.

This relationship, too, cannot yet be extensively discussed. Nevertheless, a few things can be said about it at this point, not only negatively but also positively.

Negatief dient men vast te houden, dat wijsgerig kennen, al is het zelf van andere aard, het niet-wetenschappelijk en het vakwetenschappelijk kennen niet mag negeren.

Positief blijkt bedoelde verhouding een tweeledige [te zijn].

1. De wijsbegeerte onderstelt beide soorten van kennen en bouwt op alle twee voort.

2. De wijsbegeerte heeft mede over de plaats en de taak van beide soorten van kennen na te denken en dient in de kentheorie over deze punten in den brede te handelen.

11. 't Wijsgerig kennen en het kennen in 't (godsdienstig) geloven.

Tot het niet-wetenschappelijk kennen behoort nu ook het kennen, dat in 't (godsdienstig) geloven is vervat. Eerst een enkel woord ter verduidelijking van beide leden in deze term.

Onder "geloven" verstaat men vaak een kennen dat zich uitsluitend bezig houdt met de buitenwereld: de kennis daarmee correlaat zou minder zekerheid bieden dan die omtrent het eigen bestaan. En niet zelden ziet men dit kennen dan als een eerste schrede bij de benadering van het godsdienstig geloven. Nu is echter op 't ogenblik het verschil tussen het kennen van binnen- en buitenwereld niet aan de orde. Daarom kan ook een bespreking van de term "geloven" in de betekenis van een kennen dat zich uitsluitend bezig houdt met de buitenwereld voorlopig onbesproken blijven. "Geloven" betekent dus hier alleen "godsdienstig geloven"; juist daarom staat het adverbium, als in zekere zin overbodig, tussen haakjes.

Rest nog vast te leggen, welke betekenis de term "godsdienstig geloof" – dit woord genomen in de actieve betekenis, dus in de zin van "geloven" – heeft. Daaronder versta men de aanvaarding van de woordopenbaring Gods of van wat men voor zulk een woordopenbaring houdt. Dat godsdienstig geloof is dus niet steeds christelijk: het is zelfs bij de meeste volken het tegendeel ervan. Natuurlijk is deze tegenstelling van het hoogste gewicht. En de wijsbegeerte kan er slechts bij winnen wanneer ze aan haar ten volle recht laat wedervaren. In deze studie is dan ook aan deze tegenstelling de nodige aandacht gewijd. Doch voor het moment is het voldoende te constateren, dat, zolang niet door bepaalde invloeden dit geloof ondermijnd is, ieder mens iets gelooft, bijvoorbeeld dat een ongunstig of gunstig oordeel Gods over z'n leven kenbaar is.

Dit godsdienstig geloven nu bevat – gelijk de onderzoekers daarvan tegenwoordig weer algemeen toegeven – een element van kennen (of

On the negative side, we must hold fast to the insight that philosophic knowing, although itself of a different nature, may not ignore nonscientific and special scientific knowing.

On the positive side, the relationship between the two is a double one:

a. Philosophy presupposes and builds on both kinds of knowing.

b. Philosophy must reflect also on the place and the task of both kinds of knowing and must treat these points at greater length in the theory of knowledge.

11. Philosophic knowing and the knowing in (sacred) believing

In nonscientific knowing, we find included also the knowing that is implicit in (sacred) believing. First, a word to clarify both parts of this term.

"Believing" is often understood to mean a knowing that is concerned exclusively with the outside world: The knowledge that is its correlate is said to be less certain than that concerning one's own existence. This knowing is often seen then as the first step toward approximating sacred believing. But the difference between the knowing of the inner and of the outer world is not at issue at the moment. For that reason, a discussion of the term *believing* in the sense of a knowing that is concerned exclusively with the external world can be left aside for the moment. "Believing" in the present context means only "sacred believing"; for this reason, the adjective, being in a certain sense redundant, has been put in parentheses.

The question remains as to the meaning of the term *sacred belief,* the last word taken in the active sense, in other words, in the sense of "believing." This is to be understood as the acceptance of God's Word revelation or of whatever one looks upon as a word revelation. Such sacred belief is, therefore, not always Christian; in fact, in the case of most people, it is its opposite. This opposition is, of course, of the greatest importance, and philosophy can only gain by doing full justice to it. In the present study, we have, therefore, paid it the attention it deserves. For the moment, however, it is sufficient to observe that, as long as this belief has not been undermined by certain influences, every human being believes something, for example, that a favorable or unfavorable judgment of God on this life can be known.

Now this sacred believing comprises—as contemporary investigators are again generally inclined to acknowledge—an element of

dwalen). Dit kennen is dus even verbreid als dit geloven. Daarentegen houdt zich slechts een uiterst klein percentage der mensen met wetenschap bezig. Het aantal van hen, die wel het een of ander geloven doch tevens iedere aanleg tot wetenschap missen is zelfs vrij groot. Het gezegde moge volstaan ter adstructie van de stelling, dat kennend (of dwalend) geloven behoort tot het niet-wetenschappelijke leven.

Doch nochtans is het kennend. Ook hieromtrent geldt dus, dat wijsbegeerte, hoezeer ook van deze actie en haar correlaat verschillend, niet alleen heeft na te denken over beider plaats en taak, doch eveneens er op bedacht dient te zijn, dat ze met beide in overeenstemming is.

Verzuimt ze dit, dan zal ze haar aanhangers achterlaten als mensen wier leven is verscheurd door een strijd tussen wetenschap en geloof. De geschiedenis van de wijsbegeerte toont dan ook aan, dat niet alleen door vele Christenen, maar ook in de kringen der Joden en der heidenen zulk een overeenstemming met grote ernst werd nagestreefd.

12. 't Wijsgerig kennen en 't geloven aan de Woordopenbaring Gods.

Maar al vinden we deze behoefte aan overeenstemming en de poging om haar te bevredigen ook elders, bij Christenen mogen beide zeker niet ontbreken.

Hun *geloof* aan een ongunstig of gunstig oordeel Gods en aan heel wat meer funderen zij op de erkenning van de echte woordopenbaring die, in de Heilige Schrift te boek gesteld, alle andere openbaring als opgekomen uit het hart der mensen, verwerpt, en alle geloof aan zulk een vermeende openbaring als *ongeloof* brandmerkt.

Doch deze volkomen gerechtvaardigde scherpe tegenstelling binnen het godsdienstig geloof heft de overeenstemming die er tussen christelijk en onchristelijk geloof bestaat niet op. Dit brengt mee, dat ook godsdienstig geloof bij niet-christenen godsdienstig geloof blijft. (Zie: Dr. A. Kuyper, *E Voto Dordraceno* I: p.128; II: p.296; en III: p.534.†) Doch evenzeer dat ook het christelijk geloof en het daarin vervatte kennen niet-wetenschappelijk van aard zijn. Miljoenen zijn in de loop der eeuwen in Christus gestorven en de meeste van dezen hebben nimmer enige wetenschap beoefend, ja zelfs misten velen daartoe iedere aanleg. Vereenzelviging van christelijk geloof met wetenschap, in hoe primitieve vorm ook, vergrijpt zich aan het leven in verleden en heden, miskent de heerlijke werkelijkheid en voert bij

---

† *Noot redacteur.* Het dictaat heeft "III: p.536", maar "III: p.534" is meer waarschijnlijk.

knowing (or erring). This knowing is, therefore, just as extensive as this believing. On the other hand, only an extremely small percentage of people are engaged in scientific activity. In fact, the number of those who do have some belief or other but lack every scientific capacity is quite large. Let this suffice as support for the thesis that knowing (or erring) believing belongs to the nonscientific life.

Nevertheless, it is a matter of knowing. Here, too, it holds that philosophy, however much it differs from this action and its correlate, must not only reflect on the place and task of each but be mindful that it is in accordance with both as well.

If philosophy neglects this, then it will leave its adherents behind as people whose life is rent by a struggle between science and belief. The history of philosophy accordingly shows us that such harmony has been sought with the greatest seriousness—not only by many Christians, but also in the circles of Jews and pagans.

12. Philosophic knowing and believing the Word revelation of God

Although we also find the need for such harmony and the attempt to satisfy this need elsewhere, it may certainly not be missing in the case of Christians.

Christians ground their *belief* regarding an unfavorable or favorable judgment of God, but also in a good deal more, in the acknowledgment of the true Word revelation, which, having been put into writing in Holy Scripture, rejects all other revelation as having arisen out of the human heart and which brands every belief in such an alleged revelation as *unbelief.*

Nevertheless, this completely justified sharp opposition within sacred belief does not abolish the similarity that exists between Christian and non-Christian belief. A consequence of this is that the sacred belief of non-Christians continues to be sacred belief (see A. Kuyper, *E Voto Dordraceno* I, 128; II, 296; and III, 534†). But it also follows that Christian belief and the knowing that is included in it are of a nonscientific character. Millions of people have died in Christ over the ages, and most of them have never been engaged in any science; in fact, many of them lacked every capacity for science. Equivocating Christian belief with science, even with its earliest stages, also does violence to the life of today and yesterday, misconstrues the glorious

---

† *Editor's note:* Vollenhoven repeatedly referenced page 536, but 534 is more likely.

de normstelling voor het geloofsleven tot een intellectualistisch rigorisme, dat slechts quasi-wetenschappelijkheid kweekt.

Inmiddels mag deze afwijzing van de scholastiek ons geen ogenblik doen vergeten, dat aan het christelijk openbaringsgeloof steeds kennen, zij het dan ook een niet-wetenschappelijk kennen, inherent is. Een christelijke wijsgerige conceptie heeft dus niet alleen gedachten te bevatten over de aard en de taak van het Schriftgeloof, maar dient ook met dit geloven en de daarmee correlate kennis geheel te stroken, dus schriftuurlijk, wil men liever schriftmatig zijn. En 't diepste motief dat ons deze eis doet stellen is niet de begeerte de smart te voorkomen, die alle levensverdeeldheid met zich brengt, maar eerbied voor God, Die al zulke levensdeling verbiedt.

13. Drie vragen door het Schriftgeloof te stellen en te beantwoorden.

Het Schriftgeloof houdt zich aan de Heilige Schrift. Deze spreekt in voor mensen verstaanbare woorden. Nu hebben woorden een betekenis, door welke ze iets aanduiden en de aandacht van hoorder of lezer op het aangeduide richten.

't Eigenaardige nu van de Heilige Schrift is, dat haar woorden heen duiden zowel naar geschapen dingen als naar de Schepper. Zo geeft zij ook antwoord op de volgende drie vragen: "Wie is de Schepper?", "Wat is het geschapene in betrekking tot Hem?" en "Waar ligt de grens tussen beide?"

I. Op de vraag: "Wie is de Schepper?" antwoordt de Heilige Schrift ondubbelzinnig: "God". Omgekeerd ziet ze in Hem nimmer een regulatieve idee of een speculatief begrip, maar steeds de levende God met Zijn alles predestinerende Raad, scheppende activiteit, alles beheersende wil, kortom de Soeverein in de absolute zin van het woord.

II. Het antwoord op de tweede vraag: "Wat is het geschapene in betrekking tot Hem?" is door het zo-even gevondene bepaald. Het geschapene is volkomen afhankelijk van de Schepper, dat wil zeggen geheel aan Zijn soevereine wet, woordopenbaring en leiding onderworpen.

III. "Wat is nu" – zo vragen we als christelijke openbaringsgelovigen aan de Heilige Schrift in de derde plaats – "de grens die het geschapene van de Schepper afpaalt?" Daarbij versta men onder "grens" iets zodanigs, dat men kan zeggen: "Al wat aan gene zijde van deze grens staat is God, en al wat aan deze zijde ligt is geschapen".

A. Daarmee is dus niet de overeenstemming en het verschil, maar de verhouding van God en kosmos aan de orde gesteld.

reality and, when it comes to discerning the norm for faith-life, leads to an intellectualistic rigor that does nothing but foster a quasi-scientific attitude.

In the meantime, this rejection of scholasticism may not for a moment cause us to forget that the Christian revelation belief always inherently includes knowing, albeit a nonscientific knowing. A Christian philosophic conception must, therefore, not only contain thoughts concerning the nature and the task of Scripture belief but must also completely agree with this believing and with the knowledge that is correlated to it, that is, be scriptural or, if you prefer, in line with Scripture. And the deepest motive for our making this demand is not the desire to avoid the sorrow that any division of life brings with it, but respect for God, who forbids fragmenting life in any way.

13. Three questions to be posed and answered by scriptural belief

Scriptural belief adheres to Holy Scripture. The latter speaks in words that people are able to understand. Now, words have a meaning, by which they denote something and direct the attention of the hearer or reader to that which is denoted.

Holy Scripture is peculiar in that its words point toward created things as well as toward the Creator. As such, it also answers the following three questions: "Who is the Creator?" "What is that which is created in relation to him?" and "Where does the line between them lie?"

a. To the question "Who is the Creator?" Holy Scripture unambiguously answers, "God." Conversely, it never sees in him a regulative idea or a speculative concept, but always the living God with his all-predestining Counsel, his creating activity, his all-dominating will; in short, the Sovereign in the absolute sense of the word.

b. The answer to the second question, "What is the created in relation to him?", is determined by what was just found: That which is created is completely dependent on the Creator, that is to say, wholly subjected to his sovereign law, Word revelation, and guidance.

c. The third question that we as Christian revelation believers ask Scripture is: "What is the limit that marks off that which is created from the Creator?" One should understand "limit" as something such that one can say that everything that stands on that side of this line is God and everything that lies on this side is created.

(1) In this way, we highlight the relationship of God and cosmos, not their similarity and difference.

Opm. 1. Daarmee is afgewezen:

a. de poging, de grondverhouding tussen God en kosmos te bepalen, louter uit hun overeenstemming. Dit geschiedt daar, waar men God en kosmos als uitlopers of als fasen van een "zijn" of "gebeuren" ziet: op deze wijze zijn beide – God en kosmos – aan iets dat boven beide staat, bijvoorbeeld *coincidentia oppositorum* (["het samenvallen van tegengestelden" bij] Cusanus en Hegel), gesubordineerd en dus met elkander gecoördineerd.

b. de poging, de grondverhouding tussen God en kosmos te bepalen louter uit hun verschil. Dit vindt daar plaats waar men God en kosmos als het goddelijke en het niet-goddelijke tegenover elkander stelt en derhalve God *das ganz Andere* ["het geheel Andere"] noemt (K. Barth). Op deze wijze wordt deze relatie een contradictoire.

Opm. 2. Men lette op de omschrijving van deze grens in de vraagstelling: deze grens paalt wel het geschapene van God, maar niet God van het geschapene af. Dit laatste aan te nemen zou in strijd zijn met de erkenning van de oneindigheid Gods, Die immers steeds en overal – en waarlijk niet slechts van binnen uit – in de kosmos (in)werkt.

Opm. 3. Bij "grens" denke men niet aan ruimtelijkheid: de ruimtelijkheid zelf immers behoort tot het geschapene, en dus is een ruimtelijke grens steeds een grens binnen het geschapene en nimmer die tussen Schepper en schepsel.

B. Deze grens nu is de wet Gods, door God blijvend aan het geschapene gesteld. Want al wie soeverein aan de kosmos wetten geeft en deze handhaaft is God, daarentegen is al het geschapene aan Zijn wetten onderworpen. En het blijft dit, wijl ook het werken Gods in de kosmos sinds de schepping nimmer met verbreking van de wet gepaard gaat. Er valt dan ook noch iets goddelijks te noemen dat onder -, noch iets geschapens dat boven de wet staat.

Opm. 4. Daarmee is afgewezen:

a. het realisme (in de klassieke zin) met z'n leer, dat de wet mede voor God zou gelden. God is niet aan de wet onderworpen al is Hij krachtens Z'n trouw wel aan de handhaving van Z'n eens aan het schepsel gestelde wet gehouden. De combinatie van deze gedachten vindt men reeds bij Calvijn: *Deus legibus solutus est* ["God staat los van de wet(ten)"] en *Deus non exlex est* ["God staat niet buiten de wet"].

b. de poging, de grondrelatie tussen God en kosmos te bepalen als een tussen geheel en deel. Deze visie laat verschillende uitwerkingen toe.

1. Bij consequente toepassing is tweeërlei conceptie mogelijk.

i. God is het geheel, de kosmos een deel – bijvoorbeeld het openbare deel van Hem –: pantheïsme.

Comment 1: This means that we reject the following:
    a. The attempt to understand the basic relationship between God and cosmos purely in terms of their similarity. This happens when God and cosmos are seen as manifestations or phases of a "being" or "process": In this way, God as well as cosmos are subordinated, for example, as *coincidentia oppositorum* ([the coincidence of opposites] Nicholas of Cusa and Hegel), to something that stands above both and hence are coordinated with one another.
    b. The attempt to understand the basic relationship between God and cosmos purely in terms of their difference. This happens when people set God and cosmos over against each other as the divine and the nondivine and consequently call God *das ganz Andere* ([the "wholly Other"] K. Barth); in this way, the relationship becomes a contradictory one.
Comment 2: Carefully note the circumscription of this limit in the question asked. This limit marks off that which is created from God, but not God from that which is created. To accept the latter position would be incompatible with the acknowledgment of the infinity of God, who is always and everywhere acting in and upon—and certainly not only from within—the cosmos.
Comment 3: The word *line* (*grens*) should not be conceived of in spatial terms, for spatiality itself belongs to that which created. Hence, a spatial demarcation, or boundary, is always a limit, or extent, within the created and never between Creator and creation.

(2) Now, this demarcation is the law of God, which is permanently posited by God for that which is created. For the only being who sovereignly gives laws to the cosmos and maintains them is God; on the other hand, all that which is created is subjected to his laws. And it continues to be subjected because God's activity in the cosmos since the creation is never coupled with a violation of the law. Accordingly, it is impossible to mention anything divine that stands under the law or anything that is created that stands above the law.

Comment 4: This means that we reject the following:
    a. Realism (in the classical sense) with its doctrine that the law also holds for God. God is not subjected to the law, although he is held by virtue of his faithfulness to maintain his law once put to the creation. We find the combination of these thoughts already in Calvin: "*Deus legibus solutus est*" (God is not subject to the law) and "*Deus non exlex est*" (God is not without the law).
    b. The attempt to understand the basic relation between God and cosmos as that between whole and part. This viewpoint allows for a number of different elaborations.
    i. When consistently applied, there are two conceptions possible:
    • God is the whole, the cosmos a part—for example, that part of him that is manifest: pantheism.

ii. De kosmos is het geheel, God een deel van de kosmos – bijvoorbeeld de resultante der werking van vele kosmische krachten of
ook het resultaat van pistische voorstelling –: pankosmisme.

2. Bij inconsequente toepassing treft men eveneens twee opvattingen aan.

i. Een deel der wereld is goddelijk: partieel theïsme.

ii. Een deel van God is kosmisch: partieel kosmisme.

Opm. 5. Het spreken van de wet als grens tussen God en kosmos beoogt
niet geheel het verschil tussen God en kosmos aan te geven. "Verschil" – gelijk aangeduid door woordparen als Schepper en schepsel,
oneindig en eindig – is trouwens iets anders dan "grens".

Opm. 6. De bestaanswijze der wet is een "gelden voor". De wet staat dan
ook steeds boven en buiten datgene waarvoor zij geldt – dit tegen objectivisme en subjectivisme. Wet is dus niet "regelmaat" enzovoorts;
regelmatig en onregelmatig zijn processen aan de wet onderworpen.

Opm. 7. De wet Gods geldt voor alles, gedoogt dus geen enkele exceptie.
Dit geldt ook voor de normatieve wetten. Dat deze kunnen worden
overtreden zegt allerminst, dat zij daardoor ook opgeheven zouden
zijn.

De wet als grens tussen God en kosmos te erkennen is eis van de
vreze des Heren, die voor heel wat meer dan uitsluitend voor de
wetenschap van betekenis is, maar toch ook in haar niet mag [wor-
den] gemist, zal ze niet – in stee van tot echte – tot vermeende of
pseudo-kennis, dat is tot dwaling voeren.

*14. De betekenis van deze antwoorden voor de bepaling van de plaats der
wijsbegeerte.*

Deze antwoorden nu zijn ook voor de wijsbegeerte van het grootste belang. Zij is immers, naar we zagen, een menselijk streven en een
daardoor verkregen resultaat. Beide behoren tot het geschapene. Zij
zijn niet boven de wet Gods verheven, maar aan haar, aan de woordopenbaring en aan de leiding van de soevereine God onderworpen.

Samenvattend: de *archè*, dat is het beheersend begin, óók der wijsbegeerte, is God, en de grens boven welke het wijsgerig denken
nimmer uitkomt, is de wet Gods (nader die voor het wijsgerig kennen).

Opm. Dit blijft gelden, ook daar, waar het niet wordt erkend. En die wijsbegeerte die zichzelf autonoom verklaart, de woordopenbaring
verwerpt en van de leiding Gods niet rept, bereikt allerminst wat ze
wil. Wat ze, blijkens haar tegenwoordige toestand, wel bereikte is
slechts de anarchie zowel in haar denken als in haar termen.

• The cosmos is the whole, God a part of the cosmos—for example, the resultant of the operation of many cosmic forces or else the result of pistic representation: pancosmism.

    ii. When inconsistently applied, we also find two views:

    • A part of the world is divine: partial theism.

    • A part of God is cosmic: partial cosmism.

Comment 5: To speak of the law as the line between God and cosmos does not purport to indicate completely the difference between God and cosmos; "difference," as is denoted by word pairs like Creator and creature, infinite and finite, is something other than "line" or "limit."

Comment 6: The law's mode of being is that of "holding for." The law, therefore, always stands above and outside that for which it holds—a comment directed against objectivism and subjectivism. The law is, therefore, not "regularity," etc.: Processes subjected to the law are regular or irregular.

Comment 7: The law of God holds for everything and, therefore, brooks no exceptions at all. This also holds for the normative laws: that these can be transgressed does not mean at all that they are thereby also abolished.

To acknowledge the law as the line between God and cosmos is a requirement of the fear of the Lord, which is of significance for much more than exclusively science, but which also may not be lacking in it either if science is not to lead to putative or pseudoknowledge, that is to say, to error rather than to genuine knowledge.

14. The significance of these answers for determining the place of philosophy

The answers to these questions are of great importance, including for philosophy. As we have seen, it is human striving and a result thereby obtained. Both belong to the created. They are not elevated above the law of God but subjected to it, to the Word revelation and to the guidance of the sovereign God.

In summary, the archè, in other words, the dominating beginning, of philosophy as well, is God. And the limit that it will never transcend is the law of God (more specifically, the law of God for philosophic knowing).

Comment: This holds even where it is not acknowledged. The philosophy that declares itself autonomous, rejects the Word revelation, and does not mention the guidance of God in no way attains what it wants. As apparent from its present state, what it did attain is nothing but anarchy in its thinking as well as in its terms.

15. De betekenis van deze antwoorden voor de opvatting van de taak der wijsbegeerte.

Deze antwoorden sluiten echter ook een eigen opvatting van de taak der wijsbegeerte in.

A. In de eerste plaats beperken ze deze taak. Wijsbegeerte mag nimmer het bestaande ontkennen of willen verdringen, zelfs niet voor het geringste deel: daarmee zou ze òf God òf Z'n werk geheel of ten dele loochenen of in z'n aard miskennen.

1. Daarom kan ze – dit in de eerste plaats – niet het geloof aan de woordopenbaring Gods vervangen: al onze kennis omtrent God berust immers direct of indirect op dat geloof, en wat een wijsgeer die Gods woord verwerpt omtrent Hem meent te weten blijkt bij nader onderzoek louter speculatie.

2. Voorts – dit ten tweede – ook andere delen van het niet-weten-schappelijke leven kan de wijsbegeerte niet annexeren: filosofen mogen soms ook met beleid een staat hebben bestuurd, ze deden dat niet uitsluitend krachtens hun filosofische bekwaamheid. Want filosofie blijft wetenschap. En hoewel de man van wetenschap ook wel over andere gaven de beschikking kreeg, de omvang van zijn werk stelt zulke eisen dat althans een deel ook van zíjn aanleg meestal niet de gelegenheid heeft zich te ontwikkelen. Met een ander deel moge dat wel het geval zijn, ook dan wanneer er harmonie heerst tussen de verschillende vertakkingen van z'n werk, blijft het verschil.

3. Tenslotte: ook de vakwetenschappen mag de wijsbegeerte niet ter zijde stellen: doet ze dit toch, dan is een smadelijke nederlaag, zoals ze bijvoorbeeld na Hegel er een leed, volkomen verdiend.

B. Doch al is haar taak beperkt, de wijsbegeerte die de grens tussen God en kosmos indachtig blijft, behoeft waarlijk niet om werk verlegen te zijn. Want wie gelooft dat God de kosmos schiep, gaat steeds opnieuw uit van de veronderstelling, dat de rijkdom in 't geschapene nog wel veel groter zal zijn dan we tot op dat ogenblik ontwaarden. Vandaar dat zulk een wijsgeer nooit kan zeggen: "Ik ben gereed, zie hier een gesloten systeem". Integendeel: z'n resultaat, hoewel systematisch verkregen, is steeds een voorlopig, want hij blijft vol verwachting ingesteld op nieuwe verrassingen, die zich wel in de met het geloof strokende hoofdconceptie zullen voegen, doch het vroeger gewonnene telkens zullen aanvullen en meestal ook wel wijzigen.

15. The significance of these answers for conceiving the task of philosophy

The answers to the questions, however, also imply a distinctive conception of the task of philosophy.

a. In the first place, the answers limit this task. Philosophy may never deny or seek to push aside that which exists, not even to the smallest degree: To do so would be to deny either God or all or part of his work or to fail to do justice to its nature.

(1) That is why, in the first place, philosophy cannot take the place of belief in the Word revelation of God. All of our knowledge about God rests directly or indirectly on that belief, and what a philosopher who rejects the Word of God claims to know about him turns out upon closer investigation to be pure speculation.

(2) Moreover, philosophy can not annex other parts of the non-scientific life either. Philosophers may at times have governed a state wisely, but they did not do that exclusively by virtue of their philosophic competence. For philosophy remains science. And although the person of science also received other gifts, the extension of his or her work is so demanding that at least a part usually does not have the opportunity of developing itself. That may be the case with another part—but even then, when there is a harmony between the various branches of his or her work, the difference remains.

(3) Finally, philosophy may also not push the special sciences to the side. If it does this anyway, then an ignominious defeat, as it suffered after Hegel, for example, is well deserved.

b. Even though its task is limited, the philosophy that keeps the line between God and cosmos in mind truly need not be in want of work. For a philosopher who believes that God created the cosmos proceeds every time again from the presupposition that the wealth in that which is created will be much greater than has been ascertained up to that time. For that reason, such a philosopher can never say, "I am ready, look here, a closed system." On the contrary, her result, though acquired systematically, is always a provisional one, for she remains filled with expectation, attuned to new surprises that will no doubt complement the main conception that agrees with belief, yet will time and again supplement and usually alter earlier findings.

16. Het veld van onderzoek voor de wijsbegeerte.

Rest de vraag, wat de wijsbegeerte kan onderzoeken. Haar volledig te beantwoorden is eerst mogelijk na een definiëring van "wetenschap", die hier niet op haar plaats is. Doch het voorgaande biedt reeds voldoende grond om het veld van onderzoek in eerste instantie te overzien. Het is geheel het gebied van de kosmos.

17. Oriënteringspunt en route der wijsbegeerte.

A. Wijl de gehele kosmos aan de wet Gods en daarmede Gode subjèct (onderworpen) is, is dit subjèct-zijn ons *oriënteringspunt*. Dat wil zeggen alle nadere bepaaldheden en verschillen zijn aan dit subjèct-zijn georiënteerd.

B. Dit beslist ook over de route die we volgen. Beginnende bij de subjèctiviteit in *deze* betekenis van het woord zoeken we naar de nadere bepaaldheden van dit subjèct-zijn en ontwaren dan daarin een grote verscheidenheid.

18. Indeling.

Laatstgenoemde route volgend, vinden we eerst een tweeledige bepaaldheid: het Gode subjècte is namelijk òf hemels (Deel I), òf aards (Deel II). Beide bevatten een aanvankelijk totaal onoverzienbare concrete rijkdom, van welke die der aarde ons het best bekend is. Na de analyse van de verscheidenheid in deze twee komt het verband tussen beide aan de orde (Deel III).

Een aanhangsel biedt het resultaat der uitwerking van het gevondene voor enkele meer ingewikkelde kwesties.

Volledigheid is, als gezegd, niet te bereiken. De bedoeling van het volgende is dan ook slechts de voornaamste bepaaldheden en verscheidenheden die 'k in de kosmos ontwaarde met woorden zo helder mogelijk aan te duiden, opdat ook anderen ze mogen zien.

16. The field of investigation for philosophy

The question remains as to what philosophy can investigate. This question can be completely answered only after a definition of "science," which is inappropriate here. Yet the preceding does offer sufficient basis to initially survey the field of investigation—the entire domain of the cosmos.

17. The point of orientation and the route of philosophy

a. Because the whole cosmos is subjected to God's law and, therefore, to God, this being-subject is our *point of orientation.* That is to say, all further determinants and differences are oriented to this being-subject.

b. This is also decisive for the route that we follow. Beginning with subjectivity in *this* sense of the word, we look for the further determinants of this being-subject and discern in them a great variety.

18. Division

Following the route mentioned above, we find first a twofold specification, for that which is subject to God is either heavenly (Part I) or earthly (Part II). Both contain what is initially a completely unsurveyable concrete wealth, of which that of the earth is best known to us. After analyzing the diversity in these two, we discuss the connection between the two (Part III).

An Appendix presents the result of applying what is found to several questions that are more complicated.

As was said, completeness is not to be had. The intention of the following is accordingly only to indicate with words, as clearly as I can, the most important determinants and diversity that I discern in the cosmos, so that others may also see them.

DEEL I.

VERSCHEIDENHEID EN VERBAND
BIJ DE BEPAALDHEDEN VAN HET HEMELS SUBJÈCTE.

19. De eerste bepaaldheid van subjèct-zijn.

Hemel en *aarde* behoren tot het geschapene. Beide stemmen daarin overeen, dat ze Gode subjèct zijn. Toch zeggen de woorden *hemel* en *aarde* méér dan *geschapen-zijn.* Beide duiden bepaaldheden van het subjèct-zijn aan.

Bij vergelijking zien we, dat deze twee dáárin overeenkomen, dat beide geschapen zijn. Naast overeenkomst is er echter ook verschil.

20. De verscheidenheid in het hemelse.

A. *Hemel* is, mits men dit woord als aanduiding neemt van de engelenwereld, scherp te onderscheiden van hemel als sterrenhemel en uitspansel, die bij de aarde behoren (Genesis 1).

Inmiddels weten we van die hemel niets dan via woordopenbaring en dus door geloof.

Nu mogen de mededelingen der woordopenbaring op dit punt vrij sober zijn, ze werpen toch een geheel ander licht op dit deel van de kosmos dan de wijsgeren, voorzover ze voor deze dingen belangstelling toonden en tonen, wel eens hebben gemeend.

Kort samengevat komen de gegevens van de Heilige Schrift op het volgende neer.

1. De hemel behoort met zijn bewoners tot het geschapene (Genesis 1:1).

> Opm. Dit [wordt gesteld] tegenover de hemelverering in menige heidense religie.

2. De hemel is krachtens schepping correlaat met de aarde.

3. In hem bewegen zich de geesten, engelen, boden, die krachtens schepping verschillen in individualiteit, werk en rang. De mededelingen der Heilige Schrift omtrent een en ander zijn echter uiterst spaarzaam en ten dele zelfs negatief. Dat aarde en hemel sterk verschillen kunnen we onder andere daaruit afleiden, dat de Schrift niet slechts niet van vrouwelijke engelen spreekt, maar ook het bestaan van huwelijksverband tussen engelen uitdrukkelijk ontkent (Matteüs 22:30).

PART I

THE DIVERSITY AND CONNECTION
OF THE DETERMINANTS OF THE HEAVENLY SUBJECT

19. The first determination of being-subject

Heaven and earth belong to that which is created. They are both similar in that they are subject to God. Nevertheless, the words *heaven* and *earth* say more than *being-created*. They both denote determinants of being-subject.

Upon comparison, we observe that the two are similar in that they are both created. There is, however, also difference.

20. The diversity in the heavenly subject

a. *Heaven*, provided that this word is taken as denoting the world of angels, is to be clearly distinguished from heaven in the sense of starry heaven and firmament, which belong to the earth (Genesis 1).

However, we know nothing concerning that heaven except by way of Word revelation, which is, therefore, based on belief.

It is true that the communications of Word revelation on this point are fairly scarce; nevertheless, they cast a light on this part of the cosmos that is completely different from what philosophers, at least to the extent they were (or are) interested in these matters, have thought.

In brief, the givens of Holy Scripture can be summarized as follows:

(1) Heaven and its dwellers belong to that which is created (Genesis 1:1).

> Comment: This is in contrast to the worship of heaven in many pagan religions.

(2) By virtue of creation, heaven is correlated with earth.

(3) In heaven, there exist spirits, angels, and messengers who differ by virtue of creation in individuality, task, and rank. The communications of Holy Scripture concerning these matters are, however, exceedingly sparing and even negative in part. That heaven and earth are very different can be deduced, for example, from the fact that Scripture not only fails to speak of female angels but also explicitly denies the existence of wedlock between angels (Matthew 22:30).

Toch zijn de gegevens die de Heilige Schrift ons omtrent hen biedt van groot belang, wijl we daarin mededelingen bezitten omtrent schepselen, die, waarin ze ook van de aardse verschillen mogen, toch dat bloot-schepsel-zijn met ons gemeen hebben.

B. Deze opvatting verbiedt ons dan ook het aardse-zijn gelijk te stellen aan het geschapen-zijn: het is slechts een deel van het geschapene.

21. De antithese in de engelenwereld.

Van andere aard dan de genoemde verschillen in de engelenwereld is dat tussen goede en kwade engelen.

De Heilige Schrift deelt ons mede, dat het ontstond doordat één der voornaamste engelen niet in de waarheid, dat wil zeggen in de vastheid, veiligheid en trouw Gods is staande gebleven. In deze onherstelbare val, door tal van andere engelen gevolgd, kwam hij met hen tegenover de goede engelen te staan.

Correlaat met dit verschil ontstond dat tussen hemel en hel. Ook dit verschil is er dus niet krachtens schepping, maar krachtens het oordeel Gods over de zonde der engelen. En deze twee onderscheide men scherp, wil men niet bij een antithetisch dualisme (Parzisme) uitkomen, of ook bij een conceptie die het laagste als demonisch, het hoogste als hemels ziet, en de aarde als uit de verbinding van beide resulterend opvat (Babylonisch wereldbeeld, astrologie).

Nevertheless, the givens that Holy Scripture offers us about them are of great importance because we thus possess information about creatures that, however they may differ from earthly creatures, have that mere-being-creature in common with us.

b. This conception consequently forbids us to equate earthly being with created-being; it is only a part of that which is created.

21. The antithesis and the world of the angels

The difference in the world of angels between good and evil angels is a difference different from those mentioned above.

Holy Scripture informs us that this difference arose because one of the most important angels did not remain standing in the truth, that is to say, in the constancy, safety, and faithfulness of God. In this irreparable fall, many other angels followed him and he with them came to stand against the good angels.

In correlation with this difference, there arose the difference between heaven and hell. Also, this difference, therefore, does not exist by virtue of creation but by virtue of the judgment of God on account of the sin of the angels. It is important to make a clear distinction between those two lest we end up in an antithetic dualism (Parsiism or Zoroastrianism) or in a conception that views the lowest as demonic, the highest as heavenly, and the earth as the result of their combination (Babylonian world picture or astrology).

DEEL II.

VERSCHEIDENHEID EN VERBAND
BIJ DE BEPAALDHEDEN VAN HET AARDS SUBJÈCTE.

Inleiding.

22. De vele bepaaldheden van het aardse zijn.

In het woord "aarde" ligt slechts impliciet de aanduiding van de rijkdom door God in haar geschapen. De Heilige Schrift duidt de verhouding van "aarde" tot deze bonte veelheid aan als een van het aanvankelijk omsluitende tot het aanvankelijk ingeslotene (Genesis 1:2), en de evolvering van het laatste uit het eerste als het werk van de Geest Gods, Die dit alles in onderling verband tot ontwikkeling leidt.

> Opm. 1. Deze evolvering heeft uitsluitend op de aarde, niet op de hemel en a fortiori niet op God zelf betrekking.
>
> Opm. 2. Deze evolvering vereenzelvige men niet met evolutie. Laatstgenoemde onderstelt afleidbaarheid van het hogere uit het lagere, evolvering die van het latere uit het eerdere.

De aldus aan de dag getreden verscheidenheid nu is veel te groot dan dat we haar zonder nadere analyse zouden kunnen overzien.

Daar is allereerst die eigenaardige betrekking tussen het aards geschapene en God, die we "het verbond" noemen, in welke betrekking aan de zijde van het geschapene de mensheid, blijkens haar *religie* de voornaamste plaats inneemt.

Is daarmee het verschil tussen de mensheid en 't aan haar onderworpene gegeven — afgezien hiervan bestaat nog een grote verscheidenheid van *rijken* en *soorten*.

Eindelijk treffen we in de soorten *dingen* en *mensen* aan, die niet los en naast elkaar voorkomen, doch op allerlei wijzen onderling zijn verbonden, en dan ook een duidelijke overeenkomst in structuur en verscheidenheid hunner niet verder te analyseren bepaaldheden vertonen.

23. Een dubbel onderzoek gewenst.

De volgorde, in welke we zo-even de vele bepaaldheden van het aardse zijn noemden, werd gevonden door resolvering: het werkelijke in z'n volledigheid steeds verder analyserend komt men tenslotte bij niet verder te analyseren verscheidenheden uit.

PART II

THE DIVERSITY AND CONNECTION
OF THE DETERMINANTS OF THE EARTHLY SUBJECT

Introduction

22. The many determinants of earthly being

The word *earth* only implicitly refers to the wealth created in it by God. Holy Scripture denotes the relationship of "earth" to this variegated multiplicity as a relationship of that which was initially encompassing to that which was initially encompassed (Genesis 1:2) and the evolving of the latter out of the former as the work of the Spirit of God, who guides all of this, reciprocally connected, to development.

> Comment 1: This evolving has reference exclusively to earth, not to heaven and (certainly) not to God himself.
>
> Comment 2: This evolving is not to be identified with evolution. The latter presupposes the derivability of that which is higher out of that which is lower, whereas evolving presupposes the derivability of that which is later from that which is earlier.

Now the diversity that manifests itself thus is much too great to be able to survey without further analysis.

In the first place, there is that unique relation between the created earthly subject and God, which we call "the covenant," a relation in which humankind, as is evident from its *religion*, occupies the most important place when viewed from the side of what is created.

With this, the difference between humankind and that which is subject to it is indicated; apart from this, however, there exists a great diversity of *kingdoms* and *kinds*.

Within the kinds, we finally come upon *things* and *human beings*. These are not present separate and alongside each other but are connected with one another in all kinds of ways and accordingly demonstrate a clear similarity in the structure and diversity of their analytically irreducible determinants.

23. The need for a double investigation

The sequence in which we just mentioned the many determinants of earthly being was arrived at through resolution. Analyzing reality in its completeness, further and further, we finally arrive at diversities that cannot be further analyzed.

Bij deze aangeland kan men ook de omgekeerde route volgen. Men begint dáár, waar de analyse stuitte, dus bij de niet nader te analyseren verscheidenheden en schrijdt dan voort in de richting van steeds groter gecompliceerdheid.

> Opm. De niet nader te analyseren verscheidenheden zijn dus niet elementair van aard: analyseren is iets anders dan het vinden van samenstellende delen.

Op zichzelf zou men er mee kunnen volstaan slechts het eerstgenoemde onderzoek in te stellen. Want het heeft inderdaad veel op het tweede voor. Niet natuurlijk alsof het "scheppend" zou zijn. Alle menselijk kennen ressorteert immers onder het geschapene en op deze regel maakt ook dit onderzoek geen uitzondering. Het bedoelde voordeel schuilt dan ook slechts daarin, dat het "geheel" op de voorgrond komt.

Juist echter wijl deze blik op het geheel niet mag ontbreken, kan men niet volstaan met de instelling van het tweede onderzoek, los van het eerste. Want de later opgemerkte bepaaldheden kan men eerst goed zien, wanneer men het verband vasthoudt met datgene waarvan ze bepaaldheden zijn: de aarde is immers niet een groep van rijken, een rijk niet een groep van soorten, een soort niet een groep van dingen en een ding niet een groep van niet nader te analyseren bepaaldheden.

Nu biedt het evenwel grote voordelen wanneer op het eerste onderzoek het tweede volgt. Vooreerst snijdt men zo het gevaar af, dat men in vaagheden als het spreken over "Ganzheiten" ["gehelen"] blijft hangen zonder te zien wat rijkdom in haar verborgen ligt. En ten tweede ziet men op deze wijze helder in, dat men het eerst ontwaarde "geheel" niet kan opbouwen uit de door resolvering verkregen "delen": wat daarbij ontbreekt is juist het verband, dat men bij het volgen van de eerste route in het oog hield.

24. Toch voorkeur noodzakelijk.

Intussen gedoogt het bestek van deze Isagogie niet aan beide routes van dit tweeledig onderzoek evenveel tijd te besteden.

Om de voordelen van de tweede ons niet te laten ontgaan, moge, na de voorgaande korte behandeling van de eerste, thans de volle aandacht vallen op de tweede.

Having arrived at these, it is also possible to follow the reverse route. In this case, we begin where analysis ended, that is to say, with the analytically irreducible diversities and then proceed in the direction of ever-greater complexity.

> Comment: The analytically irreducible diversities are, therefore, not elemental in nature: To analyze is not the same as finding component parts.

As it stands, we could simply confine ourselves to the inquiry mentioned first, for it indeed has a greater advantage over the second. This advantage cannot lie in its being "creative," for that it is not. All human knowing is a part of that which is created and this investigation is no exception to this rule. The advantage I have in mind has to do simply with the fact that the "whole" comes to the foreground.

But precisely because this glimpse of the whole may not be lacking, we cannot confine ourselves to the second inquiry apart from the first. For a clear view of the determinants, which are discerned later, can only be had if their connection with that of which they are determinants is kept in mind: The earth, after all, is not a collection of kingdoms, a kingdom is not a collection of kinds, a kind is not a collection of things, and a thing is not a collection of analytically irreducible determinants.

There are, however, great advantages to be had when the second investigation follows the first. In the first place, we eliminate the danger of never getting beyond vague generalities and speaking of wholes without ever seeing the wealth that they contain. Secondly, in this manner, we clearly see that the whole we saw first cannot be built out of the "parts" obtained through resolution: What is lacking is precisely the connection that was kept in mind when following the first route.

24. Nevertheless, a preference is necessary

Meanwhile, the scope of this *Isagoge* does not permit us to devote an equal amount of time to both routes of this twofold investigation.

So as not to let the advantages of the second route elude us, after the brief treatment of the first route above, we now turn our full attention to the second.

25. Het aanvankelijk niet-bespreken van iets houdt niet in het uitschakelen van iets.

We zetten dus straks het onderzoek voort door aan te vangen bij de niet nader te analyseren bepaaldheden van het ding, om daarna steeds verder voort te schrijden in de richting van het concrete.

Daarbij is het niet te vermijden dat heel wat, dat toch van primair belang is, aanvankelijk niet besproken wordt. Intussen houde men in 't oog, dat we dit alles geen ogenblik bij onze kennende activiteit terzijde stellen. Wanneer bijvoorbeeld op deze route de religie het laatst ter sprake komt, wil dat *niet* zeggen, dat we haar in ons onderzoek*en* uitschakelen. Integendeel, zij is 't die ook ons kennen onderscheidt van dat der niet-christelijke denkers. En op de woordopenbaring Gods, door 't geloof aanvaard, steunt immers niet alleen onze opvatting aangaande *archè* en grens, onze steeds op nieuwe verrassingen ingestelde verwachting in welke we ons onderzoek voeren, en de bepaling zowel van het veld dat we kunnen afspeuren als van het oriënteringspunt dat geheel de route beheerst; ook het inzicht, dat datgene wat we tengevolge van dit uitstel voor laten gaan niet is het volle concrete leven, welks rijkdom we echter juist langs deze omweg straks des te beter zullen kunnen bewonderen, danken we aan het woord Gods.

> Opm. Uitschakeling van deze kennis en van de religie die haar verkreeg is dus niet mogelijk, en de vraag of ze gewenst zou zijn kan dus niet eens aan de orde komen.

Hetzelfde geldt echter ook ten aanzien van al het andere, dat voorlopig niet ter sprake komt: het blijft slechts daarom rusten omdat het nu eenmaal niet mogelijk is alles tegelijk te behandelen.

26. Indeling.

De indeling van dit tweede deel is daarmee vanzelf gegeven. We bespreken in:

Onderdeel I: Structuur en richting van ding en mens;

Onderdeel II: Structuur en richting der rijken en der mensheid.

25. Initially not discussing something does not imply its elimination

Hence, we continue the investigation in a moment by beginning with the analytically irreducible determinants of a thing, so as then to proceed ever further in the direction of that which is concrete.

In doing so, it is unavoidable that much that is of primary importance is not discussed initially. At the same time, we should keep in mind that we do not for a moment exclude any of this in our knowing activity. For example, that along this route religion is discussed last does *not* mean that we eliminate it from our investigat*ing*. On the contrary, religion also distinguishes our knowing from that of non-Christian thinkers. Our conception concerning the archè and limit, our expectation in which we do our investigation, always attuned to new surprises, and the determination both of the field that we can explore and of the point of orientation that dominates the entire route, all rely on the Word revelation of God, accepted through faith. But that is not all. We also owe to the Word of God the insight that what we, as a result of this postponement, examine first is not the full concrete life of everyday, whose wealth we will, precisely because of this detour, be better able to appreciate.

> Comment: The elimination of this knowledge and of the religion that obtained this knowledge is, therefore, not possible, and, hence, the question as to the desirability of the same cannot even come up for discussion.

The same also holds, however, with respect to everything else that is not discussed right away: It is tabled because it is simply not possible to deal with everything at once.

26. Subdivision

The subdivision of this second part follows from the above. We will discuss the following:

Division I   The structure and direction of things and humans
Division II   The structure and direction of the kingdoms and of humankind

ONDERDEEL I.
STRUCTUUR EN RICHTING VAN DING EN MENS.

27. *Indeling.*

Bij de behandeling van de structuur [en richting] van ding en mens bespreken we in:

Afdeling I. De twee eenvoudigste bepaaldheden en haar grondverbanden (de structuur);

Afdeling II. De derde bepaaldheid en haar verbonden-zijn met het overige (de richting).

Afdeling I.
DE TWEE EENVOUDIGSTE BEPAALDHEDEN EN HAAR GRONDVERBANDEN (DE STRUCTUUR).

28. *Indeling.*

We hebben hier achtereenvolgens na te gaan:

Hoofdstuk I. De twee eenvoudigste bepaaldheden, de verscheidenheid in beide, en haar gecombineerd voorkomen;

Hoofdstuk II. De twee grondverbanden binnen deze bepaaldheden, de verscheidenheid in beide en hun gecombineerd voorkomen.

HOOFDSTUK I.
DE TWEE EENVOUDIGSTE BEPAALDHEDEN, DE VERSCHEIDENHEID IN DEZE EN HAAR GECOMBINEERD VOORKOMEN.

29. *Indeling.*

Van die eenvoudigste bepaaldheden treffen we er in de dingen twee aan. De volgorde in welke we ze behandelen is dáárom bijkomstig, wijl ze nimmer afzonderlijk voorkomen. Ze dienen echter beide besproken vóór de behandeling van hun gecombineerd voorkomen.

Vandaar de indeling:

A. De eerste eenvoudigste bepaaldheid en haar verscheidenheid;

B. De tweede eenvoudigste bepaaldheid en haar verscheidenheid;

C. Het gecombineerd voorkomen van beide eenvoudigste bepaaldheden.

DIVISION I
STRUCTURE AND DIRECTION OF THINGS AND HUMANS

27. Subdivision

In the treatment of the structure and direction of thing and humans, we discuss the following:

Chapter 1 The two most simple determinants and their basic connections (the structure)

Chapter 2 The third determinant and its combination with the others (the direction)

Chapter 1
THE TWO SIMPLEST DETERMINANTS AND THEIR BASIC RELATIONS (THE STRUCTURE)

28. Subdivision

In this chapter, we will discuss the following:

Section 1 The two simplest determinants, the diversity within both, and their combined occurrence

Section 2 The two basic connections within these determinants, the diversity in both, and their combined occurrence

SECTION 1
THE TWO SIMPLEST DETERMINANTS, THE DIVERSITY IN THEM, AND THEIR COMBINED OCCURRENCE

29. Subdivision

Two of the simplest determinants are found in things. It is immaterial in what order we deal with them because they never occur separately. They must both be discussed, however, before treating their combined occurrence.

From this follows the subdivision:

A. The first most simple determinant and its diversity

B. The second most simple determinant and its diversity

C. The combined occurrence of both most simple determinants

A. De eerste eenvoudigste bepaaldheid
en haar verscheidenheid

30. Een voorbeeld van eerste bepaaldheid van aards subjèct-zijn.

Wie "psychisch" zegt, duidt daarmee niet iets aan, dat niet aards geschapen zou zijn. Psychisch-zijn sluit *aards-geschapen-zijn* niet uit, doch onderstelt het, want het is: op een *bepaalde* wijze aards geschapen-zijn. Anders gezegd: het *woord* "psychisch" duidt iets aan, dat aards geschapen is met een nadere bepaaldheid.

31. De verscheidenheid in het nader bepaald-zijn van aards subjèct-zijn.

Zou nu al het aards geschapene psychisch zijn, dan ware het niet mogelijk te spreken over een *verscheidenheid* in de bepaaldheid van aards subjèct-zijn.

Doch niet al het aards geschapene is psychisch. Naast deze bepaaldheid komen ook andere voor. We onderscheiden ten deze namelijk *aritmetisch, ruimtelijk, fysisch, organisch, psychisch, analytisch, historisch, linguaal, sociaal, economisch, esthetisch, juridisch, ethisch* en *pistisch.*

Opm. 1. Onder het aritmetische versta men het terrein der (onbenoemde) hoeveelheid, dus dat van meer en minder.

Opm. 2. Met betrekking tot het ruimtelijke valt het volgende op te merken.

a. Het ruimtelijke is niet een wijze van aanschouwen (Kant), maar een eigenschap van alle dingen.

b. Het ruimtelijke is niet ident met "omgeving". Want in de omgeving van iets zijn andere dingen, die wel mede ruimtelijk zijn, maar ook andere eigenschappen bezitten. En het bedoelde iets is zijnerzijds in de omgeving van die andere dingen en ook zelf mede ruimtelijk, maar niet uitsluitend.

c. Het ruimtelijke is niet ident met het uitgebreide: wel zijn figuren, vlakken en lijnen uitgebreid, maar ook punten, die niet uitgebreid zijn, zijn ruimtelijk; een punt is noch een getal, noch een beweging.

d. Het ruimtelijke is niet, zoals men wellicht op grond van de traditie menen zou, euclidisch van structuur: de euclidische ruimte is niet echt ruimtelijk, waarover later echter meer [zie §65].

Opm. 3. Inzake het fysische valt het volgende te bedenken.

a. De term "het fysische" is synoniem met termen als "de beweging", "het energetische", "het kinetische" en "het mechanische".

b. Wat de eerste en laatste term betreft, wake men echter tegen misverstand.

i. De beweging hier bedoeld is niet de secundaire of willekeurige beweging, ontstaan door een worp, maar de primaire beweging, die

A. THE FIRST MOST SIMPLE DETERMINANT AND ITS DIVERSITY

30. An example of the first determinant of earthly being-subject

When a person says "psychical," he is not denoting something that is not created earthly. Psychic being does not exclude being created earthly but presupposes it. It is a matter of *being created earthly* in a determinate way. Put differently, the word *psychic* denotes something that is created earthly with a further determination.

31. The diversity in the further determination of being earthly subject

Now, if all that which is created earthly were psychic, it would be impossible to speak of diversity in the determination of being earthly subject.

All that which is created earthly, however, is not psychic. Other determinants occur besides this one. In this regard, we distinguish the following: *arithmetic, spatial, physical, organic, psychic, analytic, historic, lingual, social, economic, aesthetic, juridic, ethical,* and *pistic.*

> Comment 1: By the arithmetic, we must understand the domain of (unnamed) magnitude. In other words, that of more and less.
>
> Comment 2: With reference to the spatial, the following observations are in order:
>
> a. The spatial is not a mode of intuition (Kant) but a property of all things.
>
> b. The spatial is not identical to "environment." This is because there are other things in the environment of a thing that share its spatiality but also possess other properties. And the thing alluded to is in turn in the environment of those other things; it, too, is spatial, but not exclusively.
>
> c. Spatial is not the same as extended. Figures, planes, and lines are extended. But also points, which have no extension, are spatial. A point is neither a number nor a movement.
>
> d. The spatial does not, as we might suppose based on tradition, have a Euclidian structure: Euclidian space is not truly spatial, as we shall discover later (see §65).
>
> Comment 3: The following considerations are to be kept in mind with reference to the physical:
>
> a. The term *the physical* is synonymous with terms such as "movement," "the energetic," "the kinetic," and "the mechanical."
>
> b. As far as the first and last terms are concerned, we must beware of misunderstanding.
>
> i. The movement in question here is not secondary or arbitrary, due for example to being thrown, but the primary movement that by vir-

aan het creatuur, voorzover het fysisch is, krachtens z'n door God geschapen-zijn eigen is.

ii. "Het mechanische" verwarre men niet met "het machinale": het
laatste komt slechts daar voor, waar van machines en dus van (mate-
riële) cultuur sprake is, die niet oorspronkelijk is, maar menselijke
activiteit onderstelt. Men verwerpe daarom in de natuurfilosofie iedere
machine-theorie, dus niet slechts "de machine-theorie" omtrent het
organische, maar ook die omtrent het anorganische.

Opm. 4. Onder het organische versta men niet uitsluitend en zelfs niet allereerst het statische dat de morfologie bestudeert, maar in de eerste
plaats dat dynamische dat de fysiologie onderzoekt.

Opm. 5. Onder "psychisch" versta men uitsluitend datgene wat die wetenschappelijke psychologie bestudeert die haar grenzen indachtig
blijft, dus alleen de primair-gevoelige wijze van verrichten (bij dier en
mens), en wat daarmee (als object, waarover later [zie §§65 en 66])
correlaat is.

Opm. 6. Het "analytische" valt niet samen met het logische, althans voorzover men dit laatste opvat als een verzamelnaam onder welke enerzijds
niet al het analytische, maar slechts het resultaat van analytische activiteit, valt en anderzijds vrij veel ressorteert dat niet analytisch is.

Opm. 7. Het "historische" is niet hetzelfde als het "genetische": wel is het
eerste nimmer zonder het laatste, maar genesis vindt men ook daar
waar men niet van historie spreken kan, zo bijvoorbeeld bij de split-
sing van sterren en bij de voortplanting van planten en dieren. Onder
het "historische" versta men het gebied van macht, inclusief traditie en
technè ["handwerk", "kunstvaardigheid"; zie §207 en volgende].

Opm. 8. Onder "linguaal" versta men al wat met taal te maken heeft, dus
niet alleen met het gesproken, maar ook met het ongesproken deel
daarvan.

Opm. 9. "Sociaal" ziet op de omgang en het verkeer.

Opm. 10. Het economische is het gebied der waarde-afwegende bespa-
ring.

Opm. 11. Het esthetische is het veld der harmonie.

Opm. 12. Het juridische is het terrein der vergelding.

Opm. 13. Onder het ethische versta men wat op trouw in vriendschap en
huwelijk betrekking heeft.

Opm. 14. Omtrent het pistische of pisteutische houde men het volgende
in het oog.

a. Positief: deze termen dekken "het godsdienstig geloof".

b. Negatief:

i. "Geloof" is niet hetzelfde als "religie", over welke pas later kan
worden gehandeld [zie §115 en volgende].

ii. "Geloof" is, naar we reeds vroeger zagen, niet ident met "Christ-
geloof": alle mensen geloven, maar niet ieder gelooft in de Christus
Gods [zie §11].

tue of its being created by God is proper to the creature insofar as it is physical.

ii. The term *the mechanical* is not to be confused with "machinelike." The latter is found only where there are machines, that is to say "(material) culture"; it is not original but presupposes human activity. We must, therefore, reject every machine theory in the philosophy of nature; not only the "machine theory" concerning the organic but also that concerning the inorganic.

Comment 4: By the organic, we are not to understand exclusively or even in the first place the static features studied by morphology but primarily those dynamic features investigated by physiology.

Comment 5: By the psychic, we are to understand exclusively that which is studied by a scientific psychology that is mindful of its limits. That is to say, only the mode of behavior (in animals and humans) that is of a primary sensitive kind and that which (as object) is correlate with it (see §§65 and 66).

Comment 6: The analytic does not coincide with the logical, at least to the extent that the latter is understood as a collective term that, on the one hand, does not embrace all that which is analytic but only the result of analytic activity and, on the other hand, includes a good deal that is not analytic.

Comment 7: The historic is not the same as the genetic: It is true that the former never occurs without the latter, but genesis is also found in contexts where we cannot speak of history, as, for example, in the case of the splitting of stars and of the reproduction of plants and animals. The historic is to be understood as the province of power, including tradition and know-how (see §207).

Comment 8: By the lingual, we are to understand everything that is language, that is, not only the spoken but also the unspoken part of it.

Comment 9: The social has reference to intercourse and human interaction.

Comment 10: The economic is the domain of value-weighing thrift.

Comment 11: The aesthetic is the field of harmony.

Comment 12: The juridic is the domain of retribution.

Comment 13: By the ethical, we must understand that which has reference to troth in friendship and marriage.

Comment 14: With reference to the pistic or pisteutical, the following should be kept in mind:

a. Positively. These terms designate "sacred belief (or faith)."

b. Negatively. First, "belief (faith)" is not the same as "religion," which can only be dealt with later (see §115ff.). Second, as we have already observed, "belief (faith)" is not identical with faith in Christ; all people believe, but not everyone believes in the Christ of God (see §11).

Men ziet, er is een rijke verscheidenheid in deze eerste bepaaldheid. En deze weelde is wellicht nog groter dan we tot nog toe zien.

32. Terminologie.

De zo-even besproken verscheidenheid noemen we kortheidshalve het "zus–zo-verschil".

33. De onderlinge onherleidbaarheid der zus–zo-bepaaldheden.

Binnen één en hetzelfde *zo* kan nog weer bepaaldheid van *zo* voorkomen, waarover later [zie §§37 en 60-63].

Geen der zus–zo-bepaaldheden kan men echter herleiden tot een andere. Beproeft men dit toch te doen, dan stuit men op antinomieën, die echter, krachtens het subjèct-zijn van alles aan een daarmee correlate wet, in de kosmos primair, dat wil zeggen afgezien van menselijke dwaling, niet voorkomen. Ze zijn het resultaat van een verwardheid op welke we echter pas later kunnen ingaan [zie §§201 en 202].

34. De bepaaldheid van wet.

Daar het geen zin heeft van subjèct-zijn te spreken zonder dat men een wet aanvaardt die voor het aan haar subjècte geldt, beantwoordt aan een bepaaldheid van subjèct-zijn een bepaaldheid van wet. Heeft het dus zin om te spreken van "psychisch subjèct-zijn", dan heeft het evenzeer zin te spreken van een "psychische wet", die voor het psychische, dat immers aan deze wet subjèct is, geldt.

35. De verscheidenheid in bepaaldheid van wet.

Doch dan loopt ook aan de verscheidenheid in bepaaldheid van aards subjèct-zijn parallel een verscheidenheid in bepaaldheid van wet. Voor het aritmetische geldt dus een aritmetische, voor het ruimtelijke een ruimtelijke, voor het psychische een psychische wet, enzovoort.

Korter: 't verschil in subjèct-zijn is correlaat met het verschil in wet.

B. DE TWEEDE (DE DIT–DAT-) BEPAALDHEID
EN HAAR VERSCHEIDENHEID

36. De bepaaldheid aangeduid door "dit".

Wie zegt "dit getal", zegt iets anders dan wanneer hij slechts "getal" zegt. En aan het verschil van woorden beantwoordt ook in dit

It is plain that there is a rich diversity in this first determinant, and this rich abundance is perhaps even greater than we have seen so far.

32. Terminology

For the sake of brevity, we call the diversity discussed above the "thus–so difference."

33. The mutual irreducibility of the thus–so determination

Within one and the same *so*, further determination of *so* can occur, as we shall see below (§§37 and 60–63).

However, none of the thus–so determinations can be reduced to another. If we attempt to do so, we become involved in antinomies, which, however, by virtue of everything being-subject to a law that is correlate to it, cannot occur in the cosmos in a primary sense, that is to say, apart from human error. They are the result of a confusion we will discuss later (§§201 and 202).

34. Law determination

It makes no sense to speak of being-subject without accepting a law that holds for that which is subject to it. Hence, there is a determinant of law that corresponds to a determinant of being-subject. So, too, if it makes sense to speak of "psychic being-subject," then it makes just as much sense to speak of a "psychic law" that holds for the psychic, because this is subject to that law.

35. The diversity in law determination

It follows from this, however, that diversity in law determination runs parallel to the diversity in the determination of earthly being-subject. Consequently, an arithmetic law holds for that which is arithmetic, a spatial law for that which is spatial, a psychic law for that which is psychic.

In brief, the difference in being-subject is correlate with the difference in law.

B. THE SECOND (THIS–THAT) DETERMINANT
AND ITS DIVERSITY

36. The determinant denoted by "this"

To say "this number" is to say something other than simply "number"; and in this case, too, the difference in words corresponds

geval een verschil van het daardoor aangeduide. Bezien we daarom nader, waarin dit verschil bestaat.

Het door de woorden "dit getal" aangeduide zij bijvoorbeeld het getal *drie*. Het getal *drie* is een getal, dat wil zeggen het is subjèct aan de aritmetische wet. Doch deze eigenschap treft men niet alleen bij het getal *drie* aan, doch bij alles wat getal is. De bepaaldheid, aangeduid door het woord "dit", is met deze overeenkomst tussen het getal *drie* en alle andere getallen niet in strijd. Ze heft die overeenkomst dan ook niet op: ze onderstelt haar. Ze is slechts een nadere bepaaldheid.

37. De aard van deze bepaaldheid.

Ook deze bepaaldheid behoort tot de niet nader te analyseren bepaaldheden. Vandaar dat men haar moeilijk kan omschrijven.

Om echter verwarring te voorkomen is het goed even te laten zien, dat ze niet samenvalt met wat we reeds [zie §33] in het aards subjecte ontwaarden, namelijk de zus–zo-bepaaldheid en haar nadere bepaaldheden.

A. In de eerste plaats stel 'k me daartoe de vraag: "Is deze nadere bepaaldheid iets anders dan een verscheidenheid in zus–zo-bepaaldheid?" Trachten we de strekking van deze vraag te verhelderen aan een bepaald geval. Zo kan ik haar bijvoorbeeld aldus stellen: "Is de verhouding tussen *getal* en *dit* hetzelfde als tussen *aritmetisch* en *ruimtelijk*, of niet?"

De vraag stellen is haar ontkennend beantwoorden. Want het is duidelijk, dat datgene, wat een getal tot "het getal drie" maakt, iets anders is dan ruimtelijkheid, die hier ten ene male ontbreekt.

B. "Maar is dan wellicht", zo kan men vragen, "de bepaaldheid 'dit' een nadere bepaaldheid van het 'zo'?"

Ook het antwoord op deze vraag moet ontkennend luiden. Om deze ontkenning te staven, is het voldoende de term "dit getal" te plaatsen naast "rationaal getal". In laatstgenoemde heeft men de aanduiding van een nadere bepaaldheid *van* getal *als* getal; er zijn echter vele rationale getallen. Er is echter maar één getal *drie*. Vandaar, dat deze bepaaldheid niet de getalmatigheid van *drie* nader bepaalt, doch een bepaling is, die haar betekenis behoudt ook bij volkomen opsomming van alle nadere bepaaldheid *van* z'n getalmatigheid.

38. De verscheidenheid in dit-bepaaldheid.

Bestond er geen ander getal behalve *drie*, dan zou men niet kunnen spreken van verscheidenheid in dit-bepaaldheid van de getallen.

to a difference in that which is denoted by them. Let us take a closer look at this difference.

That which is denoted by the words *this number* can be, for example, the number three. The number three is a number. That is to say, it is subject to the arithmetic law. But we do not find this property only in the case of the number three, but in the case of everything that is number. The determinant denoted by the word *this* is not in conflict with the similarity between the number three and all other numbers. Nor does it do away with this similarity: It presupposes it. It is simply another determinant.

37. The nature of this determinant

This determinant, too, belongs to the analytically irreducible determinants. That is why it is difficult to circumscribe it.

To avoid confusion, however, it is good to show briefly that it does not coincide with what we already discerned in the earthly subject (§33), namely, the thus–so determinant (a) and its further specifications (b).

a. To this end, I first ask myself: Is this further determinant something other than a diversity in thus–so determination? Let us try to clarify the import of this question by a specific case. Thus, I can put it, for example, in the following way: Is the relationship between *number* and *this* the same as that between arithmetic and spatial?

To ask the question is to answer it negatively, for it is plain that what causes the number to be "the number three" is something other than spatiality, which is entirely lacking here.

b. Is it then perhaps the case, one might ask, that the determinant "this" is a further specification of "thus"?

This question also must be answered in the negative. To support this negation, it is sufficient to juxtapose the term *this number* and the term *rational number*. In the latter case, we have the designation of a further specification *of* number *as* number; however, there are many rational numbers, but there is only one number three. Consequently, this determinant does not further specify the numerality of three but is a determination that retains its significance even when all further specifications *of* its numerality have been added up.

38. The diversity in this determination

If no other number existed besides three, then it would be impossible to speak of diversity in the this determination of numbers. But

Nu er echter meer getallen dan dit éne bestaan, behoort ook over deze verscheidenheid gehandeld te worden.

Als *dit getal* is *drie* verscheiden van alle *andere* getallen. 't Woord "andere" duidt hier aan, dat alle getallen die daaronder vallen de bepaaldheid *drie-te-zijn* missen. Ze hebben echter wel degelijk een eigen kwalitatieve bepaaldheid geheel parallel aan die van *dit getal*. Dat kan men aanduiden met behulp van de termen "dit", "dat", enzovoort.

39. *Terminologie.*

In verband met het zo-even opgemerkte kan men de verscheidenheid in deze bepaaldheid kortheidshalve typeren als *dit–dat-verschil*.

40. *De wetskring.*

Het dit–dat-verschil sluit dus niet uit, dat *dit* en *dat* dáárin overeenkomen, dat voor beide dezelfde wet geldt.

Alle "dit's" en "dat's" voor welke dezelfde wet geldt, maken samen het gebied of de kring dezer wet uit, *zijn haar wetskring.* Daar er vele wetten zijn, bestaan er dus ook vele van zulke wetskringen.

Uit het feit, dat we het bestaan van dit–dat-verschil alleen nader aantoonden bij de aritmetische wetskring, mag men dus niet afleiden, dat het zich alleen hier zou voordoen. Het komt in alle wetskringen voor. Want ook de éne ruimtelijke figuur is de andere niet, men kan ook onderscheiden deze en die energetische activiteit, deze en gene analytische activiteit, deze en die ethische handeling, enzovoort.

C. HET GECOMBINEERD VOORKOMEN VAN VERSCHEIDENHEDEN IN BEIDE BEPAALDHEDEN.

41. *Gedachtegang.*

Zal er sprake van kunnen zijn dat de verscheidenheden in de beide tot nog toe besproken bepaaldheden gecombineerd voorkomen, dan is het vereist, dat ze niet tot elkaar zijn te herleiden. Deze onderlinge onherleidbaarheid dient dus eerst aan de orde te komen.

42. *De onderlinge onherleidbaarheid tussen de zus–zo- en de dit–dat-verschillen.*

A. Het dit–dat-verschil in een wetskring onderstelt de eigenaardigheid van de wetskring (zie §36). Het verschil in aard tussen de wetskringen is dus zeker niet te herleiden tot dat van dit–dat.

since there are, in fact, more numbers than this one alone, we must also deal with this diversity.

As *this number*, three is different from all *other* numbers. The word *other* here denotes that all numbers that are subsumed under it lack the determination being-three. Nevertheless, they most certainly have a qualitative determination of their own that is entirely parallel to that of *this number*. This can be indicated by means of the terms *this*, *that*, and so on.

39. Terminology

In connection with what is noted above, we can typify this determinant briefly as the *this–that difference*.

40. The law-sphere

Therefore, the this–that difference is not incompatible with the possibility that *this* and *that* are alike in that the same law holds for both.

All thises and thats for which the same law holds together constitute the domain or the sphere of this law; they are *its law-sphere*. Because there are many laws, there also exist many such law-spheres.

Consequently, we may not deduce from the fact that we illustrated the existence of the this–that difference only in the case of the arithmetic law-sphere that this difference occurs only here. It occurs in all law-spheres. For it is also true that the one spatial figure is not the other and that a distinction can be made between this and that *energetic activity*, this and that *analytic activity*, this and that *ethical act*, and so on.

C. THE COMBINED OCCURRENCE OF DIVERSITIES
IN BOTH DETERMINANTS

41. The line of thought

If it is to be possible that the diversities in both of the determinants that we have discussed so far can occur in combination, then they cannot be reduced to one another. We must, therefore, first discuss this mutual irreducibility.

42. The mutual irreducibility between the thus–so and the this–that difference

a. The this–that difference in a law-sphere presupposes the peculiar nature of the law-sphere (see §36). Therefore, the difference in nature between the law-spheres is certainly not to be reduced to that of this–that.

B. Doch zijnerzijds bleek de aard van het dit–dat-verschil te verschillen èn van alle zus–zo-bepaaldheid (zie §37A), èn van alle nadere bepaaldheid *van* een zus of een zo: ze is een bepaaldheid daar*bij* (zie §37B).

C. Derhalve kunnen we zeggen, dat het zus–zo-verschil en het dit–dat-verschil onderling onherleidbaar zijn.

> Opm. 1. Ter verduidelijking moge nu en dan aan het gezegde een schema worden toegevoegd. Stel u het verschil tussen een *dit* en een *dat* met verticale lijntjes voor, dan kan, gezien het feit, dat het zus–zo-verschil daartoe niet valt te herleiden, laatstgenoemd verschil het best worden voorgesteld met behulp van horizontale lijnen. We krijgen dus:
> 1. schema voor het verschil van *dit* en *dat*. | |
>
> 2. schema voor het verschil van *zus* en *zo*: ———
>
> Opm. 2. Het motief waarom de keuze van de richting der lijntjes in deze en niet in tegenovergestelde zin geschiedde, kan eerst later worden aangegeven [zie §55].

43. Verheldering in terminologie: de termen "individueel" en "modaal".

Tot nog toe behielden we ons met de zegswijzen: "dit en dat" en "zus en zo". Deze twee voldoen echter niet aan de eis aan wetenschappelijke taal te stellen, dat zij ondubbelzinnig zij, dat wil zeggen dat ieder woord slechts één betekenis hebbe: beide worden licht promiscue gebruikt; bovendien kunnen ze verschillen en eigenschappen aanduiden, die voor de structuur van het geschapene van geen belang zijn. Juist om die structuur gaat het hier echter. Derhalve zal het verdere onderzoek met de invoering van een helderder terminologie gebaat zijn.

We hebben op grond van de gevonden onherleidbaarheid nodig twee woorden, die elk een eigen betekenis hebben. De door de éne term betekende zaak dient te zijn de verscheidenheid tussen zus en zo in de zin van voor de structuur van het geschapene van belang zijnde eigenschappen, de door het tweede woord betekende zaak moet de verscheidenheid tussen dito dit's en dat's zijn.

> Opm. Nu denkt men allicht aan de termen: "kwantitatief" en "kwalitatief". Maar bij nader inzien is dit paar hier toch niet bruikbaar.
> A. Van de bedoelde twee verscheidenheden is die tussen een zus en een zo zeker niet met het woord "kwantitatief" aan te duiden. Doch ook ter aanduiding van het verschil tussen een dit en een dat is deze term slechts binnen het aritmetische bruikbaar, zodat op deze wijze geheel het verschil tussen dit's en dat's in het niet-aritmetische onbenoemd blijft: al kunnen we spreken van "twee stenen", enzovoort, het verschil

b. However, the nature of the this–that difference has been shown to be distinct from both every thus–so determination (see §37A) and all further specification *of* a thus or a so—it is an *additional* determination (see §37B).

c. For that reason, we can say that the thus–so difference and the this–that difference are mutually irreducible.

> Comment 1: To clarify the text, we will occasionally add a diagram. If we picture the difference between a *this* and a *that* as vertical lines, then the thus–so difference, given the fact that it is irreducible to the former difference, can be pictured most adequately by means of horizontal lines. We get, then:
>
> 1. Diagram for the difference of *this* and *that:* | |
>
> 2. Diagram for the difference of *thus* and *so:*   ―――
> ―――

> Comment 2: The reason the vertical lines are chosen for the former difference rather than for the latter can best be indicated later (§55).

43. Clarification in terminology: The terms individual and modal

Up to this point, we have made do with the expressions *this and that* and *thus and so*. However, these do not meet the requirement that holds for scientific language, namely that it must be unambiguous—every word may have only one meaning. Both words are easily used interchangeably and can refer to differences and properties that are of no importance for the structure of that which is created. But it is precisely with this structure that we are concerned here. Therefore, the continuance of our investigation will gain by the introduction of a clearer terminology.

What we need, based on the irreducibility that we have established, is two words, each of which has a meaning of their own. That which is designated by the one term must be the diversity between thus and so in the sense of those properties that are relevant for the structure of creation, whereas that which is designated by the second word must be the diversity between the thises and thats that are also relevant in the same sense for the structure of that which is created.

> Comment: The terms *quantitative* and *qualitative* may readily come to mind. On further reflection, however, this pair will not serve in this context.
>
> a. Of the two diversities in question, that between a thus and a so can certainly not be denoted by the word *quantitative*. But also for the designation of the difference between a this and a that, this term can only be used within the arithmetic. In this way, the whole difference between thises and thats in the nonarithmetic remains unnamed. Al-

tussen de éne steen en de andere is al evenmin kwantitatief als dat tussen twee planten, dieren en mensen.

B. Past de term "kwantitatief" dus in geen van de twee gevallen, "kwalita-
tief" daarentegen kan in beide gevallen worden gebruikt, en is om deze
reden niet geschikt.

We zouden nu nog wel enkele andere terminologische pogingen kunnen
bespreken. Doch 't bestek van deze studie gedoogt dit niet en haar
opzet vraagt in dit hoofddeel alleen een positieve uiteenzetting. Vandaar dat ik hier begin met de vastlegging van de terminologie om dan
nog slechts even stil te staan bij de vraag, of niet tegen haar onover-
komelijke bezwaren rijzen.

Het verschil tussen zus en zo noem ik *modaal*, het verschil tussen
een dit en een dat *individueel*.

Nu kan men zeggen: "Beide termen zijn in de wijsbegeerte bekend en betekenen soms iets anders dan hier bedoeld". Doch dat is
geen bezwaar. Zou men aan een niet-gangbare conceptie de eis
stellen, dat ze slechts termen gebruikte welke in andere systemen nog
nimmer voorkwamen, dan zou ze verplicht zijn, overal nieuwe woorden te brengen, wat de leesbaarheid van zulk een studie zeker niet ten
goede zou komen. (Men denke aan de poging van [Richard] Avenarius.) Bij consequente doorvoering zou deze regel er zelfs toe voeren,
dat niemand meer een ander begreep. Zeker: men mag met de terminologie niet willekeurig omspringen. Maar het staat toch te bezien, of
de grens tussen niet- en wel-willekeurig die tussen traditioneel en
nieuw gebruik dekt. Heel vaak heeft tengevolge van allerlei dwaling
een term een traditionele betekenis verkregen, welke bij het doorzien
van de gemaakte fout niet langer valt te handhaven.

Van de twee hier voorgeslagen termen zal de eerstgenoemde wel
niet op verzet van de zijde der traditie stuiten. De modale verscheidenheid moge hier rijker zijn dan elders, dat raakt niet rechtstreeks de
betekenis van de term. Meer verzet zal van de zijde der traditie in de
wijsbegeerte rijzen tegen het gebruik van de tweede term: "Is individualiteit niet uitsluitend het voorrecht van de mens?" Ter
ontzenuwing van dit bezwaar moge echter [worden] gewezen op de
resultaten der nieuwe aritmetiek, ruimte-leer, fysica, enzovoort, bij
welke steeds meer de nadruk valt op het individuele karakter van
ieder getal, iedere ruimtelijke figuur en ieder atoom. Het genoemde
bezwaar wortelt dan ook niet in willekeur dezerzijds, doch in de
overschatting van de mens bij de voorstanders van het traditionele
spraakgebruik, waarvan de historische ontwikkeling onder andere bij
de Grieken stap voor stap is na te gaan, doch dat op zeer gespannen

though we can speak of "two stones," etc., the difference between the one stone and the other is no more quantitative than that between two plants, animals, or persons.

b. The term *quantitative,* therefore, can be applied in neither of the two cases, whereas the term *qualitative* can be used in both cases and is, therefore, inappropriate.

We could certainly explore several other terminological attempts at this point, but the scope of this study does not allow this and, in this division, it requires only a positive exposition. That is why I begin here by establishing the terminology and give only passing attention to the question of whether it meets insuperable objections.

I call the difference between thus and so *modal* and the difference between a this and a that *individual.*

Now, one might say, "Both terms are well known in philosophy and often mean something other than what is intended here." But that is not a problem. If one were to require of an unconventional conception that it only employ terms that have never occurred in other systems, then it would be obligated to introduce new words everywhere. This would certainly not enhance the readability of such a study (Richard Avenarius's attempt is an example of such an approach). If this rule were to be consistently applied, it would have the effect that no one would be able to understand anyone else. To be sure, it is not legitimate to deal arbitrarily with terminology, but it is questionable whether the line (*grens*) between nonarbitrary and arbitrary coincides with that between traditional and novel. Very often, because of all kinds of misconceptions, a term has acquired a traditional meaning, which can no longer be maintained once the mistake has been unmasked.

Of the two terms suggested here, the first is not likely to meet with resistance from the side of tradition. The modal diversity may be richer in my view than elsewhere, but this does not immediately affect the meaning of the term. There will be more resistance from the side of the philosophic tradition against the use of the second term: Is individuality not the exclusive privilege of humans? To counter this objection, however, we may point to the results of recent discoveries in arithmetic, geometry, physics, and so on in which the emphasis falls increasingly on the individual character of each number, each spatial figure, and each atom. Consequently, the objection we have in mind is not based on arbitrariness on our part but on the exaggerated importance attributed to humans by the advocates of the traditional usage. This can be documented in its historic development (for ex-

voet staat met al die vakwetenschappen welke met deze overschatting hebben gebroken.

Wijl 'k de ontwikkeling van dit misverstaan van de grondstructuren in de kosmos hier niet kan bespreken, moge ik met laatstgenoemde tegeninstantie volstaan.

44. De termen "subjectsmodaliteit" en "wetsmodaliteit".

Na het in de vorige paragraaf aangevoerde zullen nu ook de termen *subjectsmodaliteit* en *wetsmodaliteit* wel duidelijk zijn. In verband met het in 't slot van paragraaf 34 gezegde, is de modaliteit van het subjèct-zijn steeds dezelfde als die van de daarmee correlate wet.

45. Het gecombineerd voorkomen van beide bepaaldheden.

Het individueel-zijn en het modaal-zijn verschillen onderling en moesten daarom afzonderlijk worden behandeld en benoemd. Doch dit verschil sluit het gescheiden-zijn niet in. Zelfs komt nimmer één van deze bepaaldheden alléén voor. Zo is bijvoorbeeld een bepaald getal zowel aritmetisch (dat wil zeggen modaal iets anders dan bijvoorbeeld ruimte) als ook *dit* getal (dus individueel iets anders dan elk ander getal).

> Opm. Het schema voor dit gecombineerd voorkomen wordt dus in aansluiting op paragraaf 42, Opmerking [1], als volgt:

46. Het voorkomen van verscheidenheid in modaliteit bij deze combinatie.

A. Iedere cirkel is subjèct aan aritmetische èn aan ruimtelijke wetten. Iedere steen aan deze twee èn aan fysische wetten. Bij een plant onderscheiden we behalve de drie genoemde subjectsmodaliteiten ook een organische, bij een dier behalve de vier die we bij een plant aantroffen, ook nog de psychische. Een mens bezit behalve de vijf hier genoemde ook nog al de overige in paragraaf 31 opgesomde.

B. Eigenlijk is het gezegde nog niet eens volledig. Want in al deze gevallen ontbreken de niet bij hen vermelde modaliteiten toch allerminst, al zijn ze daar niet in dezelfde zin aanwezig als bij de voorbeelden zo-even opgesomd. Ook op dit punt hoop ik later nog terug te komen [zie §65]. Doch hoe dit ook zij, in ieder geval tonen de in de eerste alinea genoemde voorbeelden genoeg aan, dat telkens in een individueel *dit* verschillende subjectsmodaliteiten bij elkaar voorkomen. En daarom ging het in deze paragraaf.

ample, the Greeks) but is completely out of tune with all of those special sciences that have broken with this exaggerated view.

Because I cannot in the present context discuss the development of this misconception of the basic structures in the cosmos, let the counterargument I have just mentioned suffice.

44. The terms subject modality and law modality

After what we have said in §43, the terms *subject modality* and *law modality* will no doubt be clear. In connection with what was said at the end of §34 we must point out that the modality of being-subject is always the same as that of the law correlate with it.

45. The combined occurrence of both determinants

Being-individual and being-modal are different from one another and, therefore, have to be dealt with and named separately. But this difference does not involve being separate. In fact, neither of these determinants ever occurs alone. For example, a specific number is both arithmetic (that is, modally different from space, for example) and *this* number (that is, something that is individually other than every other number).

> Comment: The diagram for this occurrence in combination therefore becomes (per our comment in §42) the following: $\underline{\quad\;|\quad}$

46. The occurrence of diversity in modality in this combination

a. Every circle is subject to both arithmetic and spatial laws. Every stone is subject to these two as well as physical laws. In the case of a plant, besides the three subject modalities mentioned so far, we also distinguish an organic one. In the case of an animal, besides the four we came across in the plant, we also distinguish the psychical. A human being possesses, besides the five we have mentioned, all the others that were enumerated in §31.

b. Actually, what we have said so far is not even complete. For in all of these cases, the modalities that are not mentioned with them are nevertheless present, even though they are not present in the same sense as is the case in the examples we just mentioned. I hope to return to this point later (§65). Nevertheless, the examples mentioned in the first paragraph are in any case sufficient evidence that different subject modalities always exist together in any individual *this;* that was the point of this subsection.

Opm. Het schema voor deze meer gecompliceerde combinatie wordt dus:

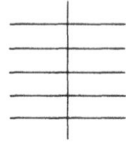

47. De term "subjèctseenheid".

Rekening houdend met het zo-even gezegde kan men zulk een
individueel *dit* gevoeglijk een "individuele subjèctseenheid" noemen.
Subjectseenheden zijn dus bijvoorbeeld cirkels, atomen, organismen,
dieren, mensen, staat, kerk, enzovoort; getallen daarentegen niet.

Intussen bedenke men, dat met deze term uitsluitend het feit
wordt aangeduid, dat de individuele bepaaldheid bij dit alles voorkomt in combinatie met een *veelheid* van modaliteiten. In "ding" zelf
ligt veel meer dan we tot nu toe zagen.

48. Modaliteit en tijd.

Onder dat meerdere behoort ook de tijd, voorzover deze althans
modaal is en dus reeds hier kan worden besproken. Tot nog toe liet
'k deze buiten bespreking. Opzettelijk, omdat eerst nu de stelling
duidelijk kan zijn dat de tijd noch een individueel noch een modaal
verschil is. Maar wel vinden we hem bij al de modaliteiten der subjectseenheden: bij het aritmetische als successie, bij het ruimtelijke als
gelijktijdigheid, bij het fysische als bewegingstijd, bij het organische
als ontwikkeling, bij het psychische als spanning, bij het analytische
als *prius* ["vroeger"] en *posterius* ["later"], bij het historische als periode, bij het linguale tegenwoordig nog als bijwoorden van tijd en de
tijd van het werkwoord, bij het sociale in het verlenen van voorrang,
bij het economische in het nemen en geven van rente, bij het esthetische als esthetische (niet zuivere) duur, bij het juridische als
geldingstijd (men denke aan de terugwerkende kracht van een positieve wet), bij het ethische in de keuze van de "geschikte" tijd en bij
het pistische in de afwisseling van hoogtijden en gewone tijden.

Opm. 1. De tijd is dus niet een aanschouwingswijze: hij bezit een van onze mentale activiteit onafhankelijk bestaan.
Opm. 2. De tijd is niet een modaliteit; de nevenstelling van ruimte en tijd
is dan ook onjuist.

49. De verschillende modaliteiten der subjectseenheid in de tijd. — De term "subjectsfunctie".

Nu we ook met de tijd rekening houden, blijkt achteraf, dat we de
verschillende modaliteiten van een individuele subjectseenheid tot
nog toe hebben opgevat alsof ze tijdloos waren. Thans kunnen we

Comment: The diagram for this more complicated combination therefore becomes:

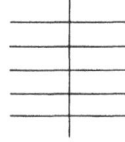

47. The term subject unit

Taking into account what has just been said, an individual *this* can
properly be called an "individual subject unit." Therefore, circles,
atoms, organisms, animals, humans, the state, the church, and so on
are all subject units; numbers, however, are not included.

Keep in mind that this term serves exclusively to indicate the fact
that the individual determinant always occurs in combination with a
manifold of modalities. Yet much more is involved in "things" than
we have discerned up to this point.

48. Modality and time

Included in that "much more" is time, at least insofar as it is modal and can therefore be discussed at this point. My not discussing
time was done advisedly. Only now is it possible to make clear the
proposition that time is neither an individual nor a modal difference.
Nevertheless we do find it in all the modalities of the subject units: in
the arithmetic as succession, in the spatial as simultaneity, in the
physical as the time of movement, in the organic as development, in
the psychic as tension, in the analytic as *prius* and *posterius* (ear-
lier/later), in the historic as period, in the lingual still as adverbs of
time and the tense of a verb, in the social in the giving of priority [for
example, "ladies first"], in the economic in the giving and receiving
of interest, in the aesthetic as aesthetic (not pure) duration, in the
juridic as length of validity (think of the retroactive force of a positive law), in the ethical in the choice of the "right" time, in the pistic
in the alternation of liturgically festive and ordinary periods.

> Comment 1: Time is, therefore, not a mode of intuition—it exists inde-
> pendently of our mental activity.
> Comment 2: Time is not a modality; therefore, the juxtaposition of space
> and time is incorrect.

49. The different modalities of the subject unit in time—the term subject function

Because we are now also taking time into account, it becomes evident in retrospect that we have so far conceived of the different modalities of an individual subject unit as though they were timeless. We

deze abstractie laten varen: de modaliteiten ener individuele subjectseenheid bestaan nimmer buiten de tijd.

Wanneer men dit heeft gezien, kan men ook voor dit subject-zijn
der individuele subjectseenheid aan wetten van verschillende modaliteit een kortere term invoeren, namelijk "het functioneren der
subjectseenheid". We zeggen dan ook kortweg: "Een subjectseenheid
heeft meer dan één subjectsfunctie".‡

De (subjects)functies ener subjectseenheid verschillen onderling
uiteraard modaal.

HOODSTUK II.
DE TWEE GRONDVERBANDEN IN BEIDE VERSCHEIDENHEDEN EN HUN GECOMBINEERD VOORKOMEN.

50. Inleiding en indeling.

Zowel tussen de individueel verschillenden als tussen de subjectsmodaliteiten treffen we verband aan. Ook deze verbanden
komen bijna steeds gecombineerd voor. Vandaar dat we indelen:

A. Het verband tussen de individueel verschillenden;

B. Het verband tussen de subjectsfuncties;

C. Het gecombineerd voorkomen van beide verbanden.

A. HET VERBAND TUSSEN INDIVIDUEEL VERSCHILLENDEN.

51. Het met elkaar verbonden zijn van een dit en een dat.

We gaan uit van het eenvoudigste geval, namelijk dat twee individueel
verschillenden met elkaar overeenkomen in modaliteit van subjectsfunctie en dus onderworpen zijn aan dezelfde wet. Doch overeenkomst
is nog iets anders dan verband. Ook zulke verbanden bestaan echter.

Zo staan in de aritmetische wetskring de getallen drie en vier in
een zekere verhouding tot elkander, snijden twee cirkels elkaar, gaat
in de energetische wetskring de éne energie in een andere over, leven
twee organismen in symbiose, suggereert m'n naaste mij iets op
psychisch terrein, staan twee stellingen tot een derde op analytisch
terrein in de verhouding van premissen tot conclusie, enzovoort.

---

‡ *Noot redacteur.* Men leze de term "subjectsfunctie", in aansluiting op de term "subjèctseenheid", als "subjèctsfunctie" (zie ook §70). Pas vanaf paragraaf 59 wordt ook van
"súbjectsfunctie" gesproken.

can now dispense with this abstraction—the modalities of an individual subject unit never exist outside of time.

Once this insight has been gained, it is also possible to introduce a shorter term for this being-subject of the individual subject unit to laws of differing modality, namely, "the functioning of the subject unit." Consequently, we can say concisely that a subject unit has more than one subject function.‡

The (subject) functions of a subject unit differ from each other, of course, modally.

SECTION 2
THE TWO FUNDAMENTAL CONNECTIONS IN BOTH DISTINCTIONS AND THEIR OCCURRENCE IN COMBINATION

50. Introduction and subdivision

We met with connection both between that which differs individually and between the subject modalities. These connections, too, almost always occur in combination. Consequently, we make the following subdivision:

A. The connection between that which differs individually
B. The connection between the subject functions
C. The combined occurrence of both connections

A. THE CONNECTION BETWEEN ENTITIES THAT DIFFER INDIVIDUALLY

51. The being connected of a this and a that

We take our point of departure from the simplest case, namely, where two individually differing entities are similar in modality of subject functions and are, therefore, subjected to the same law. However, similarity is not the same as connection. Nevertheless, such connections do exist.

For example, in the arithmetic law-sphere, the numbers three and four stand in a certain relationship to one another. Two circles can intersect; in the energetic law-sphere, the one energy can be changed into another. Two organisms can live in symbiosis. I can be subject to psychic suggestion by my fellow human; in the analytic domain, two propositions can stand in the relationship of premise to conclusion.

---

‡ Editor's note: Read both uses of "subject" here in the sense of "subjected-to" (see §70 as well). After paragraph 59, there is also talk of subject functions in contrast to object functions.

---

52. De term "samenhang".

We spraken tot nu toe alleen van "verband". Thans hebben we behoefte aan een term, die speciaal het verband tussen individueel verschillenden aanduidt. Kiezen we daarvoor "samenhang".

> Opm. Het schema van de samenhang is in aansluiting aan de vroeger gegeven schemata 't beste als volgt te tekenen:

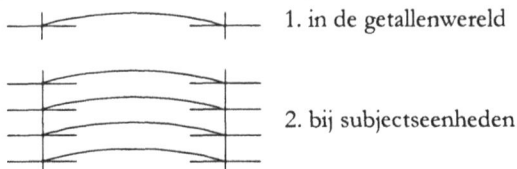

    1. in de getallenwereld

    2. bij subjectseenheden

53. De modaliteit van de samenhang.

We kunnen wèl zeggen, dat verschillende getallen in zekere verhouding tot elkander staan. Maar niet dat ze elkaar al of niet snijden, aan elkaar al of niet equivalent zijn, of ook met elkaar in symbiose leven. Want getallen zijn iets anders dan lijnen, energievormen en organismen. De samenhang tussen twee of meer getallen blijkt aldus een andere te zijn dan het verband tussen individueel verschillenden in de niet-aritmetische wetskringen. Met andere woorden: de modaliteit van een samenhang is dezelfde als die van de wetskring in welke de samenhang voorkomt. En termen als "snijden", "equivalent zijn" enzovoort zijn dan ook weer concreter dan de vage aanduiding "samenhang".

B. HET VERBAND TUSSEN DE SUBJECTSFUNCTIES.

54. Inleiding.

Dat twee individueel verschillenden tot één wetskring behoren was nog niet voldoende om van verband tussen hen te spreken (zie paragraaf 51). Evenmin is het gebruik van de term "verband tussen subjectsfuncties" voldoende gemotiveerd met de verwijzing naar het feit, dat ze vaak met elkaar voorkomen (zie paragraaf 46). Want het is toch iets anders wanneer 'k opmerk, dat een cirkel zowel aan de wet voor het aritmetische als aan die voor het ruimtelijke is onderworpen, dan wanneer 'k antwoord weet te geven op de vragen: "Is 't ruimtelijk-zijn van de cirkel verbonden met z'n (modale) eigenschap of functie aritmetisch-te-zijn?" en "Zo ja, waaruit blijkt het verband tussen de aritmetische en de ruimtelijke subjectsfunctie?"

52. The term interrelation

So far, we have talked only of connection. We are now in need of a term that denotes specifically the connection between that which differs individually. Let us choose the term *interrelation* for this.

> Comment: The diagram for an interrelation can best be drawn, following our earlier diagrams, as follows:

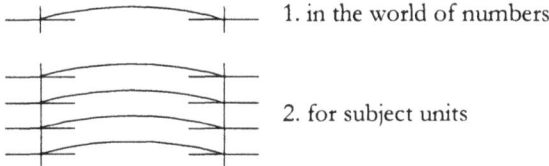

1. in the world of numbers

2. for subject units

53. The modality of the interrelation

It is possible to say that different numbers stand in a certain relationship to one another. But we cannot say of numbers that they do or do not intersect, that they are or are not of equal force, or that they live in symbiosis with each other. For numbers are something other than lines, forms of energy, and organisms. The interrelation between two or more numbers, therefore, turns out to be different from the connection between that which differs individually in the nonarithmetic law-spheres. In other words, the modality of an interrelation is the same as that of the law-sphere in which the interrelation occurs; and terms such as *intersecting, being of equal force,* and so on are, therefore, more concrete than the vague denotation *interrelation*.

B. THE CONNECTION BETWEEN SUBJECT FUNCTIONS

54. Introduction

That two entities that differ individually belong to a single law-sphere was not enough to establish the existence of a connection between them (see §51). Nor is sufficient reason given for the use of the term *connection* between subject functions if we simply refer to the fact that they often occur together (see §46). For surely it is one thing to observe that a circle is subject to both the arithmetic law and to the spatial law, but another thing if I am able to answer the questions: Is the spatial-being of the circle connected with its (modal) property or function of being-arithmetic? And, if so, what evidence is there of a connection between the arithmetic and the spatial subject function?

Tracht men echter deze vragen te beantwoorden, dan blijkt in beide gevallen iets te zijn ondersteld, namelijk een natuurlijke orde van subjectsfuncties.

Vandaar dat we deze eerst hebben te bezien.

55. De orde der subjectsfuncties.

Onderzoeken we eerst eens, of er enige orde bestaat tussen het aritmetische en het ruimtelijke, en zo ja, welke. Een veelvlak bijvoorbeeld is onderworpen zowel aan ruimtelijke als aan aritmetische wetten. Het heeft een stereometrische vorm en z'n vlakken zijn te tellen. Maar hier is tegelijk meer dan een "zowel-als". De ruimtelijke eigenschappen onderstellen namelijk aritmetische, en niet omgekeerd. Men kan immers wel de lengte van een lijn met behulp van getallen uitdrukken, maar nimmer de verhouding van getallen zonder meer met behulp van de verhouding tussen straal en omtrek duidelijk maken. Wanneer 'k dus de lengte van een lijn bereken, heb 'k wel samenhangen tussen getallen bij de hand, maar aan samenhangen tussen lijnen heb 'k niets wanneer 'k met getallen bezig ben.

Dit wijst op een zekere orde tussen die twee. 't Getal is er overal waar lijnen zijn, doch de ruimtelijkheid kan zeer goed ontbreken wanneer 'k uitsluitend over getallen spreek. Getallen zijn dus bij lijnen vóórondersteld, lijnen bij getallen niet. In de orde der subjectsfuncties gaat dus de aritmetische vooraf aan de ruimtelijke.

Evenzo vóóronderstelt iedere beweging ruimtelijkheid, elke organische werking energie-omzetting, een psychische toestand organisch leven – een zeker gehalte van het bloed –, analytische opmerkzaamheid gevoelige belangstelling – zij 't soms heel zwak – ten opzichte van iets, 't historische leven de aanwezigheid van enig analytisch oordeel, 't (al of niet tot uitspraak komend) spreken het historisch bezig zijn, het sociale verkeer de taal, enzovoort. Daarentegen vóóronderstelt het raken van een lijn aan een andere niet een energieomzetting: ik kan met laatstgenoemde evenmin een tangeren duidelijk maken als met lijnen de verhouding van getallen.

> Opm. 1. In het voorgaande gaf ik kortheidshalve slechts aan, dat iedere functie haar naast lagere onderstelt. Dit impliceert echter uiteraard, dat zij ook op al de overige lagere functies rust. Wat onder andere daaruit blijkt, dat, wanneer in die lagere functies iets hapert, ook het hogere niet goed functioneert: zo gaat een ontsteking in het organische met pijn in het psychische gepaard en brengen bepaalde beschadigingen van de hersenen storing der denkfunctie mee.

However, if we attempt to answer these questions, then it appears in both cases that there is something presupposed, namely a natural order of subject functions. Consequently, we must look at this first.

55. The order of the subject functions

Let us examine whether there exists any order between the arithmetic and the spatial, and, if so, what it is. A polyhedron, for example, is subject both to spatial and to arithmetic laws. It has a stereometric form, and its planes can be counted. But at the same time, there is more here than a "both-and." The fact is that spatial properties presuppose arithmetic ones and not vice versa. For it is possible to express the length of a line with the help of numbers, but it is not possible to clarify the relationship of numbers simply with the help of the relationship between radius and circumference. Therefore, when I calculate the length of a line, I do have interrelations between numbers at hand, but I have no use for the interrelations between lines when I am busy with numbers.

This indicates a certain order between the two. There are numbers everywhere where there are lines. But it is quite possible for spatiality to be absent when I speak exclusively about numbers. Numbers are, therefore, presupposed in the case of lines, but lines are not presupposed in the case of numbers. In the order of the subject functions, therefore, the arithmetic precedes the spatial.

Similarly, every movement presupposes spatiality. Every organic activity presupposes the conversion of energy. A psychic state presupposes organic life—a certain constitution of the blood. Analytic discernment presupposes a sensitive attention (sometimes only a very weak one) with reference to something. Historic life presupposes the presence of some analytic judgment. Speech, whether or not it comes to expression, presupposes historic activity. Social intercourse presupposes language, and so on. Conversely, it is not true that a line's being tangential to another presupposes conversion of energy: I can no more explain a tangential line in terms of the latter than I can explain the relationship of numbers in terms of lines.

> Comment 1: In the foregoing, I have only indicated for the sake of brevity that every function presupposes that which is next lower to it. However, this implies, of course, that it also rests upon all of the other lower functions. This becomes evident, for example, from the fact that when there is something wrong in those lower functions, the higher functions do not function well either. For example, an inflammation in the organic is accompanied by pain in the psychic. And certain kinds of brain damage disturb the function of thinking.

Zo blijkt er een natuurlijke orde van subjectsfuncties te bestaan, bij welke het meer gecompliceerde steeds het minder gecompliceerde vóóronderstelt, daarentegen het lagere niet het voorkomen van de hogere functies.

Nader blijken de subjectsfuncties in die volgorde voor te komen in welke ze reeds in paragraaf 31 werden opgesomd. Bovendien zal op grond van het "vóórondersteld-zijn" duidelijk zijn, waarom 'k indertijd [§42] voor de aanduiding van de zus–zo-verschillen, horizontale lijntjes koos.

Opm. 2. Allereerst kan nu deze volgorde [worden] ingebracht in de schematische tekening bij paragraaf 46. Men vange daartoe bij het opsommen van de functies beneden aan, dus bij "aritmetisch". Tevens blijkt, dat de verschillen in paragraaf 46A tussen subjectseenheden opgesomd, weer zijn te geven met de verschillen in lengte bij de verticale lijnen van bovenstaand schema.

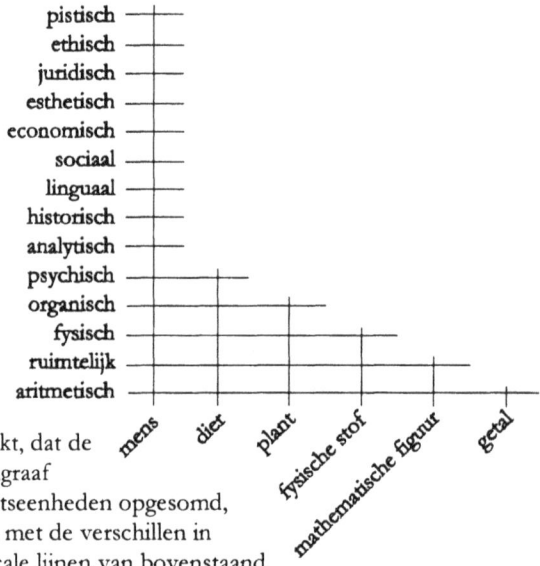

pistisch
ethisch
juridisch
esthetisch
economisch
sociaal
linguaal
historisch
analytisch
psychisch
organisch
fysisch
ruimtelijk
aritmetisch

mens — dier — plant — fysische stof — mathematische figuur — getal

56. De termen "substraat" en "superstraat".

De in een functie vóóronderstelde functies kan men gevoeglijk haar *substraat*, de in haar niet vóóronderstelde functies haar *superstraat* noemen.

Zo behoren tot het substraat van de psychische functie de aritmetische, de ruimtelijke, de fysische en de organische functie; daarentegen tot haar superstraat alle functies, behalve de vier hier genoemde en de psychische functie zelf.

Hoe meer substraat-functies een bepaalde functie bezit, hoe minder superstraat en omgekeerd.

Derhalve zijn er twee grensgevallen: de laagste functie, de aritmetische, mist ieder substraat, de hoogste daarentegen ieder superstraat. Alle andere functies bezitten zowel substraat als superstraat.

Thus, there appears to exist a natural order of subject functions in which that which is more complicated always presupposes the less complicated, but in which the lower does not presuppose the occurrence of the higher functions.

More specifically, it turns out that the subject functions occur in the order in which they were enumerated in §31. Moreover, it will be plain, based on this "being-presupposed," why I earlier (§42) chose horizontal lines for the denotation of thus–so differences.

Comment 2: In the first place, we can now incorporate this order of sequence in the diagram given in §46. To that end, one should begin with the listing of the functions from the bottom, that is, with the arithmetic. It also turns out that the differences between subject units, listed in §46A, can be represented by the differences in length in the vertical lines of the diagram above.

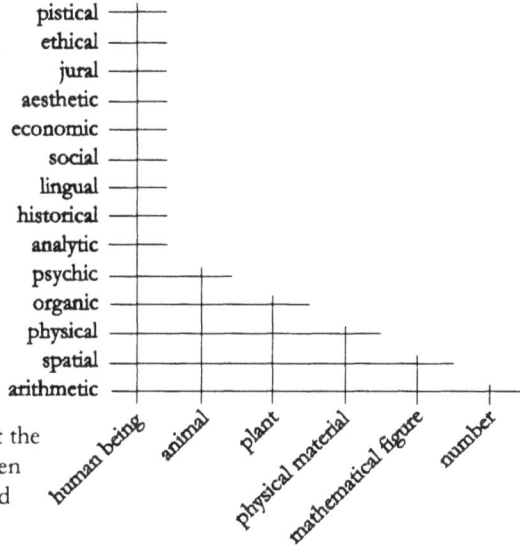

56. The terms substrate and superstrate

We may call those functions that are presupposed in a given function its *substrate* and those functions that are not presupposed its *superstrate*.

In this way, the substrate of the psychic function includes the arithmetic, spatial, physical, and organic functions. Whereas its superstrate includes all functions, except the four we have mentioned and the psychic function itself.

The more substrate functions a given function possesses, the less superstrate functions and vice versa.

For that reason, there are two limiting cases: The lowest function, the arithmetic, is without any substrate, whereas the highest is without any superstrate. All other functions possess substrate and superstrate.

57. Dichotomieën en trichotomieën van het totale aantal der subjectsfuncties.

Ga ik nu van een bepaalde functie uit, dan kan ik alle andere als "niet-zus" samenvatten. Deze negatieve uitdrukking duidt bij de aritmetische functie alleen haar superstraat, en bij de pistische slechts haar substraat aan. Bij alle andere tweedelingen van de orde der subjectsfuncties daarentegen dekt de negatieve term zowel substraat als superstraat zonder deze twee terminologisch te onderscheiden.

Daarom is het duidelijker de negatieve omschrijving te vermijden.

A. Neem ik dan eerst de laagste, respectievelijk de hoogste functie, dan zijn al de overige positief als haar superstraat, respectievelijk als haar substraat aan te duiden.

Zo krijg ik zonder negatie twee dichotomieën. Geen van beide heeft voorkeur boven de andere.

B. Neem ik daarentegen één der overige functies – dus onverschillig welke, mits slechts niet de laagste of de hoogste – en vermijd ik thans de negatie, dan kom ik tot trichotomieën. Voorbeelden van zulke trichotomieën zijn: ruimtelijk, beneden- en boven-ruimtelijk; psychisch, beneden- en boven-psychisch; enzovoort.

Is het aantal der subjectsfuncties *n*, dan zijn er dus *n* - 2 trichotomieën mogelijk. Geen van deze driedelingen verdient de voorkeur boven de andere. En meer dan een terminologische samenvatting van substraats- en superstraatsfuncties is hier nergens gegeven.

> Opm. 1. Wie dit vergeet en twee of drie functiegroepen van één ding als dingen beschouwt, moet concluderen tot het bestaan van dingen, als bijvoorbeeld de *res cogitans* ["denkend ding"] van Descartes, die wel hogere, doch niet lagere functies zouden bezitten. Doch dit is in strijd met het verband tussen de functies onderling, dat op allerlei wijze blijkt te bestaan.
>
> Opm. 2. De 2 dichotomieën en de *n* - 2 trichotomieën van het totale aantal der subjectsfuncties zijn niet met elkander in strijd, maar verdragen elkander.

58. De blijken van het onderling verband der subjectsfuncties.

Het onderling verband der subjèctsfuncties blijkt aan twee zijden, namelijk aan de súbjects- en aan de óbjectszijde.

59. De blijken van het onderling verband der subjèctsfuncties aan de súbjectszijde.

Zij bestaan in de analogie van een functie met andere functies. Deze analogie is een tweeledige: een súbjectsfunctie is namelijk

57. Dichotomies and trichotomies of the total number of subject functions

If I now take any one function as a point of departure, then I can summarize all of the others as "not-thus." This negative expression indicates in the case of the arithmetic function only its superstrate and in the case of the pistic only its substrate. However, in the case of all other twofold divisions of the order of the subject functions, the negative term covers both substrate and superstrate without distinguishing them terminologically.

For that reason, it is clearer to avoid the negative circumscription.

a. If I then first take the lowest and the highest function, then all of the remaining functions can be designated positively, as its superstrate and substrate respectively.

In this way, without negation, I come to two dichotomies. There is no preference for either above the other.

b. However, if I take any one of the other functions—just as long as it is not the highest or the lowest—and avoid the negation, then I come to trichotomies. Examples of such trichotomies are: spatial, subspatial, and supraspatial; psychic, subpsychic, and suprapsychic; and so on.

If the number of subject functions is n, then there are, therefore, $n - 2$ trichotomies possible. There is no preference for any of these threefold divisions above another. And there is nothing given here beyond a terminological summary of substrate functions and superstrate functions.

> Comment 1: If one forgets this and considers two or three groups of functions of a thing as things, then one must infer the existence of things, for example, like the *res cogitans* (thinking thing) of Descartes, that are taken to possess higher functions but not lower functions. However, this is in conflict with the mutual connection between the functions the existence of which is evident in all kinds of ways.
>
> Comment 2: The two dichotomies and the $n - 2$ trichotomies of the total number of subject functions are not in conflict with one another but are compatible.

58. The evidence for the mutual connection between subject functions

The mutual connection between subject functions is evident on two sides, namely, on the subject side and on the object side.

59. The evidence of the mutual connection between subject functions on the subject side

This consists of the analogy of one function with other functions. This analogy is a double one, for a subject function is analogical on

analoog enerzijds met haar (eventueel) substraat, anderzijds met haar (eventueel) superstraat.

60. De analogie ener súbjectsfunctie met haar substraat: retrocipatie.

De meer gecompliceerde súbjectsfunctie vóóronderstelt een (of meer) minder gecompliceerde súbjectsfunctie(s). Dat betekent niet alleen, dat laatstgenoemde(n) in de orde der subjectsfuncties aan de betrokken functie als aan (een deel van) haar substraat§ voorafgaat, respectievelijk voorafgaan, maar ook dat de meer gecompliceerde subjectsfunctie harerzijds op haar substraat teruggrijpt. Zo is bijvoorbeeld "dimensie" beslist ruimtelijk van aard. Nochtans grijpt in de steeds voor vermeerdering vatbare veelheid van dimensies de ruimte op het getal terug.

> Opm. 1. Het aantal der ruimte-dimensies is steeds voor vermeerdering vatbaar. De voorkeur van het praktische leven voor de drie-dimensionale ruimte kan eerst later worden toegelicht (zie paragraaf 65).

Dit teruggrijpen van hogere op lagere functie kan men met een doorzichtige naam *retrocipatie* noemen.

De voorbeelden van dit verband – dat in het aritmetische wegens het ontbreken van enig substraat uiteraard niet voorkomt – liggen in de kosmos voor het grijpen. Zo retrociperen al de boven-aritmetische functies op het aritmetische: al deze functies bezitten een haar inherente veelheid – veelheid van dimensies, maar ook veelheid van krachten, van organen, enzovoort. Iets dergelijks treft men ook in de boven-ruimtelijke kringen aan: zij retrociperen namelijk op het ruimtelijke; hun gebeuren beschrijft dan ook een baan, op grond waarvan het mogelijk is dit gebeuren, wat deze analogie betreft, in een curve aan te geven. Voorts retrocipeert al het boven-fysische op het fysische substraat: al deze functies dragen een dynamisch karakter – men denke slechts aan de groei in het organische, aan de emotie of gevoelsbeweging in het psychische, aan de beweeglijkheid van het denken enzovoort. Verdere voorbeelden van retrocipatie zijn: de ontwikkeling in het boven-organische; de gevoelskleur in het boven-psychische; het (niet-wetenschappelijk) denk- en ken-element in al het boven-analytische; de rol die het schema van middel en doel in het boven-historische speelt; omgangstaal, handelstaal, esthetisch gesoigneerde taal, enzovoort in het boven-linguale; de handel in het

---

§ *Noot redacteur.* Alle relevante versies van de tekst hebben hier "superstaat".

the one hand with its substrate (if any) and on the other hand with its superstrate (if any).

60. The analogy of the subject function with its substrate: Retrocipation

The more complicated subject function presupposes one or more less complicated subject function(s). This means not only that the latter precede(s) the function involved, being, in the order of the subject functions, (a part of) its substrate.§ But also that the more complicated subject function in its turn refers back to its substrate. Thus, a "dimension," for example, is definitely spatial in character. Nevertheless, space refers back, in the multiplicity of dimensions (which can always be multiplied), to number.

> Comment 1: The number of spatial dimensions can always be multiplied. Our preference in everyday life for three-dimensional space cannot be explained until later (see §65).

This reference back of a higher to a lower function can be given the perspicuous name *retrocipation*.

The examples of this connection—which does not occur in the arithmetic because it lacks a substrate—can be found everywhere in the cosmos. Thus, all of the supra-arithmetic functions retrocipate on the arithmetic: All of these functions possess a multiplicity that is inherent to them—a multiplicity of dimensions but also of forces, of organs, and so on. We discover something similar in the supraspatial spheres: They retrocipate on the spatial; their occurrence transverses a course on the basis of which it is possible to describe this occurrence, as far as this analogy is concerned, with a curve. Furthermore, all of the supraphysical retrocipates on the physical substrate: all of these functions bear a dynamic character—think of growth in the organic, emotion in the psychic, mobility in thinking, and so on. Further examples of retrocipation are: development in the supraorganic; the "feel" of things in the suprapsychic; the (nonscientific) cognitive element (of both thinking and knowing) in everything above the analytic; the role played by the scheme means–ends in the suprahistoric; the language of social intercourse, of commerce, of poetry, and such in the supralingual; commerce in the suprasocial; the thrift principle in the supraeconomic; the harmonization of interests [in the

---

§ *Editor's note:* All of the relevant versions of the text have "superstrate" here.

boven-sociale; het spaarzaamheidsprincipe in het boven-economische; de harmonisering van belangen [in het boven-esthetische; de plichtsvervulling]** in het boven-juridische; en het geloofsvertrouwen in het [boven-ethische, dus het] pistische.

Uit het voorgaande volgt, dat hoe hoger plaats een functie in de orde der functies inneemt, des te meer retrocipaties zij bezit: terwijl het ruimtelijke slechts één retrocipatie bezit, treft men in het pistische niet minder dan dertien retrocipaties aan.

> Opm. 2. Van de retrocipaties in het pistische traden in de geschiedenis vooral twee op de voorgrond: die op het analytische (het kennen) en die op het ethische (het vertrouwen). Deze twee zijn echter niet de enige retrocipaties: men denke onder andere aan het offeren, waarmee het pistische retrocipeert op het economische. Geheel foutief is het natuurlijk de twee eerstgenoemde retrocipaties als samenstellende factoren van het geloof op te vatten: het zijn slechts trekken, naast andere in alle geloof aanwezig.

Het aantal der retrocipaties is dus 1 (in de tweede functie) + 2 (in de derde functie) + ... + 13 (in de veertiende functie), dus in totaal 91.

> Opm. 3. Een retrocipatie laat zich schematisch gevoeglijk weergeven met behulp van een verticale naar beneden gerichte pijl, dus als volgt†† :
>
> Opm. 4. Daar aan een hogere functie steeds de retrocipaties op al haar substraatsfuncties inherent zijn, kan, wanneer men kort wil aanduiden, welke functies er alzo in een individuele subjectseenheid aanwezig zijn, deze benoemd worden naar haar hoogste functie. Zo is een cirkel een ruimtelijke, een rivier een fysische, een plant een organische subjectseen-heid, terwijl men voorts het totaal der functies in een mens voorlopig een pistische subjectseenheid noemen kan.

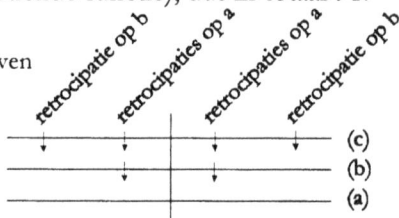

** *Noot redacteur.* De uitgebreide voorbeelden van de retrocipaties zijn vanaf 1941a. Echter, de verwijzing naar het esthetische en vervolgens de typering van de retrocipaties op het juridische ontbreken. Vollenhoven heeft dit in zijn eigen college-exemplaar niet hersteld. De invulling van de betreffende typering met "plichtsvervulling" is van de redacteur.

†† *Noot redacteur.* De pijltjes geven de analoge structuur van de functies aan en worden op de functielijn herhaald, links en rechts van de verticale lijn, die de subjéctseenheid voorstelt. Deze herhaling staat in verband met een onderscheid dat later wordt besproken, namelijk het verschil van de richting van de functies links en rechts (zie §91). Door de pijltjes aan beide kanten van de verticale lijn te tekenen wordt zichtbaar dat de analoge structuur van de functies onveranderd blijft bij verschil in richting.

supraesthetic; doing one's duty]" in the suprajuridic; and the assurance of belief [in the supraethical, i.e.,] in the pistic.

It follows from the above that the higher a function is situated in the order of functions, the more retrocipations it possesses: Whereas the spatial has only one retrocipation, we find no fewer than thirteen retrocipations in the pistic.

> Comment 2: Of the retrocipations in the pistic, two have been prominent in history: the retrocipation of the analytic (knowing) and that of the ethical (trusting). However, these two are not the only retrocipations: another example is sacrifice, in which the pistic retrocipates the economic. It is, of course, completely incorrect to conceive of the first two retrocipations as the component factors of faith: They are only traits present in all faith alongside other features.

The number of retrocipations is, therefore, one (in the second function) plus two (in the third function) + . . . thirteen (in the fourteenth function), to make a total of ninety-one.

> Comment 3: A retrocipation can be represented schematically with the help of an arrow pointing downward in the following manner.††
>
>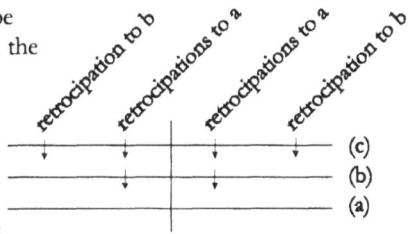
>
> Comment 4: Since the retrocipations of a higher function onto substrate functions are inherent to that function, it is possible to briefly denote which functions are present in this way in an individual subject unit in terms of its highest function. Thus, a circle is a spatial subject unit. A river is a physical one, and a plant an organic one, while the total of human functions can, for the time being, be called a pistic subject unit.

" *Editor's note:* These examples of retrocipations were added in 1941a. However, reference to the aesthetic as well as an indication of the retrocipations to the juridical were not included. Vollenhoven did not amend this in the copy he used for his lectures. "Doing one's duty" is the editor's suggestion.

†† The arrows represent the analogical structure among the functions and are repeated on the function line, to the right and to the left of the vertical line, which represents the subject unit. This repetition has to do with a distinction that will be made later—between the left and right direction of functions (see §91). Drawing them on each side of the vertical line makes clear that the analogical structure of the functions remains the same even when the direction changes.

61. De analogie ener súbjectsfunctie met haar superstraat: antecipatie.

Doch het verband tussen subjectsfuncties komt niet slechts daarin uit dat een functie teruggrijpt op haar substraat: het substraat grijpt ook vooruit op z'n superstraat.

Ieder zal, wanneer hij de reeks der positieve gehele getallen voor de eerste maal ordelijk doorloopt, uitsluitend natuurlijke getallen noemen en dus tellen: 1, 2, 3, 4, enzovoort. Doch zo noemt hij slechts "natuurlijke getallen" en ziet hij af van 't verband in welke de getallen staan tot hun superstraat. Maakt hij echter ernst met de retrocipatie van de ruimte op het getal, dan zal hij langs deze omweg ontdekken, dat zijn opsomming verre van volledig is. Want de lengte van iedere lijn laat zich op allerlei wijze in een aantal delen verdelen, ook die van de hypotenusa van een gelijkbenige rechthoekige drie-hoek. En ook bij deze verdeling gaat de regel door, dat hoe kleiner de deler van een getal is, des te groter het quotiënt. Stellen we nu de lengte der rechthoekszijden op 1, dan is de lengte der hypotenusa $\sqrt{2}$. Ook $\sqrt{2}$ is dus een getal, al is het een "irrationaal" getal: het laat zich zonder enige moeite invoegen in de rij der positieve getallen, evenals $\sqrt{3}$ enzovoort. Blijkbaar grijpt dus het aritmetische als getallenreeks in de irrationale getallen vooruit op de ruimte. Houdt men daarmede rekening, dan telt men niet meer: 1, 2, 3, 4, [...], maar: $1(=\sqrt{1})$, $\sqrt{2}$, $\sqrt{3}$, $2(=\sqrt{4})$, $\sqrt{5}$, $\sqrt{6}$, $\sqrt{7}$, $\sqrt{8}$, $3(=\sqrt{9})$, enzovoort.

Dit vooruitgrijpen van een functie op haar superstraat kan met een term, gevormd naar analogie van "retrocipatie", gevoeglijk "ante-cipatie" heten.

Antecipatie komt uiteraard slechts voor waar een superstraat aan-wezig is. Derhalve ontbreekt zij in het pistische. Maar ook elders waarborgt – anders dan bij de retrocipatie – de aanwezigheid van een bepaalde functie niet dat zij nu ook antecipeert: dit doet zij uitslui-tend in subjectseenheden in welke nog hogere functies aanwezig zijn.

Binnen dit kader treft men intussen ook bij de antecipatie een rij-ke verscheidenheid aan. Zo antecipeert het aritmetische in niet-ruimtelijke subjectseenheden niet slechts met de irrationale getallen op het ruimtelijke, maar ook met differentiaal- en integraal-getallen op het fysische; hetzelfde doet het ruimtelijke op het fysische: reeds Archimedes sprak van "zwaartelijn" en "zwaartepunt" bij mathemati-sche figuren. Bij organismen "antecipeert" het fysische op het hogere. Men denke hierbij bijvoorbeeld aan de sappen, die zowel bij planten als bij dieren en mensen voorkomen. Bij de plant anticiperen deze sappen uitsluitend op het organische, bij dier en mens daarente-

61. The analogy of a subject function with its superstrate: Anticipation

The connection between subject functions is manifest, however, not only in the fact that a function refers back to its substrate, but also in that the substrate refers forward to its superstrate.

Someone going through the series of positive whole numbers in an orderly fashion for the first time will mention only natural numbers and hence count: one, two, three, four, and so on. But in doing so, she only mentions "natural" numbers and does not take into account the connection of these numbers to their superstrate. However, if she takes the retrocipation of space to number seriously, then she will discover by way of this detour that this enumeration is far from complete. For the length of every line can be divided in all kinds of ways into a number of parts, including the length of the hypotenuse of an isosceles right-angled triangle. Also in the case of this division, the rule holds that the smaller the divisor of a number, the greater the quotient. If we now postulate the length of the equal sides of the triangle to be one, then the length of the hypotenuse is $\sqrt{2}$. This $\sqrt{2}$ is a number as well, albeit an "irrational" number: It fits into the series of positive numbers without any difficulty. The same holds for $\sqrt{3}$, and so on. Evidently, the arithmetic, as number series, therefore refers forward in the irrational numbers to space. If we take this into consideration, then we no longer count one, two, three, four, [...] but $1(=\sqrt{1})$, $\sqrt{2}$, $\sqrt{3}$, $2(=\sqrt{4})$, $\sqrt{5}$, $\sqrt{6}$, $\sqrt{7}$, $\sqrt{8}$, $3(=\sqrt{9})$, and so on.

This forward reference of a function to its superstrate may be designated with a term formed analogous to "retrocipation," namely, "anticipation."

Anticipation, of course, occurs only where there is a superstrate present. For that reason, it is lacking in the pistic. But also elsewhere, the presence of a specific function does not guarantee that it here, too, anticipates; different from retrocipations, it only does this in subject units in which still higher functions are present.

Nevertheless, within this framework, we discover also a rich diversity of anticipations. The arithmetic of nonspatial subject units, for example, not only anticipates the spatial in the irrational numbers, but also the physical in differential and integral numbers. Similarly, the spatial anticipates the physical: Already Archimedes spoke of a gravitational "line" and a "center of gravity" in mathematical figures. In the case of organisms, the physical "anticipates" the higher. An example of this would be the fluids that occur in plants as well as in animals and humans. In the case of the plant, these fluids exclusively anticipate the

gen als bloed ook op het boven-organische; ook tussen dier en mens is hier weer verschil: bij het dier antecipeert het bloed uitsluitend op het psychische, – bijvoorbeeld versnelling van de bloedsomloop bij opwinding –, bij de mens ook op het boven-psychische – men denke bijvoorbeeld aan het blozen –. In het organische treft men mutatis mutandis weer hetzelfde aan. Dieren (althans de hoger ontwikkelde) en mensen bezitten hersenen, die een organisch karakter dragen – het zijn lichaamsdelen en ze vertonen ook organische gebreken –, maar desondanks bij planten niet voorkomen. Tevens blijkt ook hier weer verschil tussen dier en mens: bij dieren anteciperen de hersenen alleen op het psychische, bij de mens daarentegen ook op het boven-psychische – men denke slechts aan de betekenis dezer organen voor denken en spreken –.

In het boven-organische subject zijn eveneens antecipaties aan te treffen, zij het uiteraard slechts in het functionele bestaan van mensen. Ook daarvan enkele voorbeelden. Het psychische antecipeert op het boven-psychische als logisch gevoel (bij optreden of ontstentenis van slagen in analytisch werk), historisch gevoel, taalgevoel, esthetisch gevoel, rechtsgevoel, enzovoort. Het analytische antecipeert in de logische beheersing op het historische, in de denk-economie op het economische en in de compatibiliteit zowel van denkacties als van denkresultaten op het esthetische. Het historische antecipeert op het linguale in de erkenning en de ontkenning van historische betekenis en op het sociale door de binding der cultuur aan de samenleving; het linguale op het economische in de taal-economie en op het esthetische in de taal-harmonie; het sociale op het economische in de overbodigheid en spaarzaamheid bij plichtplegingen; het economische op het juridische in de bedrijfsregelingen zonder juridische sancties; het juridische op het ethische in de billijkheidsoverwegingen bij een vonnis; enzovoort.

Opm. 1. De antecipatie laat zich schematisch gevoeglijk weergeven met behulp van een verticale naar boven gerichte pijl, dus als volgt:

Opm. 2. De *hoogste* functie ener subjectseenheid vervult in verband met de antecipaties tevens de rol van *leidende* functie.

Opm. 3. De leer der antecipaties is vooralsnog minder scherp uitgewerkt dan die der retrocipaties. Dit ligt ten dele aan de stand van zaken in de vakwetenschappen: de aritmetiek bijvoorbeeld kwam hier nog niet

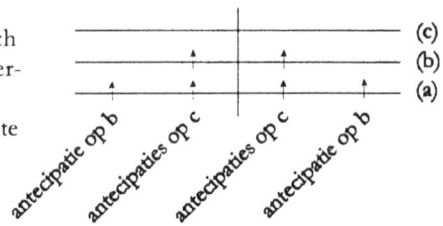

organic, but as blood in animals and humans, they also anticipate the supraorganic. There is a further difference here between animals and humans: In the case of an animal, the blood exclusively anticipates the psychic, for example, in the acceleration of circulation when excited. But in the case of a human being, it also anticipates the suprapsychic, for example, in blushing. We find the same to be the case mutatis mutandis in the organic. Animals—at least the more highly developed ones— and humans possess a brain, which is organic in character. It is a part of the body and also displays organic defects, but it does not occur in plants. At the same time, there is once again a difference to be observed between animals and humans. In animals, the brain anticipates the psychic only; in humans, on the other hand, it also anticipates the suprapsychic—we need only think of the significance of this organ for thinking and speaking.

In the supraorganic subject, there are anticipations to be observed as well, albeit only in the functional existence of human beings. Some examples of this are the following: The psychic anticipates the suprapsychic as logical feeling (in the case of success or lack of it in analytic work), historic feeling, lingual feeling, aesthetic feeling, juridic feeling, and so on. The analytic anticipates in logical mastery, the historic; in the economy of thought, the economic; and in the compatibility of both actions and results of thought, the aesthetic. The historic anticipates the lingual in the recognition or denial of historic significance and anticipates the social in that culture is bound to society; the lingual anticipates the economic in economy of language and the aesthetic in harmony of language; the social anticipates the economic as effusiveness and reserve in the social graces. The economic anticipates the juridic in industrial regulations without juridic sanctions. The juridic anticipates the ethical in the consideration of extenuating circumstances in the making of a verdict.

Comment 1: Anticipations can be pictured schematically with the help of a vertical arrow pointing upward in the following manner:

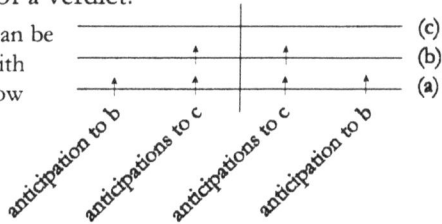

Comment 2: In connection with the anticipations, the *highest* function of a subject unit also fills the role of *leading* function.

Comment 3: The doctrine of anticipations has to date not been worked out with the same degree of clarity as that of retrocations. This has to do in part with the state of affairs in the special sciences; arithmetic,

verder dan de ontdekking van de antecipatie van het aritmetische op
het fysische.

62. Het samen voorkomen van retro- en antecipatie.

Terwijl de hoogste subjectsfunctie van een subjectseenheid alleen
retrocipaties en de laagste niet anders dan antecipaties bezit, komen
in al de overige subjectsfuncties beide voor: zij retrociperen op haar
substraat en anteciperen tegelijk op een eventueel aanwezig superstraat.

Een en ander schijnt niet meer dan een herhalende samenvatting
van wat we reeds boven vonden. Toch is dit niet meer dan schijn.
Want ook hier is weer een iets dieper inzicht in de eenheid der subjectseenheden te winnen. En wel met betrekking tot de retrocipatie.
Deze immers grijpt overal op het substraat terug. Maar in de leer der
antecipaties bleek dat het substraat bij de subjectseenheden met
verschillende leidende functies niet gelijk is. Daaruit volgt, dat ook de
retrocipaties op verschillend substraat onderling verschillen.

Een voorbeeld moge ook hier het geponeerde toelichten. Zowel
bij mens als bij dier retrocipeert het psychische op het organische,
terwijl dit laatste zijnerzijds bij beiden antecipeert op het boven-
organische. Wijl echter de betrokken antecipatie bij mens en dier –
hersenen en zintuigen – allesbehalve gelijk is, retrocipeert het psychische bij deze twee op een ongelijk substraat en is ook deze
retrocipatie bij mens en dier niet gelijk. De mens lijdt psychisch dan
ook anders dan het dier, niet slechts omdat bijvoorbeeld ook z'n
rechtsgevoel, dat bij het dier ontbreekt, gekrenkt wordt, maar mede
doordat de primaire pijn bij een hersenontsteking verschilt, wijl ook
die ontsteking bij mens en dier wel punten van overeenstemming
vertoont, maar niet gelijk is.

Hetzelfde is uiteraard ook bij de retrocipaties op de andere beneden-analytische functies, alsook bij de retrocipaties van deze op haar
substraat, het geval.

Opm. In het schema der subjectseenheden dient thans te worden ingedra-
gen de aanduiding van de retro- en antecipaties. Combinatie van de
vroeger gebruikte schema's helpt ons aan de volgende:
a. bij aanwezigheid van niet meer dan twee functies:

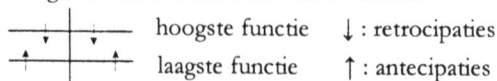

hoogste functie $\downarrow$: retrocipaties

laagste functie $\uparrow$: antecipaties

for example, has not advanced beyond the discovery of the anticipation of the arithmetic to the physical.

62. The combined occurrence of retrocipation and anticipation

Whereas the highest subject function of a subject unit possesses only retrocipations and the lowest possesses nothing but anticipations, both occur in all of the other subject functions. They retrocipate their substrate and at the same time anticipate a superstrate (if present).

These remarks would seem to be nothing but a repetitive summary of our earlier findings, yet this is only an appearance. The fact is that here again, it is possible to obtain a deeper insight into the unity of subject units, more specifically with reference to retrocipations. After all, these everywhere refer back to the substrate. But in the doctrine of anticipations, it became evident that the substrate in the case of subject units with different leading functions is not the same. A corollary of this is that retrocipations to different substrates are also mutually different.

Once again, an illustration may illuminate our point. Both in the case of humans and animals, the psychic retrocipates the organic, whereas the latter in turn anticipates in both cases the supraorganic. However, because the anticipation in question—brains and senses—is anything but the same, the psychic in each case does not retrocipate a similar substrate, and, hence, this retrocipation is also not the same in humans and animals. Humans also suffer psychically in a different way than animals. Not only, for example, because humans' feeling for justice (which is lacking in animals) has been offended but partially also because the primary pain of a case of encephalitis (inflammation of the brain) differs because that inflammation, too, though it evidences points of agreement, is not the same in humans and animals.

The same is, of course, true for the retrocipations of the other sub-analytic functions and also for the retrocipations of these to their substrate.

> Comment 1: We must now introduce the indication of retrocipations and anticipations in our diagram of subject units. If we combine our earlier diagrams, we come up with the following:
>
> a. when no more than two functions are present:

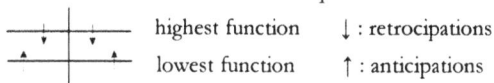

highest function   ↓ : retrocipations
lowest function   ↑ : anticipations

b. bij aanwezigheid van drie functies:

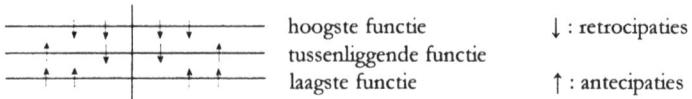

hoogste functie $\downarrow$: retrocipaties
tussenliggende functie
laagste functie $\uparrow$: antecipaties

c. bij aanwezigheid van meer dan drie functies:

$x^4 \quad x^3 \qquad x^2 \quad x^1 \qquad x^1 \quad x^2 \qquad x^3 \quad x^4$

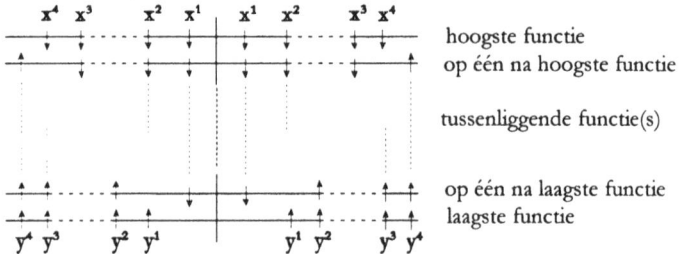

hoogste functie
op één na hoogste functie

tussenliggende functie(s)

op één na laagste functie
laagste functie

$y^4 \ y^3 \qquad y^2 \ y^1 \qquad\qquad y^1 \ y^2 \qquad y^3 \ y^4$

x^1 : retrocipaties op de laagste functie
x^2 : retrocipaties op de op één na laagste functie
x^3 : retrocipaties op de op twee na hoogste functie
x^4 : retrocipatie op de op één na hoogste functie
y^1 : antecipatie op de op één na laagste functie
y^2 : antecipaties op de op twee na laagste functie
y^3 : antecipaties op de op één na hoogste functie
y^4 : antecipaties op de hoogste functie

63. De modaliteit der subjectsfunctie in verband met retro- en antecipaties.

Het karakter van de subjectsfunctie blijft zichzelf gelijk ook in re-
tro- en antecipatie. De lengte blijft ruimtelijk, dus is slechts
onderworpen aan de wet voor het ruimtelijke; het gebaar blijft organisch, dat wil zeggen is alleen onderworpen aan de wet voor 't
organische; de blijdschap des geloofs is niet pistisch, doch psychisch;
en een vereniging die tot doel heeft de economische welstand harer
leden te bevorderen – patroons- en arbeidersorganisaties – is niet zelf
een bedrijf: haar voorzitter is ten opzichte van haar andere leden niet
patroon.

Opm. De analogieën zijn dus aan de subjectsfunctie inherent. Verwaar-
loost men deze grondgedachte, dan vervalt men in een gevaarlijk
dilemma. Want dan geldt één van beide: òf de retro- en antecipaties
worden tussen-functies tussen de betrokken functie en de beide aangrenzende, òf de betrokken functie wordt een verzameling van drie
sub-functies.

In het eerste geval belandt men bij een *regressus ad infinitum* ["terug-
gang tot in het oneindige"]: de tot oneigenlijke functie verheven
analogieën vergen weer eigen retro- en antecipaties, die opnieuw tot
tussen-functies worden, thans tussen de oorspronkelijke analogieën en
de oorspronkelijke functie, enzovoort.

b. when three functions are present:

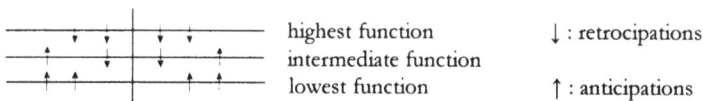

highest function	$\downarrow$: retrocipations
intermediate function	
lowest function	$\uparrow$: anticipations

c. when more than three functions are present:

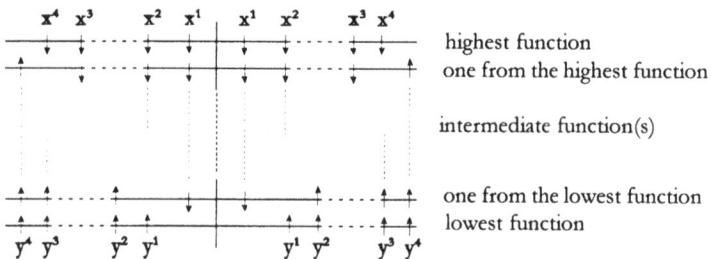

highest function

one from the highest function

intermediate function(s)

one from the lowest function

lowest function

x^1 : retrocipations to the lowest function
x^2 : retrocipations to the one from the lowest function
x^3 : retrocipations to the second from highest function
x^4 : retrocipation to the one from highest function
y^1 : anticipation to the one from the lowest function
y^2 : anticipations to the second from the lowest function
y^3 : anticipations to the one from the highest function
y^4 : anticipations to the highest function

63. The modality of the subject function—in connection with retrocipations and anticipations

The character of the subject function remains the same also in retrocipation and anticipation. Length remains spatial, that is, it is only subjected to the law for that which is spatial; a gesture remains organic, that is to say, it is only subjected to the law for that which is organic. The joy of faith is not pistic but psychic. And an association that has the advancement of its members' economic well-being as its goal (for example, labor organizations and management associations) is not itself a business enterprise: its president is not related to the other members as employer to employees.

Comment: The analogies, then, are inherent to the subject function. If this basic thought is neglected, we fall into a dangerous dilemma, for then one of the following proves to be the case: either the retrocipations and anticipations become intermediate functions between the function in question and the two adjacent ones or the function in question becomes a collection of three subfunctions.

In the first case, we end up with a *regressus ad infinitum:* the analogies that have been promoted to pseudofunctions in their turn require retrocipations and anticipations that again become intermediate functions between the original analogies and the original function, and so on.

In het tweede geval komt men bij een laagjes-theorie uit, die de weg vrij maakt naar de willekeurige samenvoeging van verschillende functies tot één groep, gelijk bijvoorbeeld geschiedt wanneer men voelen, denken en willen onder het hoofdje "psychisch" samenvat.

64. Een vollere betekenis van de term "subjectseenheid".

Niet ieder individueel "dit" is een subjectseenheid. Met laatstgenoemde naam wordt slechts aangeduid een individueel dit in 't bezit van twee of meer subjectsfuncties. Aan de andere zijde lag tot nog toe ook niets meer in deze term opgesloten.

In de vorige paragrafen was echter sprake van een verband tussen de verschillende subjectsfuncties der subjectseenheid. Nu we op deze wijze weer iets meer van 't concrete hebben gezien, blijkt opnieuw, dat wat vroeger een eindpunt scheen, niet meer dan een rustpunt was. Nu we, na 't verlaten van dit rustpunt, verder kwamen, en, terugblikkend, méér overzien, kunnen we het oude met het nieuwe samenvatten. Daar er geen enkele subjectseenheid bestaat zonder zulk een verband tussen haar functies is er geen reden hier een nieuwe term in te voeren. Zolang ik deze term nog nodig heb versta 'k daaronder thans: een individueel dit met twee of meer onderling in verticaal verband staande functies.

65. De blijken van het onderling verband der subjectsfuncties aan de objectszijde: de herhaling van het substraat in het superstraat.

Niet zelden treft men tegenwoordig de opvatting aan, dat het verschil van súbject en object niet meer zou zijn dan een onderscheiding, dus vrucht van menselijk denken, of indien men dit niet juist acht, dan toch, dat dit verschil pas in het analytische voorkomt. Deze mening strookt intussen niet met de structuur van de kosmos.

Wordt het bestaan van objecten echter erkend, dan dient het, om overschatting daarvan te voorkomen, bezien te worden in z'n verband met de kosmos als geheel.

Doen we dit, dan blijkt het object niet een relatie van subjecten, maar de herhaling van het substraat in het superstraat.

Het eenvoudigste voorbeeld daarvan vindt men in de wetskring der ruimte. Daar loopt een rechte, zolang ze niet gesneden wordt door een andere rechte, eindeloos door in één richting of dimensie. In de veelheid der dimensies retrocipeert de ruimte op de aritmetische wetskring. Doch nu brengt deze veelheid van dimensies mee,

In the second case, we end up with a strata-theory that opens the way to an arbitrary grouping of different functions. This happens, for example, when feeling, thinking, and willing are brought together under the heading "psychic."

64. A more complete sense of the term subject unit

Not every individual "this" is a subject unit. The latter name is only used to denote an individual this that possesses two or more subject functions. On the other hand, nothing further has been included in this term up to this point.

In the previous sections, however, there was talk of a connection between the different subject functions of a subject unit. Now that we have again seen something more of the fully concrete, it is evident that what seemed to be a terminal point before was no more than a resting spot. Having come further since leaving this point and looking back, seeing more, we can summarize the old with the new. Since no subject unit exists without such a connection between its functions, there is no reason to introduce a new term at this point. As long as I still need this term, I understand by it: an individual this with two or more functions that stand in vertical, mutual connection.

65. Evidence of the mutual connection of subject functions on the object side: The repetition of the substrate in the superstrate

Nowadays, the common opinion is that the difference between subject and object is nothing more than a distinction, that is, the product of human thinking. Or else, if this is not considered to be correct, then in any case, this difference occurs for the first time in that which is analytic. However, this opinion is not consonant with the structure of the cosmos.

If the existence of objects is recognized, however, then it must be seen in its connection with the cosmos as a whole so as to prevent an exaggeration of its importance.

If we do this, it turns out that the object is not a relation of subjects, but the repetition of the substrate in the superstrate.

The simplest example of this can be found in the spatial law-sphere. A straight line, as long as it is not intersected by another straight line, is extended endlessly in a single direction or dimension. In the multiplicity of its dimensions, space retrocipates the arithmetic law-sphere. However, this multiplicity of dimensions has the implica-

dat zodra een rechte door een anders gerichte [rechte] wordt gesneden een punt ontstaat dat ze gemeenschappelijk hebben.

Hier treffen we iets aan wat we tot nu toe nog slechts terloops bespraken. Punten zijn namelijk wel ruimtelijk, maar anders dan lijnen: ze zijn discontinu.

Bezien we een en ander nader.

De discontinuïteit der punten herinnert ons aan die der getallen. Daarom zou men allicht hier van retrocipatie willen spreken. Maar dat wordt ons juist weer door de discontinuïteit der punten verboden, daar immers het karakter der subjectsfuncties ook in de retrocipatie zichzelf gelijk blijft, en het ruimtelijk subject steeds, dus ook in z'n retrocipatie, continuïteit vertoont. We stuiten hier dus op iets dat spreekt van een verband met het aritmetische, en niet samenvalt met de retrocipatie.

Toch is het ook niet los van de retrocipatie: zonder de veelheid van dimensies geen punten.

Geven we ons rekenschap van het gevondene, dan kan [worden] gezegd, dat de discontinuïteit van het getal hier wordt herhaald in de ruimte en dat deze herhaling wortelt in het retrociperen der ruimte op het aritmetische.

Het behandelde geval is slechts één uit vele.

Dit blijkt reeds bij het aritmetische. Want deze functie herhaalt zich niet slechts in het ruimtelijke, maar ook in al haar overige superstraatsfuncties. Als voorbeeld diene hier het moment als de herhaling van het aritmetische in het fysische.

Maar ook andere functies dan de aritmetische bezitten zulke objectsfuncties in haar superstraatskringen. Zo herhaalt zich de ruimte in het fysische als fysische ruimte of afstand. Andere voorbeelden van een herhaling der ruimte zijn de levensruimte, de waarnemingsruimte, de analytische en de voorstellingsruimte, dat wil zeggen de ruimte in organische, psychische, analytische en technische zin.

> Opm. 1. De technische ruimte is de euclidische ruimte. Zo zal duidelijk zijn, waarom de ruimte in zichzelf niet euclidisch is. Maar tevens, waarom iedere poging het bestaan der niet-euclidische ruimte met behulp der voorstelling te benaderen tot mislukking gedoemd is.

Ook het boven-ruimtelijke herhaalt zich in z'n superstraat. Zo de fysische beweging in het organische als prikkel, in het psychische als zintuiglijk waarneembaar (ruwheid, kleur, geluid, smaak, reuk), in het analytische als kenbaar, in het technische als vormbaar, in het linguale als benoembaar, enz.

tion that as soon as a straight line is intersected by another one drawn in another direction a point arises that they have in common.

We are here met with something that up until now we have only touched on in passing. For points do have spatial character, but unlike lines, they are discontinuous.

Let us take a closer look at these matters.

The discontinuity of points reminds us of that of numbers. We might, therefore, be inclined to speak here of a retrocipation. But this is precisely what is forbidden us by the discontinuity of points, since the character of the subject functions remains the same also in retrocipation, and the spatial subject, also in its retrocipation, always shows continuity. We therefore come upon something here that has to do with a connection with the arithmetic and yet does not coincide with the retrocipation.

Nevertheless, it is not isolated from retrocipation either: Without the multiplicity of dimensions, there are no points.

If we are to give account of what we have found, then we can say that the discontinuity of number is here repeated within space and that this repetition is rooted in the fact that space retrocipates the arithmetic.

The case that we have just dealt with is only one of many. This is already apparent in the case of the arithmetic function. For this function is repeated not only in the spatial but also in all of its remaining superstrate functions. As an example, we might adduce here the moment as the repetition of the arithmetic in the physical.

But the arithmetic function is not the only one with such object functions in their superstrate spheres. For example, space is repeated in the physical as physical space or distance. Other examples of a repetition of space are life space, perceptual space, analytic and representation space—in other words, space in an organic, psychic, analytic, and technical sense.

> Comment 1: Technical space is Euclidean space. In this way, it will be clear why space in itself is not Euclidean. Similarly, it becomes clear why every attempt to approach the existence of non-Euclidean space with the aid of representations is doomed to failure.

The supraspatial is also repeated in its superstrate. For example, physical movement is repeated in the organic as stimulus, in the psychic as sensibly perceptible (roughness, color, sound, taste, smell), in the analytic as the knowable, in the technical as formable, in the lingual as nameable, and so on.

Hetzelfde geldt voor de leidende functie in planten en dieren. Zo heeft een organisme, dat in geen der boven-organische kringen subjectsfuncties bezit, in al deze kringen een objectsfunctie. Een bloem bijvoorbeeld heeft geen gevoel, toch is zij psychisch waarneembaar; zij denkt niet, maar is analyseerbaar; zij is niet technisch bezig, maar blijkt op een kwekerij vormbaar; voorts is zij linguaal benoembaar, sociaal bruikbaar (bijvoorbeeld ter accentuering van gracht of dijk) en bezit zij, hoewel zelf economisch niet bezig – de leliën des velds arbeiden en spinnen niet [zie Matteüs 6:28] –, toch een economische waarde; ook is zij esthetisch schoon of lelijk, juridisch eigendom en *corpus delicti* ["bewijs ingebracht in een rechtzaak"], ethisch symbool van trouw in vriendschap en huwelijk – "zeg het met bloemen" – en pistisch object van geloof of ongeloof.

> Opm. 2. Op deze wijze valt ook licht op de sacramenten: zij zijn, wat hun leidende functie betreft, slechts water òf brood en wijn, dus fysische of organische subjectseenheden (en niet het lichaam des Heren, zoals Luther, onder de invloed der onjuiste theorie, volgens welke ieder oordeel een identiteitsoordeel zou zijn, meende), maar lenen zich als pistisch object er toe iets te betekenen en te verzegelen.

Samenvattend: iedere subjectsfunctie bezit in iedere superstraatskring een objectsfunctie.

> Opm. 3. De objecten laten zich – evenals in het sùbject de retrocipaties – modaal groeperen, dus als ruimtelijke objecten, fysische objecten, enzovoort. Binnen iedere modale groep maakt het dan nog weer verschil welke substraatsfunctie zich in een bepaald geval herhaalt. Het aantal klassen binnen de verschillende groepen is dus niet gelijk: de ruimtelijke wetskring bezit slechts één klasse objecten – namelijk punten –, de fysische reeds twee, de organische drie, enzovoort. Het grootste aantal klassen van objectsfuncties – namelijk 13 – bezit de pistische wetskring. Het totale aantal dezer klassen bedraagt dus 91, is dus even groot als dat der retrocipaties.

> Opm. 4. De objecten spelen niet slechts in de kosmos en in het praktische leven een belangrijke rol, maar ook in de geschiedenis van wijsbegeerte en vakwetenschap: men denke slechts aan de strijd over de "secundaire" kwaliteiten tussen subjectivisme en objectivisme.

Gaat men niet van de subjectsfuncties, maar van de subjectseenheden uit, dan kan men zeggen: alle subjectseenheden, ook die welke niet alle in de kosmos voorkomende subjectsfuncties bezitten, hebben in alle kringen functies.

The same holds for the leading function in plants and animals. In this way, an organism that possesses subject functions in none of the supraorganic spheres does possess an object function in all these spheres. A flower, for example, has no feeling, yet it is psychically perceptible. It does not think, but it is analyzable. It is not technically busy, but in a nursery does prove to be formable. Moreover, it can be given a name lingually. It has social usefulness, such as highlighting a canal or dike, and although it is not itself economically busy (lilies of the field do not toil, neither do they spin [Matthew 6:28]), it does have an economic value. It is also aesthetically beautiful or ugly; it can be legal property or *corpus delicti* (evidence presented in a court of law). It is an ethical symbol of troth in friendship and marriage ("Say it with flowers!"), and it is a pistic object of belief and unbelief.

> Comment 2: This also casts some light on the sacraments: As far as their leading function is concerned, they are nothing but water or wine and bread. In other words, they are physical and organic subject units (and not the body of the Lord as Luther believed, influenced as he was by the incorrect theory according to which every statement is a statement of identity). But they lend themselves as pistic object to be the sign and seal of something.

In summary, every subject function possesses an object function in every superstrate sphere.

> Comment 3: Objects can be modally classified, just as retrocipations can be within the subject—that is, they can be grouped as spatial objects, physical objects, and so on. Within every modal group, it again makes a difference as to which substrate function is repeated in a given case. The number of classes within the different groups is, therefore, not equal: The spatial law-sphere has only one class of objects, namely points. The physical already possesses two, the organic three, and so forth. The pistic law-sphere has the greatest number of classes of object functions, namely thirteen. The total number of these classes, therefore, amounts to ninety-one and is, therefore, as great as that of the retrocipations.
>
> Comment 4: Objects do not only play an important role in the cosmos and in our practical lives but also in the history of philosophy and the special sciences—we need only think of the debate about "secondary" qualities between subjectivism and objectivism.

If we do proceed not from the subject functions but from the subject units, then it is correct to say that all subject units, including those that do not possess all the subject functions that occur in the cosmos, have functions in all spheres.

Omgekeerd komen in een wetskring steeds alle subjèctseenheden voor, zo niet als súbject dan toch als object. Dit noemt men ook wel de universaliteit van de wetskring.

> Opm. 5. Onder de objecten ressorteert ook een deel van de zogenaamde "secundaire kwaliteiten".

66. De verhouding der subjectsfuncties tot de objectsfuncties.

Zo leerden we, afgezien van de modale verschillen, tweeërlei subjèct-zijn onderscheiden, namelijk dat van súbjects- en objectsfuncties. Bezien we nu de verhouding van deze twee.

A. Positief viel van deze verhouding reeds te zeggen dat het lagere z'n aanwezigheid als object in de hogere wetskring dankt aan het retrociperen der hogere functie op haar substraat.

B. Negatief kan omtrent de verhouding van súbject en object worden gezegd, dat het niet mogelijk is subjectsfuncties uit objectsfuncties of omgekeerd objectsfuncties uit subjectsfuncties af te leiden: de weelde van de kosmos ook ten deze erkennend, heeft men beide als naast elkander bestaande te erkennen.

1. Het is niet mogelijk subjectsfuncties uit objectsfuncties af te leiden. Zo valt de (continue) lijn niet op te bouwen uit haar (discontinue) punten. Pogingen dit toch te doen berusten steeds op een miskennen van het verschil tussen subjects- en objectsfunctie, daaruit blijkend, dat men laatstgenoemde eerst als een subjectsfunctie beschouwt, en dan gemakkelijk spel heeft met de afleiding.

> Opm. 1. Aan deze fout maakt zich bijvoorbeeld schuldig wie een lijn wil opbouwen uit haar punten en daartoe punten eerst beschouwt als ruimtelijke súbjecten, dus ze opvat als lijntjes. Men bemantelt deze fout niet zelden door te zeggen, dat punten lijntjes zijn, kleiner dan iedere te stellen maat en men dus in de opbouw van de grotere lijn eerst kan slagen wanneer men beschikt over een eindeloos vermeerderend aantal van zulke eindeloos te verkleinen lijntjes. Doch één van beide: òf deze "lijntjes" zijn echte lijntjes, dan zijn ze echter (i) continu en (ii) eindig (dat wil zeggen door twee lijnen van een andere richting doorsneden), zodat voor de opbouw van de grote eindige lijn niet meer dan een eindig aantal van deze eindige kleine lijntjes nodig zijn; òf deze "lijntjes" zijn niet lijnen, maar punten, en dan helpt ook eindeloze vermeerdering daarvan ons niet aan de gezochte continuïteit.

2. Anderzijds is het evenzeer uitgesloten objectsfuncties uit subjectsfuncties af te leiden. Dat vergeet de theorie der "zelfobjectivatie" die meent de "secundaire kwaliteiten" uit de zelfverbrokkeling van een wereld-súbject te kunnen verklaren.

Conversely, in any given law-sphere, every subject unit occurs, if not as subject, then as object. This is sometimes also called the universality of the law-sphere.

> Comment 5: It is under objects that we must classify a good number of the so-called "secondary qualities."

66. The relationship of subject functions to object functions

We have, therefore, learned to distinguish, apart from modal differences, two kinds of being-subject, namely, subject functions and object functions. Let us now look at the relationship of these two.

a. Concerning this relationship, it was already possible for us to say positively that what is lower owes its presence as object in the higher law-sphere to the fact that the higher function retrocipates its substrate.

b. Concerning the relationship of subject and object, we can say negatively that it is not possible to derive subject functions from object functions or vice versa, to derive object functions from subject functions: acknowledging also in this regard the wealth of the cosmos, we are bound to acknowledge each of them as existing next to each other.

(1) It is not possible to derive subject functions from object functions. Thus, a (continuous) line cannot be built up out of its (discontinuous) points. Attempts to do this anyway always rest on a failure to recognize the difference between subject functions and object functions. This is evident in that the latter are first viewed as a subject function, whereby their derivation is then an easy matter.

> Comment 1: This is the mistake made, for example, by someone who wants to construct a line out of its points and to this end begins by conceiving of points as spatial subjects, that is, looks upon them as very small lines. This mistake is often masked by saying that points are lines, smaller than any measure that can be laid next to them, and that it is, therefore, possible to build up the larger line only if one has an infinitely increasing number of such infinitely diminishing lines at his or her disposal. But one must choose between one of two alternatives: Either these "little lines" really are lines, in which case they are first of all continuous and secondly finite (that is, intersected by two lines of another direction), so that no more than a finite number of these finite little lines are necessary for the construction of a large finite line. Or else these "little lines" are not lines at all but points, and, in that case, even the infinite increase of them will not provide us with the continuity we are looking for.

(2) On the other hand, the derivation of object functions from subject functions is excluded as well. The theory of self-objectification forgets this, believing that the secondary qualities can be explained from the self-disintegration of a world subject.

Opm. 2. Indirect maakt zich aan dezelfde fout schuldig wie wel speculaties over het ontstaan van objecten terzijde laat, maar het object bij het súbject onderbrengt. Dat doet bijvoorbeeld wie de secundaire kwaliteiten der fysische dingen als een samenhang van verschillende subjecten beschouwt of ook wel deze kwaliteiten, wijl nu eenmaal niet fysisch, tot het intra-mentale rekent.

Opm. 3. Het "naast elkander" van de tekst houdt niet in, dat súbject en object steeds tot verschillende subjectseenheden zouden behoren: naast súbject–object-relaties bij welke dit inderdaad het geval is – bijvoorbeeld bij het kweken van planten en dieren door mensen – komen ook súbject–object-relaties voor bij welke súbject en object tot dezelfde subjectseenheid behoren; zo bijvoorbeeld lijnen en punten van dezelfde figuren, het cultiveren van "de slanke lijn" door de betrokkene zelf, enzovoort.

Opm. 4. Trachten we thans ook de objectsfuncties schematisch voor te stellen. We gaan daartoe uit van het schema der subjectseenheden bij paragraaf 55, en geven daarin wat op de objecten betrekking heeft met stippellijnen aan. De horizontale stippellijnen rubriceren de objectsfuncties# modaal, de verticale doen dit naar het bijbehorend substraat. Daardoor zijn de klassen der objecten schematisch door de krijspuntenvan horizontale en verticale [stippel]lijnen aangeduid.

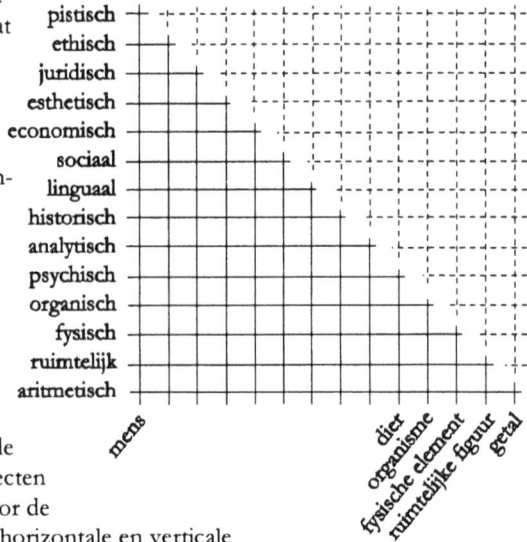

	mens	dier	organisme	fysische element	ruimtelijke figuur	getal
pistisch						
ethisch						
juridisch						
esthetisch						
economisch						
sociaal						
linguaal						
historisch						
analytisch						
psychisch						
organisch						
fysisch						
ruimtelijk						
aritmetisch						

Noot redacteur. Het dictaat heeft hier "subjectsfuncties". Verder, in het schema, geven de gesloten verticale lijnen de diverse súbjectsfuncties met hun substraten aan. Alleen in combinatie met de subjèctseenheden (van mens, dier, organisme, enz.) zijn deze functies tevens súbjectsfuncties.

Comment 2: One who avoids speculations about the origin of objects but classifies the object under the subject makes the same mistake indirectly. That is done, for example, by someone who considers the secondary qualities of physical things as an interrelation of different subjects or else takes these qualities, being nonphysical, to be intramental.

Comment 3: The expression *next to each other* in our text does not imply that subject and object always belong to different subject units. Besides subject–object relations where this is indeed the case (for example, in the case of the human cultivation of plants and animals), there are also subject–object relations in which subject and object belong to the same subject unit, as is the case, for example, with lines and points of the same figure or with someone's cultivating "a slim figure," and so on.

Comment 4: Let us attempt to also picture the object functions in a schematic diagram. Proceeding from the diagram of subject units found in §55, we can use dotted lines to indicate what has reference to objects in it. The horizontal dotted lines group the object functions# modally. The vertical ones do this in accordance with the substrate to which they belong. In this way, the intersecting points of the horizontal and vertical dotted lines indicate the classes of objects schematically.

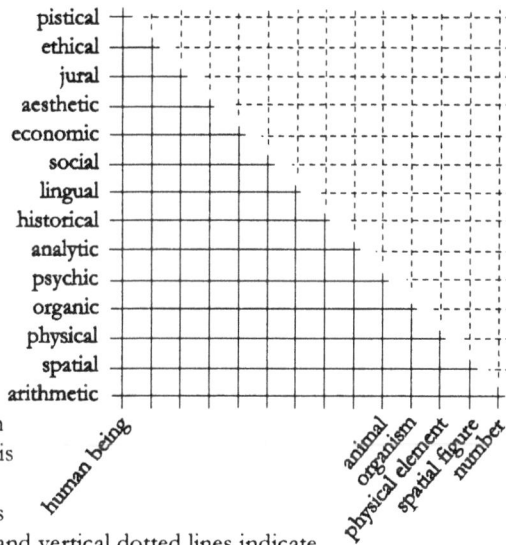

C. HET GECOMBINEERD VOORKOMEN DER BEIDE VERBANDEN.

67. Gedachtegang.

Wat van 't gecombineerd voorkomen der beide bepaaldheden bleek te gelden (zie paragraaf 41 [en volgende]), gaat ook op ten aanzien van de twee in beide vorige hoofdstukken besproken verbanden. Derhalve dient ook hier eerst de onderlinge onherleidbaarheid te worden besproken; daarna komt dan het gecombineerd voorkomen van verticale en horizontale verbanden aan de orde.

68. De onderlinge onherleidbaarheid der beide verbanden.

A. Evenmin als de modale verscheidenheid valt te herleiden tot individuele [verscheidenheid], evenmin kan het verband tussen modaal verschillende functies [worden] herleid tot het verband tussen individueel verschillende dit's. Met andere woorden: retro- en antecipatie en herhaling van 't substraat in 't superstraat zijn niet te herleiden tot samenhang.

B. Ook het omgekeerde is waar. Want een verband tussen individuele dit's, een samenhang dus, is een verband tussen twee subjecten in *dezelfde* wetskring, de verticale verbanden daarentegen zijn verbanden tussen functies in *verschillende* wetskringen. Met andere woorden: samenhang is niet te herleiden tot verticaal verband.

C. De verticale verbanden (retrocipatie, antecipatie en herhaling van het substraat) enerzijds en het horizontale verband (samenhang) aan de andere kant zijn dus wederzijds onherleidbaar.

> Opm. Vandaar dat het niet geoorloofd is ter aanduiding van horizontale en verticale verbanden éénzelfde term te gebruiken. Dat geschiedt in de gangbare wijsbegeerte intussen nog maar al te vaak. Zo bijvoorbeeld bij de term *causa* ["oorzaak", "reden"], die niet zelden tegelijk moet aanduiden een bepaalde samenhang in de boven-ruimtelijke kringen en de verbanden tussen de verschillende functies bij één subjectseenheid. In ieder geval dient men hier te kiezen; waarbij men natuurlijk heeft te bedenken, dat met het wegvallen van een verkeerde term voor één der beide onderling onherleidbare verbanden ondertussen dit verband wel degelijk blijft bestaan. Hoe men in zulke gevallen zijn keus bepaalt is een kwestie die uit het oogpunt van duidelijkheid der wijsgerige terminologie secundair is. "Secundair" is echter niet "willekeurig". Zo verdient het bijvoorbeeld, gezien het spraakgebruik der vakwetenschappen, aanbeveling de term *causa* te reserveren voor bepaalde (nog te bespreken, zie paragraaf 78A Opm.) boven-ruimtelijke samenhangen.

C. THE COMBINED OCCURRENCE OF BOTH CONNECTIONS

67. The line of thought

What turned out to be true of the combined occurrence of both determinants (see §41) also holds with respect to the two connections discussed in both preceding sections. For that reason, here, too, their mutual irreducibility is discussed first; thereafter, we discuss the combined occurrence of vertical and horizontal connections.

68. The mutual irreducibility of both connections

a. Just as the modal diversity cannot be reduced to individual diversity, so the connection between modally different functions cannot be reduced to the connection between individually differing thises. In other words, retrocipations, anticipations, and the repetition of the substrate in the superstrate cannot be reduced to interrelation.

b. The converse is also true. A connection between individual thises, that is, an interrelation, is a connection between two subjects in the same law-sphere; vertical connections, on the other hand, are connections between functions in different law-spheres. In other words, interrelation is not to be reduced to vertical connection.

c. The vertical connections (retrocipation, anticipation, and repetition of the substrate) on the one hand and the horizontal connection (interrelation) on the other are, therefore, irreducible one to the other.

> Comment: For this reason, it is illegitimate to use the same term to denote both horizontal and vertical connections. This happens very often in current philosophy. For example, the term *cause* is often used to denote at the same time a particular interrelation in the supraspatial spheres and the connections between the different functions in a single subject unit. Whatever the case may be, a choice will have to be made—keeping in mind, of course, that in scrapping an incorrect term for one of the two mutually irreducible connections, this connection most definitely continues to exist. How we determine our choice in such cases is a question that, from the point of view of the clarity of philosophic terminology, is of secondary importance. "Secondary," however, does not mean "arbitrary." Hence, I would recommend that, for example, the term *cause* (in view of its usage in the special sciences) be reserved for certain supraspatial interrelations that we will discuss below (see §78A comment).

69. Het samen voorkomen der beide verbanden.

Ook hier betekent onherleidbaarheid echter niet onverbonden zijn. Integendeel: de verticale verbanden komen nimmer voor dan gecombineerd met horizontale.

70. Terminologie: de termen "figuur" en "ding".

Ter aanduiding van het samen voorkomen van een "dit" met meer dan één subjèctsfunctie vormden we indertijd de naam subjectseenheid [zie §47]. Achteraf bleek deze term echter in tal van opzichten een abstractum: toen we hem invoerden konden we nog geen rekening houden met de verschillende verbanden, thans besproken, en a fortiori niet met het samen voorkomen van deze verbanden. Nu we echter een en ander wel in rekening kunnen brengen, rijst vanzelf de vraag, of er geen passende, meer gangbare term te vinden is, die mede dat meerdere aanduidt. Zulk een term nu bestaat inderdaad: de omgangstaal spreekt hier namelijk bij het mathematische van "figuur" en bij het meer dan mathematische van "ding". Derhalve verhindert ons thans niets deze termen ook bij ons wijsgerig werk te gebruiken. "Figuur" en "ding" sluiten dus in al wat we onder "subjectseenheid" verstonden, vermeerderd met wat we in de leer omtrent de verbanden aantroffen.

> Opm. De verhouding van mathematische figuren en dingen is deze, dat de eerste steeds aan de laatste inherent zijn en voor de afzonderlijke behandeling in de mathesis door analyse uit de dingen worden gewonnen.
>
> Deze analyse verwarre men niet met "abstractie": de mathematische figuur bezit, al komt ze niet buiten de dingen voor, dezelfde concreetheid als de dingen.

71. Ding en samenhang.

Met het voorgaande hebben we zo meteen het inzicht gewonnen, dat, hoewel een ding niet in z'n samenhangen opgaat, een ding zonder samenhangen (een "Ding an sich" in deze zin) niet bestaat.

Valt zo mede nadruk op de samenhangen in welke een ding staat, dan is het gewenst thans een nader onderzoek naar de "samenhang" in te stellen. Want in deze term namen we tot nu toe nog heel wat bijeen, dat onderling verschilt.

72. De richting in de samenhang.

Tot nu toe spraken we alleen over "de" samenhang tussen A en B. Dit is echter een abstractum. Want tussen A en B bestaan twee samenhangen, namelijk die van A tot B en die van B tot A. Zo is

69. The occurrence together of both connections

Here, as elsewhere, irreducibility does not mean being uncon-
nected. On the contrary, vertical connections occur only in combination with horizontal ones.

70. Terminology: The terms figure and thing

To denote the combined occurrence of a "this" with more than
one subject function, we earlier coined the name subject unit (§47).
Subsequently, however, it turned out that this term was in many re-
spects an abstraction: When we introduced it, we could not yet take
into account the different connections that have now been discussed
or, consequently, the combined occurrence of these connections.
However, now that we can consider these things, the question presents itself whether there is not a fitting, more current term to be
found that also denotes these additional implications. Such a term
does, in fact, exist: In ordinary language, in referring to what is mathematical, we speak of "figure" and, in referring to what is more than
mathematical, of "thing." Consequently, there is now nothing to prevent us from using these terms also in our philosophic work. "Figure"
and "thing," therefore, include everything we understood by "subject
unit," increased by that which we discovered in the theory about
connections.

> Comment: The relationship of mathematical figures and things is this, that
> the former are always inherent in the latter and are gleaned from
> things by separate treatment in mathematical analysis.
>   This analysis is not to be confused with "abstraction": The mathe-
> matical figure has the same concreteness as things, even though it
> does not occur outside of things.

71. Thing and interrelation

With the above, we have just gained the insight that although a
thing is not taken up in its interrelations, a thing without interrelations (a *Ding an sich* in this sense) does not exist.

Because the emphasis falls in this way on the interrelations in
which a thing stands, it is desirable to further investigate "interrelation." For in this term, we have hitherto taken together a good deal
that is mutually different.

72. The direction in the interrelation

Until now, we only spoke of "the" interrelation between A and B.
However, that is an abstraction. For two interrelations exist between

bijvoorbeeld de verhouding van de cirkelomtrek tot de straal van de betrokken cirkel = 2π, die van de straal tot de omtrek = $1/(2\pi)$; evenzo is de weg van Haarlem naar Amsterdam een andere dan die van Amsterdam naar Haarlem.

Uit deze enkele voorbeelden reeds blijkt, dat beide samenhangen niet gelijk zijn, maar verschillen naar de richting van de relatie. Deze richting nu wordt bepaald door het antwoord op de vraag, welk der beide relata het aanvangspunt is voor de relatie. Zo is het ook met de samenhang tussen een voorgaand en een volgend moment en met die tussen twee figuren of twee dingen.

De richting in de samenhang mag dus niet worden verwaarloosd.

Daaruit volgt tweeërlei:

i. Wanneer de relata dezelfde blijven is de éne richting niet te vervangen door de andere.

ii. Wanneer de richting dezelfde blijft zijn de relata niet te verwisselen.

73. *Samenhang tussen en in figuren en dingen.*

De richting is in iedere samenhang aanwezig. Vragen we thans eens naar de eigenaardigheden die niet in alle samenhangen voorkomen, maar ons in staat stellen groepen van samenhangen te onderscheiden.

A. Neem eens de samenhang tussen twee cirkels, die bijvoorbeeld elkaar tangeren; of de samenhang, die zich voordoet wanneer de vrolijkheid van een vriend, die me een geestige brief schreef aanstekelijk op mij werkt. In deze gevallen is er een samenhang tussen de aan dezelfde wet onderworpen subjectsfuncties van *twee of meer* figuren en dingen (mensen).

B. Let 'k nu echter eens op de verhouding tussen straal en omtrek van een cirkel of op het geval dat ik me op 't moment herinner een vroegere analytische activiteit van mezelf. Dan blijkt dat 'k in deze gevallen te doen heb met samenhangen tussen relata die beide in *dezelfde* figuur en in *hetzelfde* ding (mens) liggen.

74. *Terminologie: de termen "inter-individuele samenhang" en*
"intra-individuele samenhang".

De samenhangen tussen twee subjectseenheden en de samenhangen in één subjectseenheid zijn te onderscheiden als *inter-individuele* en *intra-individuele* samenhangen.

A and B, namely, the interrelation of A to B and that of B to A, for example, the relationship of the circumference of a circle to its radius $= 2\pi$, that of the radius to the circumference $= 1/(2\pi)$. Likewise, the route from Haarlem to Amsterdam is different from that from Amsterdam to Haarlem.

It is already evident from these few examples that both interrelations are not equal but differ according to the direction of the relation. Now this direction is determined by the answer to the question as to which of both relata is the starting point for the relation. The same holds for the interrelation between a previous and a following moment and for the interrelation between two figures or two things.

Hence, the direction in the interrelation may not be neglected.

Two points follow from this:

i. When the relata remain the same, the one direction cannot be replaced by the other.

ii. When the direction remains the same, the relata are not interchangeable.

73. Interrelation between and in figures and things

Direction is present in every interrelation. Let us now examine the peculiarities that do not occur in all interrelations but that enable us to distinguish groups of interrelations.

a. Take, for example, the interrelation between two circles that are tangent to each other; or the interrelation that presents itself when the cheerfulness of a friend who wrote me a witty letter has a contagious effect upon me. In these cases, there is an interrelation between the subject functions, subjected to the same law, of *two or more* figures and things (or human beings).

b. However, when I take note of the relationship between the radius and circumference of a circle or of the case that at a given moment I remember an earlier analytic activity of mine, these prove to be cases in which I have to do with interrelations between relata. both of which lie in the *same* figure and in the *same* thing (or human being).

74. Terminology: The terms interindividual relation and intraindividual relation

The interrelations between two subject units and the interrelations in one subject unit can be distinguished as interindividual and intraindividual (inter)relations.

Opm. Het schema voor de onderscheiding van beide soorten samenhangen is dit:

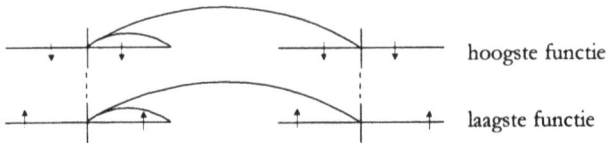

hoogste functie

laagste functie

De grote boogjes duiden inter-, de kleine intra-individuele samenhangen aan.

75. Samenhangen binnen en buiten een ding.

Een samenhang kan binnen een ding vallen: zo bijvoorbeeld die
tussen tong en verhemelte en die tussen tong en in de mond aanwezige spijze.

Daarnaast komen ook samenhangen buiten een ding voor: zo die
tussen het hoofd dat rust op de handen en deze handen, of ook die
tussen m'n ogen en het boek dat ik lees.

76. Terminologie: de termen "innerlijke samenhang" en "uiterlijke samenhang".

Samenhangen binnen een ding kan men gevoeglijk "innerlijke samenhangen", die buiten een ding "uiterlijke samenhangen" noemen.

Opm. Men verwarre noch "innerlijk" met "intra-individueel", noch
"uiterlijk" met "inter-individueel". Want in geen van beide gevallen
dekken de termen elkaar. Dat blijkt daaruit, dat ze in alle mogelijke
combinaties voorkomen. Enkele voorbeelden van die welke de
onhoudbaarheid der genoemde identstelling kunnen aantonen mogen
volstaan.

1. Inter-individueel en innerlijk is bijvoorbeeld de samenhang tussen
een naald die in het lichaam drong en dit lichaam; naald en lichaam blijven individueel verschillen en toch is hun samenhang een innerlijke.

2. Intra-individueel en uiterlijk is bijvoorbeeld de samenhang tussen
twee bladeren van dezelfde boom die elkaar raken, tussen de tong van
een poes die eigen huid likt en dat deel der huid dat aldus "gewassen"
wordt, tussen iemands hoofd dat op z'n handen rust en deze handen.

Van belang is het onderscheiden van genoemde vier termen met
name voor de kentheorie [zie §§160-162]. Inmiddels tonen de genoemde voorbeelden dat aan deze verscheidenheid ook afgezien van
alle kennis betekenis toekomt.

77. Samenhang tussen gelijktijdige en niet-gelijktijdige relata.

Bezien we de in paragraaf 73 gebruikte voorbeelden eens nader.

Comment: The diagram for the distinction of both sorts is:

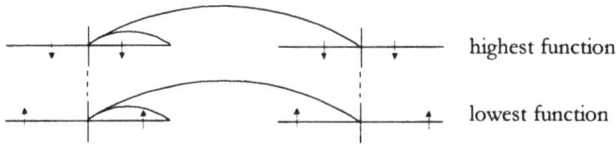

The large curves denote interindividual relations; the small curves denote intraindividual relations.

75. Interrelations inside and outside a thing

An interrelation can be inside a thing, for example, that between tongue and palate and that between tongue and food present in the mouth.

Besides these, there are also interrelations outside a thing, like that between hands and the head that rests on them or that between my eyes and the book I am reading.

76. Terminology: The terms inner interrelation and outer interrelation

It is appropriate to call interrelations inside a thing "inner," those outside a thing "outer."

Comment: Do not confuse "inner" with "intraindividual" or "outer" with "interindividual." In both cases, the terms are not congruent, as is evident from the fact that they occur in all kinds of combinations. A few examples that show the untenability of such identification may suffice.

1. The interrelation, for example, between a needle that penetrated the body and the body itself is interindividual and inner; needle and body remain individual differences and yet their interrelation is an inner one.

2. The interrelation, for example, between two leaves from the same tree that touch each other, between the tongue of a cat that is licking itself and that part of its fur that is being washed, between someone's head that is resting on his or her hands and those hands, all of these are intraindividual and outer.

Distinguishing these four terms is especially important for the theory of knowledge (see §§160-162). In the meantime, the examples stated show that this diversity is significant as well as apart from all knowledge.

77. Interrelation between simultaneous and nonsimultaneous relata

Let us take a closer look at the examples used in §73.

A. De samenhang van een cirkel die een andere raakt en de samenhang tussen straal en omtrek van dezelfde cirkel verschillen onderling als inter-individueel en intra-individueel. Maar ze stemmen desondanks dáárin overeen, dat de relata *gelijktijdig* zijn.

B. Geheel anders staat het met de beide overige gevallen. De samenhang tussen de vrolijkheid van m'n vriend en de mijne enerzijds en die tussen m'n herinnering en m'n herinnerde activiteit aan de andere kant verschillen onderling als inter-individueel en intra-individueel. Dat sluit intussen een zekere overeenkomst in een ander punt niet uit, de relata van beide samenhangen zijn *niet gelijktijdig*.

78. Terminologie: de termen "contemporele samenhang" en "successieve samenhang", "bestanddeel" en "moment".

A. Het verschil tussen de voorbeelden in paragraaf 77 onder A en B kan goed worden vastgelegd met behulp van de termen "contemporeel" en "successief".

> Opm. De onomkeerbaarheid der richting van successieve samenhangen –
> bijvoorbeeld die van oorzaak en werking, en die van grond en gevolg
> – berust op 't gecombineerd-zijn van de successieve samenhang met
> de onverwisselbaarheid van z'n relata.

B. Correlaat daarmee kan het verschil tussen de relata in beide samenhangen worden aangeduid met de woorden "bestanddeel" en "moment". Bestanddelen zijn dus ten opzichte van elkaar contemporeel, momenten daarentegen successief.

79. Het gecombineerd voorkomen van de gevonden verschillen.

De zo-even gevonden verschillen komen gecombineerd voor.

Zo is samenwerking bij het dragen van een last *contemporeel inter-individueel*; het causale verband *successief inter-individueel*; het verband tussen middelpunt en omtrek van een cirkel *contemporeel intra-individueel*; en het verband tussen twee momenten van hetzelfde bestaan *successief intra-individueel*.

Al deze combinaties lenen zich tot verbinding zowel met de samenhangen tussen subjectsfuncties als met die tussen een subjects- en een objectsfunctie.

Iedere samenhang tot welke groep ook behorend, heeft één richting.

80. Een vollere betekenis van de term "ding".

De behandeling van de gevallen onder paragraaf 79 aangeduid vergt nog het maken van tal van onderscheidingen. Toch is het reeds

a. The interrelation of a circle that touches another and the interrelation between the radius and circumference of the same circle differ mutually as interindividual and intraindividual. But they are nevertheless similar in that the relata are *simultaneous*.

b. The other two cases are completely different. The interrelation between the cheerfulness of my friend and of me on the one hand and the interrelation between my remembering and my remembered activity on the other differ mutually as interindividual and intraindividual. That does not, however, exclude a certain similarity in another point: The relata of both interrelations are *not simultaneous*.

78. Terminology: The terms contemporary interrelation and successive interrelation, constituent and moment

a. The difference between the two examples in §77 can be nailed down by the use of the terms *contemporary* and *successive*.

> Comment: The irreversibility of the direction of successive interrelations, for example, that of cause and effect and that of basis and consequence, rests on the successive interrelation being combined with the inconvertibility of its relata.

b. The difference between the relata in both interrelations can, correlate with the above, be denoted with the words *constituent* and *moment*. Constituents, therefore, are always contemporary with respect to each other; moments are always successive.

79. The combined occurrence of the differences that have been found

The differences found above occur together.

Cooperation when carrying a burden, for example, is *contemporary interindividual*; the causal connection *successive interindividual*; the connection between the center and circumference of a circle *contemporary intraindividual*; and the connection between two moments of the same existence *successive intraindividual*.

All these combinations are themselves combinable with the interrelations between subject functions as well as with those between a subject function and an object function.

Every interrelation has one direction, regardless of the group to which it belongs.

80. A fuller signification of the term thing

In order to deal with the cases denoted in §79, a number of distinctions must yet be made. But it is now already possible to give a

thans mogelijk een scherpere omschrijving van "ding" te geven. Houden we namelijk rekening met het in de paragrafen 72–79 gevondene, dan blijkt thans, dat het ding een subjectseenheid met een leidende subjectsfunctie is, die contemporele en successieve intra-individuele samenhangen bezit en in contemporele en successieve inter-individuele samenhangen met andere dingen staat.

81. Actief en passief. Inleiding.

In de gangbare wijsbegeerte speelt ook de correlatie actief en passief een grote rol. Daarom verdient het aanbeveling in een inleidende studie ook aan haar enige aandacht te besteden.

Intussen zij men op z'n hoede voor overschatting van de betekenis die aan deze correlatie in de kosmos toekomt.

A. Men stelle haar niet gelijk met het verschil tussen twee groepen van functies derzelfde subjectseenheid, ook niet met dat tussen de actieve (boven-ruimtelijke) en de niet-actieve (beneden-fysische) functies: haar plaats is uitsluitend in de samenhangen en wel in de boven-ruimtelijke.

B. Doch ook hier heeft ze een veel bescheidener plaats dan men vaak meent.

1. Actief–passief valt niet steeds samen met verschil in individualiteit: deze correlatie is dus niet inherent aan de inter-individuele samenhang. Wanneer bijvoorbeeld twee dingen *samenwerken*, staan beide wel in inter-individuele samenhang, maar beider subjectsfuncties zijn actief.

2. Actief–passief valt evenmin samen met de verhouding tussen subjects- en objectsfuncties: de emotionele waarneembare objectsfunctie, kleur bijvoorbeeld, is niet per se ook een waargenomen kleur, terwijl anderzijds ook wel degelijk subjectsfuncties passief kunnen zijn, zoals bijvoorbeeld in het geval van de herinnerde activiteit.

C. De correlatie actief–passief dient dus steeds als een bijkomend iets uitdrukkelijk te worden vermeld.

In de volgende paragrafen bespreek ik enkele combinaties in welke dit schema voorkomt.

82. De correlatie actief–passief in de samenhang tussen subjectsfuncties.

A. Bij inter-individuele samenhangen. Wanneer de ene mens de ander iets suggereert, is de een suggererend of actief, de ander besuggereerd of passief.

sharper description of "thing." If we bear in mind what was found in §§72–79, it now appears that a thing is a subject unit, with a leading subject function, that possesses contemporary and successive intra-individual relations and stands in contemporary and successive inter-individual relations with other things.

81. Active and passive: Introduction

In current philosophy, the active and passive correlation also plays a large role. For that reason, an introductory study should devote some attention to it as well.

All the same, one should be on the alert not to overestimate the significance due this correlation in the cosmos.

a. The active–passive correlation should not be equated with the difference between two groups of functions of the same subject unit nor with the difference between the active (supraspatial) and the nonactive (subphysical) functions. Its sole place is in the interrela-tions—and then only in those that are supraspatial.

b. But here, too, it has a much more discrete place than is often assumed.

(1) Active–passive does not always coincide with the difference in individuality. This correlation, therefore, is not inherent to the inter-individual relation. When, for example, two things cooperate, both stand in interindividual relation, but both subject functions are active.

(2) Active–passive also does not coincide with the relationship be-tween subject and object functions: The emotively perceptible object function color, for example, is not necessarily also a perceived color. On the other hand, subject functions can also be passive, such as in the case of remembered activity.

c. That is why the active–passive correlation ought to be explicitly mentioned as always something extra.

In the following paragraphs, I discuss a few combinations in which this schema occurs.

82. The active–passive correlation in the interrelation between subject functions

a. With interindividual relations. When one human suggests some-thing to another, the one is suggesting or active, the other is receiving or passive.

B. Bij intra-individuele samenhangen. Wanneer iemand zich eigen analytische actie van een vroeger moment in een volgend herinnert, is het vroegere moment passief, het tegenwoordige actief.

Opm. Beide samenhangen kunnen gelijktijdig voorkomen: een herinnering kan contemporeel zijn met een suggestie.

83. De correlatie actief–passief in de samenhang tussen een subjects- en objectsfunctie.

A. Bij inter-individuele samenhangen. Wanneer iemand een dier analytisch waarneemt, is het laatstgenoemde passief.

B. Bij intra-individuele samenhangen. Wanneer 'k m'n hand bezoedelde en dat thans emotioneel waarneem, is de intra-individuele verhouding tussen oog en hand er tegelijk een van actief–passief.

84. Nadere onderscheiding zowel tussen de manieren van samenwerking als tussen de verschillen in de correlatie actief–passief gewenst.

Èn de samenwerking van twee actieve subjectsfuncties, èn de correlatie tussen een actieve en een passieve functie vertonen merkwaardige verschillen, die eerst duidelijk worden wanneer men rekent met het verschil in rijken, waartoe de dingen behoren.

De bespreking van dit verschil is er echter mee gebaat, dat we eerst nog de derde bepaaldheid behandelen die in de kosmos voorkomt.

Afdeling II.

DE DERDE BEPAALDHEID, HAAR VERSCHEIDENHEID EN
HET GECOMBINEERD VOORKOMEN VAN DEZE
BEPAALDHEID MET DE BEIDE ANDERE [(DE RICHTING)].

85. De derde bepaaldheid.

Behalve de twee reeds besproken eenvoudigste bepaaldheden – die van individualiteit en modaliteit – komt in het aards subjècte een derde eenvoudigste bepaaldheid voor, namelijk die van "goed" en "kwaad".

Evenals bij het hemels subjècte is ook hier de tegenstelling in deze bepaaldheid niet een oorspronkelijke, dat wil zeggen niet krachtens schepping optredend.

Intussen speelt zij sinds de zondeval in het aards subjècte en speciaal in het menselijk bestaan een uiterst belangrijke rol.

b. With intraindividual relations. When someone remembers his or her own analytic action of an earlier moment as a later moment, the earlier moment is passive, the latter active.

> Comment: Both interrelations can occur simultaneously: A recollection can be contemporary with a suggestion.

83. *The active–passive correlation in the interrelation between a subject function and an object function*

a. With interindividual relations. When someone analytically perceives an animal, the latter is passive.

b. With intraindividual relations. When I got my hand dirty and now emotively perceive that, the intraindividual relationship between eye and hand is at the same time a relationship of active–passive.

84. *Further distinction desirable both between ways of cooperation and between the differences in the active–passive correlation*

The cooperation of two active subject functions as well as the correlation between an active function and a passive function evidence remarkable differences that first become clear when one takes into account the difference in the realms to which the things belong.

The discussion of this difference is availed, however, by first dealing with the third determinant found in the cosmos.

Chapter 2
THE THIRD DETERMINANT, ITS DIVERSITY, AND THE COMBINED OCCURRENCE OF THIS DETERMINANT WITH BOTH OF THE OTHERS (THE DIRECTION)

85. *The third determinant*

Besides the two simplest determinants discussed above, namely, that of individuality and modality, a third most simple determinant occurs in the earthly subject. It is that of "good" and "evil."

As in the case of the heavenly subject, here, too, the opposition in this determinant is not an original one. That is to say, its appearance is not by virtue of creation.

Meanwhile, since the Fall it does play an extremely important role in the earthly subject and especially in human existence.

86. De verscheidenheid in deze bepaaldheid.

A. Ze is die van goed en kwaad.

B. Deze verscheidenheid draagt niet alleen een zuiver duaal, maar bovendien een antithetisch karakter: kwaad staat *tegenover* goed als ongehoorzaam tegenover gehoorzaam.

87. De verhouding van deze verscheidenheid bij de mens tot de vroeger besprokene.

Evenals vroeger ten aanzien van de verhouding tussen de modale en de individuele verschillen, hebben we ook thans eerst te letten op de onderlinge onherleidbaarheid van de tegenstelling goed–kwaad en de vroeger behandelde verscheidenheden, om daarna een antwoord te zoeken op de vraag, hoe ze verbonden zijn.

88. De onherleidbaarheid van deze verscheidenheid tot de beide andere en tot hun verbanden.

We bespreken eerst (I) de onmogelijkheid de antithetische dualiteit te herleiden tot de beide andere verscheidenheden op zichzelf en in combinatie; daarna (II) de onmogelijkheid van een dergelijke herleiding tot de verscheidenheden die zich in beider verbanden en in hun combinatie voordoen. In beide delen van deze paragraaf onderzoeken we eerst, of er wel van dualiteit sprake is; alleen wanneer dit het geval is, stellen we de vraag, of deze dualiteit ook antithetisch is.

I. De onmogelijkheid de antithetische dualiteit te herleiden tot de beide andere verscheidenheden op zichzelf (A) en in combinatie (B).

A. Nemen we eerst elk van deze twee afzonderlijk. Beide zijn alleen door groepering in duale schema's te plaatsen.

1. De modale verscheidenheid "zus–zo" is slechts zuiver duaal in de vroeger genoemde dichotomieën: aritmetisch/boven-aritmetisch en pistisch/beneden-pistisch. Van deze twee komt de eerste hier niet in aanmerking: de tegenstelling goed–kwaad onderstelt minstens activiteit in beide tegengestelden. Rest dus de dichotomie pistisch/beneden-pistisch. Doch ook deze valt niet samen met de tegenstelling goed–kwaad: 't zuiver goede kwam en komt nog voor in alle wetskringen – men denke aan de zij 't ook verheerlijkte toch ook thans nog echt menselijke natuur van de Christus –, en in de pistische kring komt evenzeer als elders ook het kwade voor – men denke aan de nog steeds sterke afgoderij.

86. The diversity in this determinant

a. It is that of good and evil.

b. The character borne by this diversity is not only a purely dual one; it is also antithetic. Evil stands *over against* good as disobedience over against obedience.

87. The relationship of this diversity in the case of humans to that discussed previously

As was the case regarding the relationship between the modal and the individual differences, here, too, we must first attend to the mutual irreducibility of the opposition good–evil and the diversities dealt with earlier, so as to then look for an answer to the question of how they are connected.

88. The irreducibility of this diversity to both of the others and to their connections

We will first discuss (A) the impossibility of reducing the antithetic duality to either of the other diversities as such and their combination; subsequently (B), the impossibility of such a reduction to the diversities that present themselves both in their connections and in their combination. In both parts of this discussion, we will investigate first whether there is any talk of duality; only when that is the case will we ask the question of whether this duality is also antithetical.

A. The impossibility of reducing the antithetic duality to either of the other diversities as such (1) and in combination (2).

1. First of all, we take each of these separately. It is only by grouping these diversities that they can be placed in dual schemas.

a. The modal diversity "thus–so" is genuinely dual in the dichotomies mentioned earlier: arithmetic/supra-arithmetic and pistic/subpistic. Of these two, the former does not pertain: the opposition good–evil minimally presupposes activity in both of the opposites. That leaves the dichotomy pistic/subpistic. This, too, does not coincide with the opposition good–evil: The pure good was and still is present in all law-spheres—think, for example, of the glorified and yet still-real human nature of Christ—and in the pistic sphere, evil is present just as elsewhere—think of the idolatry that is still present everywhere.

Opm. 1. Het woord "Al wat niet uit geloof is, is zonde" (Romeinen 14:23), voor het hier afgewezen gevoelen wel eens aangehaald, zegt natuurlijk niet wat men er in leest, namelijk dat Paulus een dualistische functieleer zou huldigen volgens welke de pistische functie goed, al het lagere – inzonderheid ook het staatsleven – daarentegen zondig zou zijn. Ware dit wèl het geval, dan zou volgens Paulus òf ook de Christus naar het beneden-pistische zondig zijn òf het beneden-pistische bij Hem ontbreken! Wat Paulus meent is echter, blijkens het verband, iets geheel anders. Handelend over het eten van afgodenoffer – dus van, volgens heidense opvattingen, pistische spijze – door Christenen, onderscheidt Paulus twee groepen: de sterken en de zwakken. De sterken, onder welke hij ook zichzelf rekent, weten dat een afgod niets is, ontkennen dus alle relatie van enige spijze met een afgod en nuttigen ook dit vlees als een gave Gods, om Christus wil hun geschonken. De zwakken daarentegen staan er anders voor: zij weten zich (nog) niet geheel aan de heidense opvattingen in hun omgeving te ontworstelen, zien deze spijze dus als pistisch, maar, wijl ze Christenen zijn, tevens als pistisch onrein. Vandaar dat zij zich aan de houding der sterken stoten. Zouden nu zwakken, ondanks hun eigen bezwaren, door de houding der sterken er toe overgaan dit vlees te nuttigen, dan zouden zij gebruiken wat volgens hun eigen (gebrekkig) inzicht pistisch onrein is. Zulk een gebruik vindt dan echter niet, zoals bij de sterken, plaats in de vaste overtuiging ([Grieks:] "pistis") niet te zondigen, maar in twijfel; zulk een doen zonder vaste overtuiging noemt Paulus zonde. Derhalve onderstelt deze tekst, wel verre van al het beneden-pistische in tegenstelling met het pistische zondig te noemen, juist de antithese in het pistische!

2. De verscheidenheid in het schema "dit–dat" is evenzo slechts door groepering duaal te maken: zo bijvoorbeeld door die in het schema "ik/niet-ik", dat telkens van betekenis verandert wanneer men een andere ik-zegger als uitgangspunt neemt. Dit schema valt dan ook slechts in één geval, namelijk wanneer de Christus zich stelt tegenover Z'n omgeving, samen met de tegenstelling goed–kwaad: "Wie van U overtuigt mij van zonde?" [Johannes 8:46]. Derhalve ligt de grond daarvoor niet in dit schema.

B. De onherleidbaarheid van de antithetische dualiteit tot de beide eerste verscheidenheden in combinatie.

In deze structuur – dus die der subjectseenheid – is niets gegeven wat duaal is dan het verschil tussen de twee eerste verscheidenheden zelf. Maar dit is allerminst antithetisch.

Comment 1: The verse that is quoted to support what is being rejected here, "everything that does not come from faith is sin" (Romans 14:23), of course does not say what people want to read there, namely, that Paul maintained a dualistic view of human functions according to which the pistic function was good and all of the lower functions, including also that of the state, would be sinful in contrast. Were this, in fact, the case, then according to Paul, either Christ would also be sinful according to the subpistic or the subpistic would be lacking in Christ! What Paul means, however, given the context, is something completely different. Paul, when dealing with Christians eating food offered to idols, eating what according to pagan conception is pistic food, distinguishes two groups: the strong and the weak. The strong, among whom he includes himself, know that an idol is nothing and thus deny all ties of any food to an idol and enjoy this food as a gift of God given them for Christ's sake. The weak, in contrast, are in a different position: They have not (yet) been able to free themselves completely from the pagan conceptions in their surroundings and, therefore, see this food as pistic, but, given the fact that they are Christians, also as pistically unclean. That is why they are offended by the attitude of the strong. If the weak, in spite of their own objections, would proceed to adopt the attitude of the strong and eat this food, then they would be eating what according to their own (limited) insight is pistically unclean. Such a use, therefore, would not take place as with the strong in the firm conviction (Greek: *pistis*) that they are not sinning, but in doubt. People eating meat and doing so without firm conviction is what Paul calls sin. Consequently, this text presupposes the antithesis in that which is pistic and is far from saying that the subpistic, in opposition to the pistic, should be called sinful!

b. The diversity in the schema "this–that" is also only dual when we form groups, for example, by the grouping in the schema "I/not-I," which changes every time one takes another I-sayer as starting point. This schema coincides, then, in only one instance with the opposition good–evil, namely, when Christ sets himself over against his surroundings: "Can any of you prove me guilty of sin?" (John 8:46). Consequently, the basis for this does not lie in this schema.

2. The irreducibility of the antithetic duality to either of the first diversities in combination.

In this structure, that of the subject unit, nothing is given that is dual, other than the difference between the two first diversities themselves. But this is in no way antithetic.

II. De onherleidbaarheid van de antithetische dualiteit tot de beide
  grondverbanden op zichzelf (A) en gecombineerd voorkomend (B).
A. Bezien we eerst weer de onherleidbaarheid van de nieuwe verscheidenheid tot elk der beide grondverbanden op zichzelf.

1. De samenhangen. Bij deze was meermalen sprake van duale
verschillen: zo bijvoorbeeld van dat tussen inter- en intra-individuele,
tussen innerlijke en uiterlijke, tussen contemporele en successieve
samenhangen. Doch in geen van deze verschillen staan de groepen
tegenover elkaar als goed en kwaad; en evenmin bij de dualiteit van
richtingen in de samenhang.

> Opm. 2. Te verwerpen is namelijk de mening, die men nog al eens bij
> wijsgeren aantreft, alsof het huwelijksverband iets kwaads is. Deze ge-
> dachte wortelt in het streven naar autarkie (zelfgenoegzaamheid), dat,
> consequent doorgevoerd, moet uitkomen bij de verbreking van iedere
> samenhang.

2. De verticale verbanden. Hier onderscheide men subject (a) en
object (b) en de samenhang tussen deze twee (c).

a) Het subject. Hier boden retro- en antecipatie althans in zoverre
een aanknopingspunt, als men ook bij hen met een duaal verschil van
doen heeft, dat bovendien een verschil van richting is. Het be-
vreemdt dan ook niet, dat het paganisme herhaaldelijk meende hier
de tegenstelling van goed en kwaad op het spoor te zijn. Daarbij
onderscheide men twee opvattingen. De ene ontkent voor één of
meer hogere functies het schema van substraat en superstraat, huldigt
dus een partieel apriorisme, en ziet nu in de verbinding van het haars
inziens apriorische met het niet-apriorische het kwade, daarentegen is
de zelfdistantiëring bij het hogere vàn het lagere (in ascese en sterven) het goede. De andere opvatting daarentegen denkt ascenderend:
het hogere is het latere. Zij ziet in het verband van het lagere met het
hogere nu eens het goede – het hoogste is hier niet slechts het latere,
maar tevens het doel waarnaar het lagere heeft te streven – dan weer
het kwade – door zich op het hogere te richten verloochent het
lagere z'n basis, tot welke het heeft terug te keren.

Beide opvattingen, dus zowel de partieel aprioristische als de as-
cenderende, zijn af te wijzen: retro- en antecipatie hebben slechts
betrekking op het onderling verband der functies, niet op de tegenstelling tussen goed en kwaad. Bedoelde theorieën staan dan ook alle
met uranische en tellurische themata der paganistische religie in
verband.

B. *The irreducibility of the antithetic duality to either of the basic connections as such (1) and their combined occurrence (2).*

1. Again, we first will discuss the irreducibility of the new diversity to each of the basic connections themselves.

a. In discussing interrelations, we talked more than once of dual differences, for example, of the dual difference between interindividual and intraindividual, between inner and outer, between contemporary and successive interrelations. However, none of the groups in these differences stand over against each other as good and evil. And this is no less the case when it comes to the duality of direction in the interrelation.

> Comment 2: The opinion, still often found among philosophers, that the marriage bond is something evil is to be rejected. This notion is rooted in the desire for autocracy (self-sufficiency), which, when consistently applied, must result in the destruction of every interrelation.

b. As for vertical connections, we distinguish subject (i) and object (ii) and the interrelation between these two (iii).

(i) The subject. Retrocipation and anticipation offer a point of connection to the extent that here again we are dealing with a dual difference that is, in addition, a difference of direction. It is, therefore, also not surprising that paganism repeatedly thought that it was here on the track of the opposition of good and evil. In this context, we should distinguish two conceptions. The one denies the schema of substratum and superstratum for one or more of the higher functions, hence maintaining a partial apriorism, and sees evil in the connection of what it takes to be a priori with that which is not a priori, while the higher, distancing itself from the lower (ascetically and in death), is seen as the good. The other conception, in contrast, thinks in an ascending manner: The higher is seen to be the later. Sometimes it sees the good in the connection of that which is lower with that which is higher—that which is highest here is not only that which is later but also the goal toward which that which is lower has to strive. Sometimes it takes the same connection to be evil: By directing itself to that which is higher, that which is lower denies its basis, to which it must return.

Both conceptions, the partial aprioristic as well as the ascending conception, are to be rejected: Retrocipation and anticipation have only to do with the mutual connection of the functions and not with the opposition between good and evil. Both theories, then, are also connected with uranic and tellurian themes of paganistic religion.

Opm. 3. De retrocipatie van het hogere op het lagere is dus niet "vleselijk" en de antecipatie van het lagere op het hogere (of van het hogere op het nog hogere) niet "geestelijk"! Deze termen hebben namelijk in de Heilige Schrift een geheel andere betekenis (vergelijk Kolossenzen 2:23). Ook het "zich onder de macht van geen dezer laten brengen" (1 Korintiërs 6:12) is geheel iets anders dan partieel aprioristische ascese.

b) Het object. Dit heeft niets duaals in zich en leent zich dus niet voor speculatieve verbinding met het schema goed–kwaad.

c) Het verband tussen subject en object. Het bezit één duaal verschil, namelijk dat in de richting van beider samenhang; het werd dan ook hier en daar met het verschil tussen goed en kwaad verbonden. Ten deze staan zelfs twee concepties tegenover elkander. De ene – het objectivisme – overschat het object tot wet voor het súbject; de andere daarentegen ([bijvoorbeeld] de theorie der zelf-objectivatie) vat – subjectivistisch – de verhouding juist omgekeerd. Beide opvattingen zijn af te wijzen: de wet staat boven het verschil in súbject en object, die beide subjèct zijn, en ligt dus niet in het object; en anderzijds bleek het object ons reeds vroeger iets totaal anders dan het resultaat der verbrokkeling van een wereld-súbject [zie §66].

B. De onherleidbaarheid van de antithetische dualiteit tot de beide grondverbanden gecombineerd voorkomend.

In deze structuur – dus in die van figuur en ding – is niets gegeven wat duaal is dan het verschil tussen de twee grondverbanden zelf. Maar dat is allerminst antithetisch.

Samenvattend: De antithetische verscheidenheid is onherleidbaar tot de beide andere en tot hun verbanden.

89. De onherleidbaarheid der beide andere verscheidenheden tot het verschil goed–kwaad.

Reeds het feit, dat het mogelijk was deze verscheidenheden, hun verbanden en het gecombineerd voorkomen van deze in figuur en ding te bespreken zonder rekening te houden met het verschil in het derde schema toont, dat deze niet tot het laatstgenoemde zijn te herleiden.

90. De onderlinge onherleidbaarheid der verscheidenheden in de drie schema's.

Deze volgt uit het in de laatste twee paragrafen aangevoerde.

Comment 3: The retrocipation of that which is higher to that which is lower is, therefore, not "bodily," and the anticipation of that which is lower to that which is higher (or of that which is higher to that which is still higher) is not "spiritual"! In Holy Scriptures, these terms have a completely different meaning (see Colossians 2:23). So also, to "not be brought under the power of any" (1 Corinthians 6:12) is something completely different from partial aprioristic asceticism.

(ii) The object. This does not have anything dual about it and, therefore, does not lend itself to speculative connection with the good–evil schema.

(iii) The connection between subject and object. This has one dual difference, namely, the difference in the direction of both interrelations: Here and there it was also connected with the difference between good and evil. In this regard, there are even two conceptions that stand in opposition to each other. The one, objectivism, overestimates the object, making it the law for the subject; the other, in contrast, like, for example, the theory of self-objectification, subjectivistically conceives the relationship in the reverse way. Both conceptions are to be rejected: The law stands above the difference in subject and object, both of which are subject to the law, and hence does not lie in the object. On the other hand, the object proved above (§66) to be something completely other than the result of the breakdown of a world subject.

2. The irreducibility of the antithetic duality to both basic connections occurring together.

In this structure, namely, that of figure and thing, nothing is given that is dual other than the difference between the two basic connections themselves. But that is in no way antithetic.

In Summary: The antithetic diversity cannot be reduced to either of the other diversities or to their connections.

89. The irreducibility of both of the other diversities to the good–evil difference

The fact that it was possible to discuss these diversities, their connections and their combined occurrence in figure and thing, without taking into account the difference in the third schema, shows already that these cannot be reduced to the latter.

90. The mutual irreducibility of the diversities in the three schemas

This follows from the two previous paragraphs.

91. Het verbonden voorkomen van deze verscheidenheden.

Onherleidbaarheid sluit ook hier niet een verbonden-voorkomen uit. Want gehoorzaamheid moge dan, evenals ongehoorzaamheid, noch een ding, noch een functie zijn, ze is toch bij de mens een richting in zijn functies.

> Opm. De onherleidbaarheid vergt, dat in de schemata een *"derde* dimensie" worde onderscheiden. Het verbonden voorkomen vergt, echter, dat dit *in* de schemata mogelijk zij. Daartoe accentueren we nu het nimmer afgewezen en daarom reeds van meet af aan in de schemata opgenomen verschil tussen links en rechts. We beperken ons tot de tekening van dit verschil bij één functie: de twee richtingen der derde bepaaldheid duiden we aan met in tegengestelde richtingen wijzende horizontale pijltjes, niet in de boogjes van de samenhangen maar in de functielijn.

92. Terminologie: "hart", "ding" en "mens".

A. De tegenstelling goed–kwaad treffen we op aarde zowel *tussen* mensen als ook *in* mensen aan.

Wijl ondanks de scherpe tegenstelling tussen goed en kwaad beide ressorteren onder de "richting van het mensenleven" en het verschil in richting niet stamt uit de functies die integendeel door dit verschil in antithetische richting bepaald worden, zoeken we naar een aanduiding van datgene wat deze functies èn ten goede èn ten kwade richt, en dus zelf vóór – of wil men, achter – alle menselijke functies ligt.

Ook hier wijst de Heilige Schrift ons de weg. Men denke slechts aan het woord: "Uit het hart zijn de uitgangen des levens" [Spreuken 4:23; zie ook Matteüs 12:34b–35; 15:18; Lucas 6:45].

> Opm. 1. Met deze uitgangen des levens zijn bedoeld niet de functies *qua talis* ["als zodanig"] – want dan zou ieder ding een hart hebben – maar de beide religieuze richtingen in welke de functies bij de mens werken.

B. Hoewel, gelijk we zagen, de structuur van een mens, zolang men afziet van het hart, daarin met die van de dingen overeenstemt, dat ze eveneens functioneel is, verstaan we nu hoe het komt dat een mens meer is dan een ding: wat z'n structuur van die der dingen doet verschillen is juist het hart in de zin van "het pre-functionele".

> Opm. 2. Voor "hart" in deze zin – het woord heeft ook een andere betekenis – kan men soms ook zeggen "ziel" en "geest". Doch indien men deze woorden in de hier bedoelde zin gebruikt, bedenke men steeds dat ze ident zijn met hart, en niet met hogere functies, bijvoorbeeld met het boven-organische, boven-psychische of boven-juridische. Wie dat vergeet, vervalt in functionalisme, ziet juist het kenmerkende van

91. The combined occurrence of these diversities

Here, too, irreducibility does not exclude a combined occurrence. Obedience, just like disobedience, is neither a thing nor a function. In the case of humans, it is a direction of functions.

> Comment: The irreducibility requires that a "*third* dimension" be distinguished in the schemata. However, the combined occurrence requires that this be possible *in* the schemata. To that end, we now emphasize the difference between left and right, which was never rejected and was implicit in the schemata from the beginning. We limit ourselves to drawing this difference in the case of one function: denoting the two directions of the third determinant with horizontal arrows pointing in opposite directions, not in the curves of the interrelations, but in the function line.

$$\longleftarrow\quad\mid\quad\longrightarrow$$

92. Terminology: The terms heart, thing, and human

a. On earth, we meet the good–evil opposition *between* humans as well as *in* humans.

Because good and evil, in spite of the sharp opposition between them, are both included under the "direction of human life" and because the difference in direction does not originate in the functions, which are rather determined by this difference in antithetical direction, we must look for some indication of that which directs these functions for good and for evil and which must, hence, itself lie before—or, if you prefer, behind—all human functions.

Here, too, Holy Scripture points the way. Simply think of the passage "Out of the heart are the issues of life" (Proverbs 4:23; see also Matthew 12:34b–35; 15:18; Luke 6:45).

> Comment 1: The "issues of life" does not refer here to the functions as such—for then every thing would have a heart—but to the two religious directions in which the functions work in the case of humans.

b. Although the structure of a human being, if we overlook the heart, corresponds, as was seen, with that of things in that it, too, is functional, we now understand how it can be that a human being is more than a thing: What makes its structure differ from that of things is the heart in the sense of "that which is prefunctional."

> Comment 2: Instead of "heart" in this sense of the term—it does have another meaning—we can sometimes also say "soul" and "spirit." But if we use these words in the sense intended here, we must remember that they are identical with heart and not with higher functions, like the supraorganic, suprapsychic, or suprajuridic. If we who forget that,

de mens over het hoofd, en.eindigt in een teleologische of ascetische pseudo-religie.

93. De verhouding van hart (ziel) en het overige (lichaam) bij de mens.

Het bovenstaande werpt ook schriftuurlijk licht op de verhouding van ziel en lichaam.

Beide hebben met elkander gemeen, dat ze slechts bij (als leden van de kosmos, met de tijd geschapen) mensen voorkomen.

Het verschil tussen deze twee, althans voorzover dit reeds hier besproken kan worden, ligt daarin dat de ziel pre-functioneel, het lichaam daarentegen functioneel is.

Voor de verhouding van ziel en lichaam vloeit daaruit voort, dat zij tot elkander staan niet als hogere en lagere functiegroep, maar als het richtingbepalende en het daardoor in richting bepaalde van dezelfde mens. Het verband tussen beide is dus intra-individueel. Toch is het niet een intra-individueel verband tussen functies of tussen bestand-delen, momenten, enzovoort: want terwijl de vroeger besproken intra-individuele verbanden alle lagen op het gebied der functies, is dit verband er een, waarbij *geheel* de functiemantel (2 Korintiërs 5:1–8) niet meer dan één der relata is.

94. De verhouding van mensen en dingen.

Deze kan eerst met vrucht besproken worden, wanneer vooraf de structuur der rijken en der mensheid in de kosmos is behandeld. Vandaar dat we thans onze aandacht op deze vestigen.

ONDERDEEL II.
STRUCTUUR [EN RICHTING] DER RIJKEN EN DER MENSHEID.

95. Inleiding.

In het vorige onderdeel behandelden we de structuur [en richting] van ding en mens. Daarmee werd het concrete bestaan van het aards subjècte reeds belangrijk benaderd. Toch mag het nog allerminst bereikt heten. Ding en mens zijn immers wel individuele schepselen, met elkander in verband, maar beide staan in genetisch verband met andere dingen en mensen, terwijl ze ook in de religie een eigen plaats innemen. Derhalve zijn deze twee trekken in ieder geval nog te bespreken, wil men het aards subjècte in z'n concreetheid zien.

we fall into functionalism, overlook what is peculiar about humans, and end up in a teleological or ascetic pseudoreligion.

93. The relationship, in the case of humans, of heart (soul) and the rest (body)

The above also throws scriptural light on the relationship between soul and body.

Both have in common with each other that they only occur with human beings (as members of the cosmos created with time).

The difference between these two, at least to the extent that it can be discussed here, lies in the fact that the soul is prefunctional, while the body, in contrast, is functional.

As far as the relationship of soul and body is concerned, it follows from the above that they are not related to each other as higher group functions and lower group functions, but as that which determines the direction and that which in the same person is so determined in its direction. Hence, the connection between them both is intraindividual. Yet it is not an intraindividual connection between functions or between constituents, moments, and so on. For while the connections discussed previously all lay in the area of the functions, this connection is one by which the *entire* cloak of the functions (2 Corinthians 5:1–8) is nothing more than one of the relata.

94. The relationship of humans and things

This can only be fruitfully discussed after the structure of the kingdoms and that of humankind in the cosmos is dealt with. That is why we now turn our attention to these manners.

DIVISION II
THE STRUCTURE [AND DIRECTION] OF THE KINGDOMS AND OF HUMANKIND

95. Introduction

In the previous division, we dealt with the structure [and direction] of things and humans. In so doing, the concrete existence of that which is subject in an earthly way was already approached in an important way. Yet in no way can it be said that we have arrived. Thing and human are, after all, individual creatures connected with each other, but both stand in genetic connection with other things and humans and they also take their own place in religion. Consequently, these two traits have to be discussed in any case if we want to see that which is subject in an earthly way in its concreteness.

Afdeling I.
DE STRUCTUUR DER RIJKEN.

96. Overzicht.

Het aards subjècte – ding en mens – staat niet op zichzelf maar ressorteert genetisch onder een of ander rijk.

Derhalve hebben we achtereenvolgens te bespreken de veelheid dezer rijken en hun onderling verband.

HOOFDSTUK I.
DE VEELHEID DER RIJKEN.

97. Inleiding.

Het aards subjècte vertoont een veelheid van genetische verbanden of rijken: het rijk der fysische dingen, dat der planten, dat der dieren en dat der mensen.

In zoverre deze genetische verbanden alle "rijken" zijn, is er een overeenstemming; in zoverre als er een veelheid bestaat, ook weer een verscheidenheid.

Vragen we nu eerst, wat van deze overeenkomst en van dit verschil ons duidelijk wordt op grond van het tot nu toe gevondene. Uiteraard zal het antwoord, zo verkregen, niet toereikend zijn: het rijksverband sluit meer in. Doch dat meerdere komt des te beter uit, wanneer we eerst zien, hoever het vroeger besprokene reikt.

98. Punten van overeenstemming en verschil tussen de rijken
in zoverre als beide reeds thans zijn te verduidelijken.

A. We kunnen constateren:

1. inzake de overeenstemming: de dingen tot één rijk behorend hebben alle een leidende functie van dezelfde modaliteit.

2. inzake de verscheidenheid: de dingen tot verschillende rijken behorend verschillen in de modaliteit der leidende functie.

B. Denken we beide stellingen verder door, dan vinden we:

ad 1: overeenkomst bij de dingen van één rijk in:

a. het aantal der subjects- en objectsfuncties;

b. de blijken van verticaal verband tussen deze functies bij ieder ding;

c. de structuur van ieder dezer functies in verband met het aantal en de aard der ante- en retrocipaties;

Chapter 1
THE STRUCTURE OF THE KINGDOMS

96. Survey

That which is subject in an earthly way, thing and human, does not stand by itself but is included genetically under one or another kingdom.

Consequently, we have to discuss the variety of these kingdoms and then their mutual connection.

SECTION 1
THE VARIETY OF THE KINGDOMS

97. Introduction

That which is subject in an earthly way displays a variety of genetic connections or kingdoms: the kingdom of physical things, that of plants, that of animals, and that of human beings.

To the extent that these genetic connections are all "kingdoms," there is a similarity; to the extent a variety exists, there is also a diversity.

Let us first of all ask about what is clear concerning this similarity and this difference on the basis of what we have found up until now. Naturally, the answer obtained in this way will not be sufficient—the kingdom connection includes more. Yet that "more" stands out more clearly when we first see how far what we discussed above reaches.

98. Points of similarity and difference between the kingdoms to the extent that both can be clarified at this stage

a. We can state:

(1) Concerning similarity. The things that belong to one kingdom all have a leading function in the same modality.

(2) Concerning diversity. The things belonging to different kingdoms differ in the modality of the leading function.

b. Thinking through both statements further, we find:

(1) Similarity with the things of one kingdom in:

(a) The number of subject functions and object functions

(b) Evidence in everything of vertical connection between these functions

(c) The structure of each of these functions in connection with the number and the nature of the anticipations and retrocipations

d. de modale bepaaldheid der intra- en inter-individuele samenhangen.

ad 2: verschil bij de dingen tot verscheiden rijken behorend in dezelfde punten.

99. *Een ander punt van overeenstemming en verschil.*

Tot nog toe spraken we niet van het genetisch verband bij ding en
mens. Ook dit verband echter is zowel bij ding als bij mens aanwezig.
Brengen we het thans mede in rekening, dan vinden we tweeërlei.

1. Alle dingen, behalve de eerste, ontstonden en ontstaan uit vorige
dingen; met andere woorden de regel *nihil ex nihilo* ["uit niets komt
niets voort"], bij de schepping van de eerste dingen – een werk Gods –
uiteraard niet aan te leggen, geldt voor de latere dingen – één uitzondering daargelaten, over welke zo straks [zie §102, Opm. 4] – onbeperkt.

2. De genesis dezer dingen speelt zich af binnen het rijk waartoe
het betrokken ding behoort, dat wil zeggen de dingen van één rijk
stemmen – evenals de mensen – daarin overeen, dat zij met de dingen der andere rijken genetisch niet samenhangen.

> Opm. Naar men ziet, is de laatste formulering negatief. Dit houdt verband
> met het feit, dat men in de niet-menselijke rijken een veelheid van ge-
> netische reeksen of echte (genotypische, niet fenotypische) soorten
> aantreft, terwijl niets ons noopt aan te nemen, dat deze reeksen vroe-
> ger onderling in genetische samenhang stonden, wat bij de menselijke
> bloedgroepen wel het geval is.

100. *Wat het genetisch verband inhoudt.*

Het typerende voor het genetisch verband is evolvering van het
jongere ding uit één of meer reeds vroeger bestaande.

> Opm. Deze evolvering is dus een totaal andere dan die welke de aanhan-
> gers van de functionalistische evolutietheorie en van een bepaald soort
> metafysica leren. Volgens hen zouden namelijk de superstraatsfuncties
> van hetzelfde ding voortkomen uit de substraatskringen (epifeno-
> menalisme) of het lagere deel der vermeend apriorische functiegroep
> uit het hogere deel dezer groep (bedoelde metafysica).

Het genetisch verband sluit daarom steeds in: de overgang van
één of meer dingen uit een intra-individuele in een inter-individuele
samenhang.

Zijn bij het ontstaan van een jonger ding twee of meer andere betrokken, dan vindt daarenboven nog een andere overgang plaats: de
bestanddelen van het latere ding, die aanvankelijk onderling in inter-

(d) The modal determination of the intraindividual and interindividual interrelations

(2) Difference with the things belonging to diverse kingdoms in the same points

99. Another point of similarity and difference

Until now, we have not discussed the genetic connection in the case of things and human beings. However, this connection is present among both things and humans. If we consider that now as well, then we find two points.

a. All things, except for the first ones, arose and arise from previous things. In other words, the rule "nothing comes from nothing," which obviously does not hold for the creating of the first things—that being a work of God—does hold without limit for later things. There is only one exception, which we will get to below (see §102, Comment 4).

b. The genesis of these things takes place within the realm to which that thing belongs. That is to say, the things of one realm—and this holds for humans, too—agree in this that they are not genetically interrelated with the things of the other realms.

> Comment: This formulation is negative. That has to do with the fact that in the nonhuman realms we do find a variety of genetic series or true (genotypical, not phenotypical) species. While there is no compelling reason to assume that these series were previously genetically interrelated, that is the case for human blood groups.

100. What the genetic connection includes

What typifies the genetic connection is the evolving of the younger thing out of one or more previously existing things.

> Comment: This evolving is totally different from the process taught by supporters of the functionalistic theory of evolution and of a certain kind of metaphysics. Their claim is that the superstrate functions of the same thing proceed out of the substrate spheres (epiphenominalism) or, in the aforementioned metaphysics, that the lower set of the presumed a priori group of functions proceeds from the higher part of this group.

The genetic connection always includes the transition of one or more things out of an intraindividual interrelation into an interindividual interrelation.

When two or more are involved in the genesis of a younger thing, then an additional transition takes place. The constituents of the later

individuele samenhang stonden, gaan met elkaar een intra-individuele samenhang aan.

101. De overgang uit een intra-individuele in een inter-individuele samenhang, bij alle genesis aanwezig.

Niet verbonden met de andere treft men deze overgang zowel bij fysische dingen als bij organismen en lagere dieren aan.

In het rijk der fysische dingen vindt zulk een overgang bij het uitstoten van elektronen door een atoom plaats. Genetische zin heeft dit proces ook voor de uitstotende stof – het moederatoom –, daar zij door dit "atoomverval" als dochteratoom onder een ander element komt te ressorteren.

Opm. 1. "Individualiteit" betekent dus niet "ondeelbaarheid".

Opm. 2. De vroeger veel voorkomende opvatting, dat de fysische materie zonder genesis zou zijn is dus, dank zij de wijziging van het elementen-begrip, niet houdbaar. Materie is het fysische in z'n technisch-historische objectsfunctie.

Bij het rijk der organismen en bij lagere diersoorten spreekt men in analoge gevallen van ongeslachtelijke voortplanting.

102. Genesis met overgang uit een inter-individuele in een intra-individuele samenhang.

A. Zulk een overgang ontwaren we bijvoorbeeld bij een chemische verbinding.

1. In de eenvoudigste gevallen is deze verbinding een *totale* tussen twee of meer verschillende dingen, die ieder uit slechts één elementaire stof bestaan, welke echter bij elk van beide een andere is.

Opm. 1. De individuele gang van zulk een ding interesseert nu wel niet de chemicus: hem is het om de *technè* der verbinding en om de praktische bruikbaarheid van het verkregen product te doen. De vertegenwoordigers der betrokken vakwetenschappen daarentegen (fysici en wiskundigen) stellen steeds meer belang in de vragen die verband houden met de individualiteit dezer fysische dingen.

Beide dingen stonden aanvankelijk in een inter-individuele samenhang, doch gaan nu een intra-individuele samenhang aan, zodat ze tot één individueel ding worden.

Deze verandering vertoont zich in alle functies: niet alleen de fysische functie verandert, maar ook de ruimtelijke (wijziging in constellatie) en evenzo de aritmetische (eenheid).

2. In andere gevallen is de verbinding een *niet-totale*: slechts delen der oorspronkelijke dingen gaan een intra-individuele samenhang aan.

thing, which originally were interrelated in an interindividual manner, together take on an intraindividual interrelation.

101. The transition from an intraindividual interrelation to an interindividual interrelation present in every case of genesis

This transition, which is not connected with the other one, is found among physical things as well as organisms and lower level animals.

An example of this transition in the realm of physical things is when atoms give off electrons. This process makes genetic sense also for the emitting stuff, the mother atom, because via this atomic "disintegration," as daughter atom, it becomes another element.

> Comment 1: "Individuality" does not mean "indivisibility."
>
> Comment 2: Due to a change in our concept of elements, the formerly popular view that physical matter was devoid of genesis proves to be unfounded. Matter is that which is physical in its technico-historic object function.

In the realms of organisms and lower animal species, we speak in analogous cases of asexual reproduction.

102. Genesis with transition from an interindividual to an intraindividual interrelation

a. We find this kind of transition with chemical compounds.

(1) In the simplest cases, this is a *total* connection between two or more differing things that each consist of only one element, each of which is different.

> Comment 1: The chemist is not at all interested in the individual occurrence of such a thing. He focuses on the how-to of the connection and on the practical uses of the resulting product. In contrast, the representatives of the relevant special sciences (physicists and mathematicians) are much more interested in questions having to do with the individuality of these physical things.

Both things first stood in an interindividual interrelation, but now take on an intraindividual interrelation so that they become one individual thing.

This change manifests itself in all the functions. Not only the physical function changes but also the spatial (a shift in configuration) and, likewise, the arithmetic (unit).

(2) In other cases, the connection is *not total.* Then only parts of the original things enter an intraindividual interrelation. Only these

Deze delen maken dus de overgang van inter- in intra-individuele samenhang mee, de rest der oorspronkelijke dingen niet.

In zulke gevallen gaan de genoemde overgangen daarom gepaard met overgangen in omgekeerde richting: de delen die met elkaar een intra-individuele samenhang aangingen staan nu in inter-individuele samenhang tot de rest der dingen uit welke ze zijn voortgekomen (chemische ontbinding).

B. Analogieën van zulke verbindingen treft men ook in de andere rijken aan.

1. In planten- en dierenrijk voorzover de voortplanting daar geslachtelijk geschiedt.

> Opm. 2. Evenmin als bij een chemische verbinding vindt bij plant en dier – en ook bij de mens – geen vermeerdering van het aantal der modaalverschillende functies plaats.
>
> Opm. 3. Over de verandering der boven-fysische functies bij organismen, dieren en mensen handelen onder andere de wetten van Mendel.

2. Mutatis mutandis vindt hetzelfde bij de menselijke voortplanting plaats. Deze raakt immers de mens als levende ziel, met andere woorden de mens als geheel, dus inclusief de ziel in de zin van hart.

> Opm. 4. De voortplanting is bij de mens dus niet tot het lichaam beperkt. Een (individualistisch) beroep voor het tegenovergestelde gevoelen op de schepping van Adam gaat niet op: het ontstaan der latere mensen is niet met dat van Adam parallel, daar zij immers uit Adam en Eva voortkomen. Op deze regel is slechts één uitzondering, de heilige ontvangenis van de vaderlijke factor bij de Middelaar naar Diens menselijke natuur. Intussen is zij allerminst met bedoelde regel in strijd, die zij, integendeel, bevestigt: de Christus immers moest juist, in tegenstelling met ons, wel aan Adam parallel zijn.

103. De correlatie actief–passief bij deze overgang.

Tot nu toe beschouwden we beide bestanddelen van het nieuwe ding als actief: vandaar de uitdrukking "een intra-individuele samenhang aangaan". Deze terminologie is ook dán juist wanneer de activiteit van het éne der betrokken bestanddelen zich eerder ontwikkelde dan die van het andere.

Toch kan ook in deze verbinding het schema actief–passief een rol spelen. Dat geschiedt bijvoorbeeld wanneer de toekomstige bestanddelen der nieuwe eenheid door de oorspronkelijke dingen worden uitgestoten.

parts make the transition from inter- to intraindividual interrelation; the remainder of the original things does not.

That is why, in these cases, these transitions are accompanied by transitions in the opposite direction. The parts that together took on an intraindividual interrelation now stand in interindividual interrelation to the rest of the things from which they came (chemical decomposition).

b. Analogies of these kinds of connections can be found in other realms as well.

(1) They are there in the realm of plants and animals to the extent that reproduction is sexual.

> Comment 2: Just as with a chemical connection, there is no increase for plants, animals, or human beings in the number of modally differing functions.

> Comment 3: The laws of Mendel deal with, among other things, changes in the supraphysical functions of organisms, animals, and human beings.

(2) With the respective differences being considered, the same happens with human reproduction. This, of course, has to do with human beings as living souls, in other words, with humans as whole, inclusive of the soul in the sense of heart.

> Comment 4: Reproduction for humans is not limited to the body. An (individualistic) clamor for the opposite opinion regarding the creation of Adam does not hold water. The origin of later human beings is different from that of Adam, for they all stem from Adam and Eve. There is only one exception to this rule, namely, the holy reception of the fatherly factor in the case of the Mediator according to his human nature. On the other hand, this occurrence does not contradict the rule. Rather it confirms it: Christ, in contrast to us, had to parallel Adam.

103. The active–passive correlation in this transition

Until now, we considered both constituents of the new thing as active; hence the expression *take on an intraindividual interrelation*. This terminology is also appropriate when the activity of one of the respective constituents develops earlier than the other.

The schema of active–passive, however, can have a part to play in these connections. That happens, for example, when the original things emit the future constituents of the new unit.

HOOFDSTUK II.
HET VERBAND TUSSEN DE VERSCHILLENDE RIJKEN.

104. Inleiding.

Hoewel er tussen hen geen genetisch verband bestaat, staan de rijken allerminst los van elkander. Dat blijkt uit tal van relaties tussen dingen die onder verschillende rijken ressorteren.

Deze relaties zijn in hoofdzaak tweeërlei: in het ene geval is er affiniteit bij súbjecten van verschillende rijken, in het andere geval overheerst de subject–object-relatie.

105. Dit verband in de affiniteit bij subjecten uit verschillende rijken.

Bij dit verband zijn tal van gevallen te onderscheiden.

1. Het verband is er een van onwillekeurige samenwerking. Voorbeeld: De warmte-uitstraling van de zon, de loswerking van de grond door de wortels van lupinen, de verzameling van honing door de bijen, enzovoort – dat alles strookt met bepaalde uitingen van menselijke activiteit en werkt in zoverre met laatstgenoemde samen.

> Opm. Ook in zulk een geval hoede men zich voor antropomorfistische interpretatie van de activiteit der niet-menselijke dingen bij deze samenwerking betrokken.

2. Verband bestaat er, wanneer de relatie tussen súbjectsfuncties van dingen uit verschillende rijken gepaard gaat met de correlatie actief–passief: zo bijvoorbeeld wanneer de groei van plant en dier opzettelijk door mensen wordt bevorderd, als bij kweken en telen.

3. Sterker nog is de affiniteit wanneer de samenhang tussen zulke subjectsfuncties, aanvankelijk inter-individueel, later voor een intra-individuele plaats maakt. Zulke samenhangen kwamen de laatste tijd aan het licht door de verfijning van de voedseltheorie: vele anorganische zouten bleken onmisbaar voor het goed functioneren van organismen, dieren en mensen; evenzo zijn tal van vitaminen noodzakelijk voor de instandhouding van de organische functie en daarmee voor het bestaan van mens en dier.

106. Dit verband in de subject–object-relatie.

In verreweg de meeste gevallen loopt het verband tussen verschillende rijken over de subject–object-relatie. Daarbij richt de activiteit van een lid der hogere rijken – mens, dier of plant – zich op één of meer dingen van een ander rijk in objectsfunctie. Dergelijke samenhangen bestaan tussen alle rijken. Zo gebruikt een plant een steen tot

SECTION 2
THE CONNECTION BETWEEN THE DIFFERENT KINGDOMS

104. Introduction

Although there are no genetic connections between these kingdoms, they are, nevertheless, tied to each other. That is obvious from
the many relations between things belonging to different realms.

These relations are primarily twofold. In the one case, there is an
affinity among subjects from the various realms. In the other case,
the subject–object relation predominates.

105. This connection with respect to the affinity of subjects from different
*   kingdoms*

There are many cases to distinguish here.

a. The connection is one of involuntary cooperation. The warmth
generated by the sun, the ground loosened by the roots of lupines,
and the collection of honey by bees are all examples. These fit in with
certain expressions of human activity and, to that extent, work together with it.

> Comment: In these cases, avoid an anthropomorphic interpretation of the
> activity of the nonhuman things involved in this cooperation.

b. There is also a connection when the relation between subject
functions of things from various realms is coupled with the active–
passive correlation, as, for example, when growers and breeders intentionally promote the growth of plants and animals.

c. The affinity is even stronger when the interrelation between
these kinds of subject functions moves from interindividual to intraindividual. These interrelations recently came to the forefront because of
advances in nutrition theory. Many inorganic salts proved to be vital
for the healthy functioning of organisms, animals, and human beings.
So also, a number of vitamins are necessary for preserving the organic
function—and therewith the existence—of humans and animals.

106. This connection in the subject–object relation

In by far the most cases, the connection between the different
realms runs via the subject–object relation. Here, the activity of a
member of a higher realm—human, animal, or plant—directs itself
to one or more things of another realm in their object function.
These kinds of interrelations exist between all realms. A plant will use

steun of tot beschutting en benutten dieren planten deels tot voeding, deels tot nestbouw. Nog groter rol speelt dit verband echter in
de verhouding van de mens tot de dingen der niet-menselijke rijken.

107. De rol der subject–object-relatie in de verhouding van het menselijke
     leven tot de dingen der overige rijken.

In de organische wetskring zijn mens, dier en plant súbject, daarentegen de fysische dingen object, terwijl in de psychische wetskring
mens en dier als subject fungeren en behalve het fysische ding ook de
plant object is. Qua súbject is de mens dus in 't organische aan plant
en dier, in 't psychische aan het dier parallel.

Deze parallellie houdt in het boven-psychische op. Hier is alleen
de mens súbject en komen de dingen van al de overige aardse rijken
uitsluitend in objectsfunctie voor. Daarbij komt, dat in deze hogere
kringen het aantal der objectsfuncties groter is dan in de lagere.
Vandaar het grote gewicht dat aan de subject–object-relatie speciaal
in en voor het mensenleven toekomt.

Een volledig inzicht in wat deze relatie hier omspant is uiteraard
niet mogelijk, zolang de leer van het object niet verder is uitgewerkt.
Daarom beperk ik me er hier toe haar in 't kort slechts voor de analytische en historische wetskring aan te geven, welke twee immers voor
de menselijke samenlevingsverbanden van bijzonder belang zijn.

108. De subject–object-relatie speciaal in de analytische en de historische
     wetskring.

A. Het menselijk kennen steunt, gelijk later bij de behandeling van
de kentheorie blijken zal, allerminst uitsluitend op de subject–object-
relatie – men denke slechts aan het verstaan van de medemens en
van zichzelf – [zie bijvoorbeeld §§160D, 161E, 164E en 168E]. Toch
speelt bedoelde relatie in dat kennen een belangrijke rol: zonder het
optreden van fysische dingen, planten en dieren als objecten in de
analytische wetskring zou zelfs van een niet-wetenschappelijke kennis
omtrent deze rijken geen sprake zijn, en daarmee ook de *technè* haar
naaste basis missen.

B. Ook in de historische wetskring is de subject–object-relatie niet
de enige: de samenwerking is primair een relatie van subject tot
medesubject. Dit wil intussen niet zeggen, dat de subject–object-
verhouding ook hier niet van bijzonder belang zou zijn. Uiteraard
draagt zij in de historische wetskring een ander karakter dan in de
analytische: zij is niet op een kennen, maar op een beheersen van het

a stone to support or protect itself and animals use plants for food
and nests. But this connection plays an even more important part in
the relationship of humans to things in the nonhuman realms.

107. The place of the subject–object relation in the relationship of human life to the things of the remaining kingdoms

In the organic law-sphere, humans, animals, and plants are subjects, while physical things are objects. In the psychic law-sphere,
humans and animals function as subjects, while plants, in addition to
physical things, function as objects. Qua subject (functions), there is
a parallel between humans, plants, and animals in the organic, and
likewise another parallel in the psychic between humans and animals.

There are no parallels in the suprapsychic spheres. Human beings
alone are subject there. The things from all the other earthly realms are
present only as objects. In addition, the number of object functions in
these higher spheres is larger than in the lower ones. That explains the
great significance of the subject–object relation in and for human life.

Complete insight into what this relation encompasses here obviously is not possible as long as the theory of objects is not yet elabo-
rated. So I will limit myself here to outlining it briefly just for the
analytic and historic law-spheres, both of which are of particular
importance for human societal connections.

108. The subject–object relation specifically in the analytic and historic law-sphere

a. Human knowing, as will become clear when we deal with the
theory of knowledge later, in no way depends entirely on the subject–object relation. Understanding one's neighbors and oneself are
obvious counterexamples (see, e.g., §§160d, 161e, 164e, and 168e).
Nevertheless, this relation plays an important part in human knowing. If physical things, plants, and animals did not function as objects
in the analytic law-sphere, even non-scientific knowledge about these
realms would be out of the question—not to mention that know-
how would lack its immediate foundation.

b. The subject–object relation is likewise not the only relation in
the historic law-sphere. Cooperation is primarily a relation of subject-
to-cosubject. This is not to say that the subject–object relationship is
any less important here. Of course, its character in the historic law-
sphere is different from what it is in the analytic law-sphere: It is not

object door het subject gericht, en omvat bovendien de beheersing van het analytische leven. Als reconstructie met haar belangstelling naar het verleden gekeerd, treedt de subject–object-relatie in de historische wetskring voorzover de menselijke interesse de toekomst raakt als *technè* op. Ook deze vergt, gezien haar belang voor de westerse cultuur, later een bredere bespreking [zie §§207–215]. Maar reeds hier dient te worden opgemerkt, dat ook de *technè* staat en valt met de subject–object-betrekking in het historische: zonder deze relatie zou verdere bewerking van fysisch ding – hier materie –, plant en dier immers zijn uitgesloten.

Afdeling II.
STRUCTUUR [EN RICHTING] DER MENSHEID.

109. Inleiding.

Het menselijk geslacht staat niet slechts met andere rijken in verband, maar bouwt mede op deze basis tal van samenlevingsverbanden op, over welke de volvoering van z'n taak verdeeld is.

Nu is deze taak de mensheid door God opgedragen. Belangrijker nog dan deze verbanden is dan ook de relatie in welke het menselijk geslacht in de religie tot God staat.

Derhalve hebben we thans over deze verbanden en over de religie te handelen.

HOOFDSTUK I.
DE SAMENLEVINGSVERBANDEN.

110. Overzicht.

Achtereenvolgens staan we stil bij het karakter dezer verbanden, hun verscheidenheid, hun onderlinge verhouding en hun betrekking tot de religie.

111. Het karakter.

De thans te bespreken verbanden komen slechts in het menselijk leven voor. Zij berusten op historische basis, bevatten behalve deze steeds ook de linguale en sociale functie en beogen de samenwerking in boven-linguale zin.

Dienovereenkomstig vertonen al deze verbanden de volgende trekken. Krachtens hun historische basis zijn het machtsverbanden; hun mede-linguaal karakter komt daarin uit, dat overleg, overtuiging,

directed to the subject knowing the object, but to the subject mastering the object; in so doing, it includes a mastery of analytic life. When attention turns to the past, the subject–object relation in the historic law-sphere is present as reconstruction; when human interest looks to the future, it is evident as know-how. This, too, given its significance for Western culture, requires broader discussion below (see §§207–215). But we note here already that know-how, too, stands or falls with the subject–object relation in the historic law-sphere. Without this relation, further mastery of physical things (in this case, matter), of plants, and of animals would be impossible.

Chapter 2
THE STRUCTURE [AND DIRECTION] OF HUMANKIND

109. Introduction

The human race is connected with other kingdoms. But God also gives humankind the task to construct, in part upon this basis, societal connections. The completion of this task is divided among many such connections.

Hence, even more important than these connections is the relation in which the human race religiously stands to God.

Consequently, we have now to deal with these connections and with religion.

SECTION 1
THE SOCIETAL CONNECTIONS

110. Survey

We will discuss respectively: the character of these connections, their diversity, their mutual relationship, and their relation to religion.

111. The character

The connections to be discussed occur only in human life. They are founded historically; contain, in addition to this function, also the lingual and social; and intend cooperation in a supralingual sense.

In like manner, all of these connections display the following traits. They are connections of power by virtue of their historic basis. Their lingual character comes out in the fact that consultation, con-

overreding hier overal als constituerende factor óptreden; aan het sociale ontlenen deze verbanden de gemeenschappelijke trek der aanwezigheid van de correlatie gezag–ontzag. Voorts bepaalt de leidende functie van zulk een verband de bestemming daarvan. Terwijl tenslotte de gezagdragers – uiteraard niet zonder contact met de ontzagbieders – de wet, voor het betrokken verband geldend, hebben te positiveren en te handhaven.

> Opm. 1. Om de (leer omtrent de) verbanden te onderscheiden van de (theorie omtrent de) dingen kan men de leidende functie van een verband beter de "prevalerende functie" noemen.
>
> Opm. 2. Men onderscheide scherp gezag en gezagdrager. De aanwezigheid der correlatie gezag–ontzag berust op de structuur van de kosmos, gaat dus op een scheppingsordinantie terug, terwijl de dragers van het gezag mensen zijn door anderen tot gezagdragers aangewezen en als zodanig erkend. Dat het ambt "bij de gratie Gods" bestaat en wordt bekleed houdt dus allerminst in, dat de gezagdrager iets goddelijks in zich zou hebben zoals de leer omtrent "het koningschap van Gods genade" in de oud-Germaanse zin poneert.
>
> Opm. 3. Tot de taak der gezagdragers behoort ook de handhaving van de gepositiveerde wetten. Dit houdt tweeërlei in.
>
> a. Passen de gepositiveerde wetten niet meer in de gewijzigde constellatie of vertonen zij leemten, dan dienen ze te worden vervangen of aangevuld: handhaving van verouderde wetten brengt onrechtvaardigheid mee.
>
> b. De gezagdragers hebben het verband te handhaven tegen hen die tot het betrokken verband behoren doch zich aan de eisen die de samenwerking in dit verband stelt, trachten te onttrekken.
>
> Zo kan de staat zich er niet toe beperken eenvoudig te registreren wie militaire dienst weigert. Wie dit doet, uit welk motief ook, moet dan ook de gevolgen – bijvoorbeeld het statenloos verklaard worden – dragen.

Daar in deze verbanden de samenleving en geordende samenwerking op de voorgrond staan, domineert in hen de intermenselijke relatie, dus die van subject tot subject. Intussen ontbreekt ook de subject–object-relatie hier niet; het aantal klassen van objectsfuncties is in de betrokken kringen, naar we vroeger vonden [zie §§65 en 66], zelfs groter dan in de beneden-historische. Ook deze relatie is in de samenlevingsverbanden van boven-historische aard; zij draagt dus een beheersend karakter. Een voorbeeld moge dit verduidelijken. Tot de samenlevingsverbanden behoort ook het bedrijf. Nu bezitten fysische dingen, planten en dieren in het economische, krachtens hun structuur, dus onafhankelijk van alle menselijke activiteit, een objectsfunctie – ze zijn economische goederen –; ware dit niet het geval, er

viction, and convincing are everywhere present as constitutive factors. These connections derive the common trait and presence of the authority–respect correlation from the social function. Furthermore, the leading function of such a connection determines its destination. Finally, those who bear authority—not without contact with those who pay respect, of course—have to positivize and to maintain the law that holds for that particular connection.

> Comment 1: To distinguish the (theory about the) connections from the (theory about the) things, we can better call the leading function of a connection the "prevailing function."
>
> Comment 2: Authority and those who bear authority should be clearly distinguished. The presence of the authority–respect correlation rests on the structure of the cosmos and, hence, goes back to a creation ordinance. Those who bear authority, however, are persons chosen to be in authority and acknowledged as such by others. The fact that the office exists and is filled "by the grace of God" in no way implies that office bearers have something divine within themselves, as the theory about "the kingship of God's grace," in the old German sense, posits.
>
> Comment 3: Part of the task of those who bear authority is to maintain the positivized laws. This includes two facets:
>
> a) If the positivized laws no longer fit in the changed constellation or if they display lacunas, then they ought to be replaced or amended. Maintaining laws that are out of date brings injustice.
>
> b) Office bearers have to maintain the connection against anyone belonging to that connection who tries to withdraw from requirements that the cooperation in this connection sets.
>
> For example, the state cannot limit itself to simply making a list of those who refuse to serve in the military. Whoever does this, whatever the motive, must also bear the consequences, for example, being declared stateless.

Given the fact that living together and ordered cooperation stand in the foreground in these connections, the interhuman relation, that of subject to subject, is dominant. Meanwhile, the subject–object relation is not absent here, either. The number of classes of object functions is, as we found earlier (see §§65 and 66), even greater in these spheres than in the subhistoric. This relation, too, is, in the societal connections, suprahistoric in nature, bearing a dominating character. An example may clarify this. Business is one such societal connection. Now physical things, plants, and animals possess an object function in the economic by virtue of their structure, hence, independent of all human activity. They are economic goods. Were this not the case, there could be no talk of price. Yet the price of

zou van prijs geen sprake kunnen zijn. Toch is de prijs dezer goederen iets anders dan de goederen zelf: de "prijs" wordt door de behoefte der menselijke subjecten bepaald, die hem zelfs opzettelijk kunnen opjagen en drukken.

Zo vertonen deze verbanden zowel in hun primaire intermenselijke relaties als in hun secundaire betrekking tot de niet-menselijke dingen duidelijk hun boven-historisch karakter: daardoor staat in de eerste de beslissing, in de tweede de handeling op de voorgrond. Daar het sociale echter tevens op het analytische steunt, zijn beide relaties allerminst irrationeel van aard.

112. De verscheidenheid.

Ook van deze verbanden bestaat er meer dan één. Nu is de basis bij alle dezelfde; bovendien zijn bij verschillende verbanden veelszins dezelfde mensen betrokken; derhalve kan de grond voor deze verscheidenheid niet hier liggen, maar moet hij elders worden gezocht. Bij nader onderzoek blijkt de verscheidenheid aan het verschil in prevalerende functie toe te schrijven.

Deze laatste namelijk is bij het verenigingsleven de sociale, bij handel en bedrijf de economische, bij het kunstenaarsgilde de esthetische, bij de staat de juridische, bij het gezin de ethische en bij het cultusverband de pistische functie.

Nu omvat elk van deze verbanden alle menselijke functies tussen de historische en z'n bestemmingsfunctie. Derhalve stemmen de meeste dezer verbanden ook daarin met elkander overeen, dat zij meer dan louter de historische, linguale en sociale functie gemeen hebben. Zo bezitten bedrijf, kunstenaarsgilde, staat, gezin en cultusverband alle ook een economische zijde, al deze verbanden behalve het bedrijf [en de kunstenaarsgilde] ook een juridisch aspect en zowel gezin als cultusverband een ethische functie. Intussen verschillen zulke gemeenschappelijke gebieden – evenals de historische en de linguale – wel degelijk van elkander, en wel doordat al deze functies op grond van het verschil in bestemmingsfunctie ook verschillend bepaald zijn. Daarom is bijvoorbeeld het recht voor de cultusgemeenschap een ander dan dat voor het gezin en verschillen beide weer van dat voor de staat.

Correlaat met dit dubbel verschil – namelijk in bestemmingsfunctie en in de tussen-functies – is ook de taak der ambtsdragers in ieder verband een eigene. Vandaar dat reeds een vorige generatie in navolging van [Abraham] Kuyper hier terecht sprak van "soevereiniteit in eigen kring".

these goods is something other than the goods themselves. The "price" is determined by the need of the human subjects, who can intentionally raise and lower it.

These connections then, clearly display their suprahistoric character in their primary interhuman relations as well as in their secondary relation to nonhuman things. Because of that, decision-making stands in the foreground of the first and activity in the foreground of the second. Given, however, that the social also relies on the analytic, both relations are in no way irrational in nature.

112. The diversity

Here, too, there is more than one of these connections. The foundation is the same for all. In addition, the same persons are often involved in different connections. Consequently, the basis for this diversity cannot lie here but must be sought elsewhere. Further investigation shows that this diversity must be attributed to the difference in prevailing function.

For clubs and associations, the prevailing function is the social; for businesses and factories, the economic; for the artist's guild, the aesthetic; for the state, the juridic; for the family, the ethical; and for the cultic connection, the pistic function.

Now, each of these connections includes all of the human functions between the historic and its destination function. Thus, most of these connections also agree with each other in that they have more than just the historic, lingual, and social function in common. Factory, artist's guild, state, family, and cultic connection all also possess an economic side; all of these connections except the factory [and artist guild], also a juridic aspect; and both family and cultic connection, an ethical function. Meanwhile, such communal areas, as well as the historic and the lingual, certainly do differ from each other, because all of these functions are also determined differently based on the difference in destination function. That is why, for example, justice for the cultic community is not the same as for the family and different again from that for the state.

Correlate with this double difference, namely, in destination function and in the functions in between, is also the fact that the task of the office bearers in each connection is unique. That is why a previous generation already, following Abraham Kuyper, rightly spoke of "sphere sovereignty."

Dit adagium kreeg in de praktijk al spoedig een sterk negatieve inslag. Nu is deze ook voor onze tijd waarlijk niet van zin ontbloot. Toch dient men ook hier de positie als basis der negatie te zien. Dan echter betekent dit principe in de eerste plaats, dat de gezagdragers in ieder levensverband de wetten daarvoor geldend, in overleg met de ontzagbieders, hebben te positiveren.

Opm. 1. Kuypers kernspreuk heeft ook voor onze eeuw niets van haar kracht ingeboet. Eerder kan men zeggen dat zij de laatste decennia aan betekenis won: men denke slechts aan de weerklank die deze conceptie blijkens het opkomen van "het subsidiariteitsbeginsel" in rooms milieu en het ijveren voor "functionele decentralisatie" in socialistische kringen, vond. Daarbij komt dat haar betekenis in menig opzicht verduidelijkt werd, nu de jongere generatie van Kuypers volgelingen met deze gedachte ook in de functieleer ten volle ernst maakte.

Opm. 2. Om misverstand te voorkomen onderscheide men, sterker dan Kuyper zelf deed, soevereiniteit en autonomie. De eerste raakt modale, de tweede individuele verschillen. Zo zijn gezin en bedrijf beide soeverein voor eigen levensverband, waarbij het eerste ethisch, het tweede economisch is gekwalificeerd. Binnen de kring van beide verbanden bestaat echter een grote verscheidenheid: er zijn vele gezinnen en vele bedrijven. Uiteraard heeft het geen zin, ja werkt het zelfs verwarrend nu ook de vrijheid der verschillende gezinnen ten opzichte van elkanders interne regelingen "soevereiniteit" te noemen. In ieder geval is hier verschil en kan onderscheiding ook in de terminologie dus slechts verheldering wekken. De bedoelde verschillen treft men ook elders aan: staten hebben dezelfde soevereiniteit, namelijk de juridische, maar ten opzichte van elkander zijn ze niet soeverein, maar autonoom, evenals binnen het gebied van dezelfde staat de provincies.

Opm. 3. Ook autonomie onderscheide men scherp van tweeërlei:
(i) van Autonomie, dat wil zeggen de mondigverklaring van de mens ten opzichte van God. Deze Autonomie staat tegenover de Heteronomie, dat wil zeggen de erkenning, dat de wet niet door ons, maar door God is gesteld, zoals de autonomie in de zin van bevoegdheid tot het opstellen van regelen voor eigen territoir staat tegenover de heteronomie, het staan onder de wetten van een ander territoir. Zo verstaat men dat het afvallig denken, zich op de Autonomie baserend, telkens weer bij de heteronomie belandde, daarentegen het calvinisme, van de Heteronomie uitgaande, zowel de soevereiniteit in eigen kring als de autonomie wist te handhaven en daardoor in een land als het onze, waar het grote invloed had, "oorsprong en waarborg onzer constitutionele vrijheden" werd en bleef.

(ii) van autarkie, dat wil zeggen het zichzelf genoeg willen zijn. De autonomie immers sluit de erkenning van het gejuxtaponeerd-zijn met

In practical life, this adage soon got a strongly negative connotation. But sphere sovereignty, even today, is truly not devoid of meaning. Yet here, too, we ought to see the position as the basis for the negation. This principle means in the first place that those in authority in each institution have to positivize the laws holding for that connection in consultation with those who pay respect.

> Comment 1: Kuyper's adage has lost nothing of its power, even for our time. We can sooner say that its significance has increased. Think only of the response that this conception received elsewhere: the rise of "the subsidiarity principle" among Roman Catholics and the move for "functional decentralization" in socialistic circles. Its significance was also clarified in many ways now that the younger generation of Kuyper's followers took this thought seriously in the theory of functions.

> Comment 2: To avoid misunderstanding, we ought to distinguish sovereignty and autonomy more strongly than did Kuyper. The first has to do with modal differences, the second with individual differences. Family and factory are both sovereign in their own realm; the first is qualified ethically, the second is qualified economically. Within the circle of both connections, however, exists a great diversity: there are many families and many factories and businesses. Naturally, it makes no sense—in fact, it is confusing—to also call the freedom of the different families with respect to each other's internal rules "sovereignty." In any case, there is a difference here, and a distinction in terminology can only clarify things further. We find these differences elsewhere as well. States have the same sovereignty, namely, juridic sovereignty. However, with respect to each other, they are not sovereign but autonomous, as are the provinces within the territory of the same state.

> Comment 3: Autonomy should also be sharply distinguished from two other matters.

> a) From Autonomy in the sense of the self-sufficiency declaration of men with respect to God. This Autonomy stands over against Heteronomy, that is to say, the acknowledgment that the law is set by God and not by us, like autonomy in the sense of being qualified to formulate rules for one's own territory stands over against heteronomy, standing under the laws of another territory. In this way, we can understand that degenerate thought, basing itself on Autonomy, landed up repeatedly in heteronomy. In contrast, Calvinism, proceeding from Heteronomy, was able to maintain both sphere sovereignty and autonomy and, in so doing, in a land as ours, where it had great influence, became and remained the "origin and security of our constitutional freedoms."

> b) From autarky, that is to say, wanting to be self-sufficient. Included in autonomy is the acknowledgment of being juxtaposed with

andere verbanden in, terwijl deze juxtapositie bij de autarkie – al of niet tijdelijk – wordt ontkend.

113. De wederzijdse verhouding.

Zij is een tweeledige, namelijk genetisch en statisch. Daar de samenlevingsverbanden weliswaar blijkens de structuur van het menselijk lichaam krachtens de schepping in potentie gegeven zijn, doch door de mensheid zelf in hun verscheidenheid gerealiseerd moeten worden, ga de genetische verhouding hier voorop.

A. De genetische verhouding: Zij wordt bepaald door de genesis van het volle menselijk leven. Deze wortelt in de geslachtelijke voortplanting, die, naar we zagen [zie §102], ook een pre-functionele zijde bezit. Nu is het gezin het levensverband waarin man en vrouw elkander trouw bewijzen. Maar daarin gaat de rol van het gezin niet op. Want wanneer de echtgenoten tevens ouders zijn, voeden ze ook hun kinderen in het gezinsverband op. Deze opvoeding nu beoogt de kinderen rijp te maken voor de samenleving, niet slechts in eigen toekomstig gezin, maar tevens in al de overige levensverbanden. Vandaar dat voor de toekomstige ontplooiing van het mensenleven zo uitermate veel aan de opvoeding gelegen is. En binnen de opvoeding weer aan de beantwoording van de vraag, of deze taak door beide ouders wordt gezien en of zij daarbij voor de eigenaardigheid der verschillende levensverbanden oog hebben.

Opm. 1. Opvoeding is dus de taak van het gezin, primair die der ouders, secundair die van eventuele broers, zusters en hulpen. Loopt de opvoeding – door sterfgeval, ziekte of ook door verwaarlozing – gevaar, dan hebben andere gezinnen – in de eerste plaats uit de familie – helpend op te treden. Pas wanneer dergelijke hulp ontbreekt heeft het cultusverband, en bij ontstentenis ook daarvan het staatsverband een taak, daar anders op den duur ook deze verbanden, evenals de overige, schade lijden. Deze taak is echter een uiterst begrensde: zij houdt niet in, dat deze verbanden de opvoeding overnemen, maar bestaat slechts daarin, dat zij het kind aan een ander gezin toevertrouwen.

Opm. 2. Voor het onderwijs wordt het gezin bij het opgroeien van de kinderen bijgestaan door de school. Ook deze, als het goed is, zelf resultaat van de samenwerking veler ouders, heeft het gezin niet te vervangen, maar de opvoeding der kinderen door het gezinsverband te verlichten en te steunen.

Het beginsel der soevereiniteit in eigen kring heeft voor de school wel zeer bijzondere betekenis. Want het raakt niet slechts, evenals bij de andere levensverbanden, haar – hier uiteraard relatieve – zelfstandigheid tegenover de zusterverbanden, maar ook het doel van haar

other connections, but autarky, temporarily or not, denies this juxta-position.

113. The reciprocal relationship

It is twofold, namely, genetic and static. Societal connections are given, albeit potentially, with the structure of the human body, by virtue of creation. But because they must become realized in their diversity by humanity itself, we will discuss the genetic relationship first.

a. The genetic relationship is determined by the genesis of full human life. It is rooted in sexual reproduction that, as we saw (§102), also has a prefunctional side to it. The family is the institution in which man and woman prove troth to each other. But that does not constitute the role of the family. For whenever husband and wife are also parents, they also nurture their children in the family connection. This nurturing aims to prepare their children for living not only in their own family but also in all of the other social institutions. That is why for the future unfolding of human life, immeasurably much de-pends on this nurturing, and likewise, in this nurturing, on answering the question whether this task is seen by both parents and whether in so doing they have an eye for the uniqueness of the different institu-tions.

> Comment 1: Nurturing is then the task of the family, primarily that of the parents, in the second place, that of eventual brothers, sisters, and family helpers. If the nurturing is endangered, by death, by sickness, or through neglect, then other families, first of all the relatives, have to lend a helping hand. Only when this kind of help is not present does the cultic connection have a task, and in its absence the state, because otherwise these connections, too, as well as the others, eventually will suffer. This task is, however, an extremely limited one. It does not im-ply that these connections take the nurturing upon themselves, but only that they entrust the child to another family.
>
> Comment 2: As children grow up, schools assist families with their chil-dren's education. This assistance, too, itself the result of the coopera-tion of many parents if things are right, is there not to take the place of the family but to lighten and support the nurturing of the children by the family.
>
> The principle of sphere sovereignty does have very special signifi-cance for the school. It affects its relative independence with respect to sister institutions, as is the case for the other life connections, but it also affects the goal of its work. Education aims primarily at sharpen-

werk. Onderwijs immers beoogt primair het scherpen van het onderscheidingsvermogen en het bijbrengen van onderscheidingen. Maar zonder onderscheiding van hun bestemming is realisering van de samenlevingsverbanden en daarmee tevens de ontplooiing van het mensenleven, in het volgende geslacht, voor welke ook de school opleidt, niet mogelijk. Derhalve speelt de school in de naaste toekomst der realisering een wel slechts helpende, maar belangrijke rol.

B. De statische verhouding: Deze is zowel positief als negatief te bepalen.

1. Positief dient deze verhouding er een van hartelijke samenwerking te zijn. Want al deze verbanden beogen de bloei van verschillende onderdelen van hetzelfde mensenleven.

Deze samenwerking sluit tweeërlei in:

(i) de nakoming van eigen taak. Een staatsverband kan niet floreren indien het economische leven, in de bedrijven georganiseerd, niet bloeit; gelijk ook het gezinsleven kwijnen gaat, wanneer het pistisch verband te kort schiet.

(ii) de erkenning van de eigen taak der overige verbanden. Deze immers danken noch hun ontstaan noch hun voortbestaan aan de gunst van een ander verband. Derhalve heeft geen dezer verbanden aan enig ander toestemming voor eigen optreden of ontplooiing te vragen.

Deze dubbele eis geldt niet slechts het gebied der prevalerende functie, maar ook de activiteit der verschillende verbanden in die wetskringen welke zij met elkander gemeen hebben. Dus houdt samenwerking niet slechts in dat staat, gezin en cultisch verband elkander erkennen in hun eigen aard, maar ook, dat zij elkaars juridische verordeningen eerbiedigen. Daarom hebben inzonderheid zij, die beide eisen erkennen in al deze verbanden, aan welke men zich nooit zonder schade onttrekt, een belangrijke taak.

2. Negatief is daarbij tweeërlei in acht te nemen.

a) Preventief heeft ieder verband zich te onthouden van inmenging in de interne regelingen op het gebied waar andere verbanden competentie bezitten; inzonderheid geldt dit het gebied, dat een ander verband als prevalerende functie karakteriseert. A fortiori zijn alle pogingen geoordeeld een ander verband door overschrijding van eigen competentie overbodig te maken.

b) Is eenmaal de juiste verhouding verstoord, dan dient het bedreigde verband zich tegen de aanmatiging van het andere met alle geoorloofde middelen te verzetten.

ing the ability to distinguish and at conveying distinctions. But without distinguishing their destination, it is impossible to realize societal connections and, tied to that, the unfolding of human life in the following generation, which the school, of course, is there to help educate. Consequently, in the near future, the school plays only a supportive, but important, part in this realization.

b. The static relationship can be defined positively as well as negatively.

(1) Positively, this relationship ought to be one of genuine cooperation, for all of these connections aim at developing different components of human life.

This cooperation includes two things:

(a) Fulfilling one's own task. A state cannot flourish if economic life, organized by trade and industry, does not grow. Family life, too, languishes when the pistic connection falls short.

(b) Acknowledging the unique task of the other connections. After all, they owe neither their origin nor their continued existence to the goodwill of another connection. Consequently, none of these connections have to seek permission from any of the others to act or advance.

This double requirement does not only hold for the area of the prevailing function, but also for the activity of different societal connections in those law-spheres that they have in common. Hence, cooperation does not only imply that state, family, and cultic connection recognize each other's unique nature, but also that they respect each others' bylaws. That is why particularly those who recognize both stipulations in all of these connections have an important task. Loss is inevitable for those who do not acknowledge them.

(2) Negatively, two things are to be taken into account.

(a) In a preventive way, every connection has to keep from getting involved in the internal arrangements of areas where other connections have competence. This is especially true for those arenas characterized by the prevailing function of another societal connection. All the more so, any attempt to sideline another connection by going beyond one's own competence is forbidden.

(b) Once the correct relationship is disturbed, the threatened connection should oppose the high-handed moves of the other one with any fitting means available.

Opm. 3. Zo waakten in de loop der eeuwen, herhaaldelijk de cultusver-
banden, ook wel paganistische, krachtig tegen het ingrijpen van
staatswege in haar eigen rechtsgebied – het *ius in sacris* ["recht in sacrale
zaken"] –; anderzijds hadden tal van staten niet zelden een scherpe
strijd te voeren tegen de machtsaanmatiging van pistische gezagdragers *in politicis* ["in politieke zaken"]. Op dezelfde lijn lag in de
negentiende eeuw het verzet van het gezinsverband tegen de opvoeding van staatswege, alsmede het optreden in de staat tegen de
zelfoverschatting van het bedrijf, toen de overheid had te verhoeden,
dat de werknemer, volgens de fictie van de *homo oeconomicus* ["economische mens"], zozeer door het bedrijfsleven werd geabsorbeerd, dat
hem geen tijd voor deelname aan het staatsleven restte.

Zwaarder en veelzijdiger werd zulk een verzet, wanneer één der levensverbanden in het functionele leven totalitair trachtte te zijn, dat wil
zeggen al de overige verbanden poogde te verdringen, wat het lichtst
door het immers alle burgers omvattend staatsverband geschiedt. Het
diepst echter gaat een dergelijke worsteling wanneer een levensverband bovendien religieus wil zijn, en, ondanks eigen functioneel
karakter, in z'n totaliteitsstreven ook het hart tracht te betrekken.

114. De betrekking van deze verbanden tot de religie.

Reeds tot tweemaal toe kwamen wij in het vorige op het hart; de
eerste maal toen we over de structuur van de mens handelden [§92],
de tweede keer toen diens genesis aan de orde was [§102].

Ook de samenlevingsverbanden echter hebben iets met het hart te
maken. Want wel dragen zijzelf een functioneel karakter, maar hun
realisering is de al of niet gehoorzame uitvoering van een taak, het
menselijk geslacht van alle eeuwen door God opgelegd en toevertrouwd, zodat ook bij die uitvoering de richting van het hart
beslissend is.

Dat blijkt reeds uit de rol die de worsteling over de competentie
der verbanden in het menselijk leven speelde en speelt. Met name
daar waar de aanspraak van enig verband op totaliteit ook het pre-
functionele in het menselijk leven raakt. Maar ook afgezien van de
competentie-kwestie blijft nog altijd de vraag, in welke richting een
bepaald verband koerst.

Wat ook hier over goed en kwaad beslist is de wet Gods. Nader
de tweede tafel der tien geboden, welke immers, anders dan de eerste,
de mens niet in z'n verhouding rechtstreeks tot God, maar in die tot
z'n medemensen raakt.

Comment 3: Repeatedly over the course of centuries, cultic connections, including pagan ones, were quick to guard against state interference in their domain—their ecclesiastical rights. On the other hand, more than a few times, a number of states waged a tough battle against the power politics of pistic office bearers in political affairs. Along the same lines, families in the nineteenth century protested against state-directed nurturing programs, while the state itself took action against the pretense of business and industry when the government had to prevent laborers from being so wrapped up in the demands of industry that they had no time left to participate in the life of the state.

This kind of resistance becomes more intense and varied when one connection in functional life strives to be totalitarian, which is to say, tries to crowd out all of the other connections; something that happens easiest with the state for it already includes all the citizens. This kind of struggle runs deepest, however, when, on top of this, one institution wants to be religious and also, in spite of its own functional character, attempts in totalitarian fashion to involve the heart.

114. The relation of these connections to religion

We have mentioned the human heart twice already: the first time when dealing with the structure of humans (§92) and the second when human genesis was being discussed (§102).

Societal connections, too, have something to do with the heart. Although they carry a functional character, the realization of these connections is rooted in the obedient execution of a task given by God—or disobedient lack thereof—and entrusted to the human race of all ages. It is here, in carrying out this task, that the direction of the human heart is decisive.

One case in point is how the struggle concerning the competence of connections has and continues to play a part in human life, particularly when the claim of totality from any connection also touches what is prefunctional in human life. But even irrespective of the confusion about competence, the question is always: In which direction is this or that (societal) connection headed?

Here, too, it is the law of God that decides what is good and evil. More specifically, the second table of the Ten Commandments, in contrast to the first, addresses humans not in their relationship with God directly, but in their relationship to other humans.

Derhalve hebben we hier in de eerste plaats te vragen naar de inhoud dezer wet. Zij luidt, in de samenvatting die de Christus – daarin aansluitend bij het Oude Testament (Leviticus 19:18) – van haar (Matteüs 22:39) gaf: "Gij zult liefhebben . . . uw naaste als uzelf." Drie punten vergen hier afzonderlijk aandacht: het begrip "naaste", het "als" en de eis "lief te hebben."

De naaste is, evenals de in dit gebod aangesprokene, de volledige medemens, voorzover we in de door God bestuurde gang van ons leven in z'n naaste omgeving geraken.

"Als" – Grieks *hoos* – spreekt niet van maat, zodat het zou wijzen in de richting van het "juiste midden" tussen egoïsme en altruïsme: de Schrift ziet het mathematische niet als wet voor het overige. Deze term betekent dan ook iets anders namelijk "op dezelfde wijze als". Dus onderstelt het, dat we ook ons zelf dienen lief te hebben, waarbij natuurlijk voor deze liefde op haar beurt geldt, dat we ons zelf behoren lief te hebben op dezelfde wijze als de naaste. Derhalve vergt dit "hoos" een criterium dat zowel buiten de ene als buiten de andere liefde ligt. De bedoeling is wel deze: ge zult uzelf en de naaste liefhebben als beeld Gods, dat wil zeggen voorzover gij en hij als kinderen op de Vader in de hemel gelijken.

De liefde. Met betrekking op haar lette men op tweeërlei: haar antithetische structuur en haar pre-functioneel karakter.

De structuur dezer liefde is antithetisch. Dat wil zeggen het gebod dat me beveelt, m'n naaste en mezelf lief te hebben, voorzover we de trekken van onze Vader vertonen, draagt me tegelijk op, zowel de naaste als mezelf te haten, voorzover we tegengestelde trekken vertonen.

Het karakter dezer liefde is pre-functioneel. Zij valt dus niet met het functionele bestaan samen, daar ze dit immers juist beheerst. Nog minder mag men haar dus vereenzelvigen met een bepaalde functionele betrekking, als bijvoorbeeld de ethische, laat staan met de seksueel–ethische, al doordringt zij ook deze twee. De Schrift noemt dan ook de tweede tafel der wet – en a fortiori die der tien geboden in haar geheel – nergens "zedenwet".

Vatten we een en ander samen, dan blijkt, dat de taak der realisering van de levensverbanden dient te worden uitgevoerd naar de tweede tafel der tien geboden. Dat is de eis der wet. Maar deze eis wordt lang niet steeds nagekomen. Want ook in de verhouding tot dat deel der wet, hetwelk op de verhouding tot de naaste betrekking heeft, komt zowel gehoorzaamheid als ongehoorzaamheid voor.

Hence, in the first place, we have to ask about the content of this law. It reads, in the summary given by Christ (Matthew 22:39) and in accordance with the Old Testament (Leviticus 19:18): "Love your neighbor as yourself." Three points respectively draw our attention here: the concept "neighbor," the "as," and the requirement "to love."

The neighbor, as well as those addressed in this commandment, is the whole person to the extent that we are placed in his or her proximity during the divinely directed course of our lives.

"As"—Greek *hoos*—is not talking about an amount, as if it were pointing in the direction of the "correct mean" between egoism and altruism. Scripture does not see things mathematical as law for the rest. This term means something else, namely, "in the same way as." This presupposes that we also ought to love ourselves—of course, in the same way as we love our neighbor. As a result, this *hoos* requires a criterion that lies beyond the one love, of self, as well as the other love, of neighbor. The intent is that we are to love our neighbor and ourselves as the image of God, that is, to the extent they, and we as children, are like unto the Father in Heaven.

Regarding love, take note of two things: love's antithetical structure and its prefunctional character.

The structure of this love is antithetical. That is, the command that requires me to love my neighbor and myself to the extent that we display traits of our Father also requires that I hate my neighbor and myself to the extent that we display the opposite.

The character of this love is prefunctional. It does not coincide with our functional existence, because love—or hate—defines that existence. Nor should we equate this love with a specific functional relationship, such as ethical relationships, and certainly not with a sexual-ethical relationship—although this love also permeates both of these. Scripture never refers to the second table of the law—and certainly not all of the Ten Commandments together—as the "moral law."

If we summarize the above, then it appears that the task of bringing life connections to realization ought to be carried out according to the second table of the Ten Commandments. That is what the law requires. Which is not to say that this law is always observed. For even in relationship to that part of the law that has to do with the relationship to one's neighbor, obedience as well as disobedience is present.

Tenslotte: deze twee staan niet op zichzelf. Evenmin als het corre-late deel der wet. Want zoals de wet voorzover zij liefde tot de naaste gebiedt, beheerst wordt door het gebod van liefde tot God, is de verhouding tot de naaste afhankelijk van de religie.

Derhalve is de betrachting van de taak der naastenliefde niet met de religie ident, maar wordt ze wel rechtstreeks door deze bepaald.

Daarmee zijn we aan de behandeling van de religie toe.

HOOFDSTUK II.
DE RELIGIE.

A. INLEIDING.

115. Gedachtegang.

Hoewel we als Schriftgelovigen in het voorgaande voortdurend rekening hielden met het woord Gods, werden de actie Gods daarin ondersteld, en haar correlaat bij de mens tot nu toe niet nader be-sproken.

Dat geschiedde allereerst daarom, wijl niet alles wat in het gescha-pene valt op te merken, tegelijk aan de orde kan komen. Doch waarom de behandeling van de religie tot het laatste uitgesteld? Zeker niet omdat ze weinig zou betekenen, maar veeleer omdat ze het gehele menselijke bestaan beheerst en 't dus goed was eerst eens dat beheerste te analyseren.

Thans dienen we ook haar nader te bezien. Want hoe grote ver-scheidenheid we tot nog toe in de grondstructuren van het aards subjècte ook aantroffen, zolang niet de religie besproken is, hebben we het aards subjècte zeker nog niet in z'n volle concreetheid gevat.

Zetten we ons tot dit deel onzer taak, dan sta voorop, dat het in een studie als deze ondoenlijk is, de religie ook maar enigszins volle-dig te bespreken. Slechts de hoofdzaak moge hier worden samengevat. Daarom hebben we ons voorlopig te beperken tot de voornaamste vragen, namelijk (i) "Wat is religie?", (ii) "Wat veron-derstelt zij?", (iii) "Welke structuur vertoont zij?" Zijn deze vragen beantwoord, dan zal ook de indeling van het resterende ons duidelijk zijn.

116. Wat religie is.

Religie is de verhouding der mensheid tot het eerste en grote gebod: "Gij zult liefhebben de HERE God uit geheel uw hart, met geheel uw ziel, met geheel uw verstand en met al uw kracht".

Ultimately, these two do not stand alone. The same is true for the correlate part of the law. For just as the law, to the extent that it demands loving our neighbor, is dominated by the command to love God above all, so also is one's relationship to one's neighbor dependent on religion.

Consequently, practicing the task of neighborly love is not identical with religion. But it is directly determined by religion.

With that, we come to our discussion of religion.

SECTION 2
RELIGION

A. INTRODUCTION

115. The line of thought

As Bible believers, we continually reckoned with the word of God in the foregoing. But the actions of God it presupposes and their correlation on the part of humans have not yet been discussed in detail.

The reason for this was primarily that not everything that can be observed in creation could be dealt with at the same time. But why postpone the discussion of religion to the very end? Certainly not because it is of little significance. Rather, because it dominates the whole of human existence, it was appropriate to first analyze that which is dominated.

We must now also examine religion more closely. For however great the diversity we have found so far in the basic structure of the earthly subject, we have certainly not grasped the earthly subject in its full concreteness as long as religion has not been discussed.

In addressing ourselves to this part of our task, we must emphasize beforehand that it is impossible, in a study like this one, to give anything approaching a complete discussion of religion. We will restrict ourselves to a summary of essentials. For the time being, we must limit ourselves to the most important questions in this regard, namely, (a) What is religion? (b) What does it presuppose? and (c) What is its structure? When these questions are answered, the division of the remaining material will also be clear.

116. What religion is

Religion is the relationship of humankind to the first and great commandment: "You shall love the Lord your God with all your heart, and with all your soul, and with all your mind, and with all your might."

Uit deze samenvatting van de eerste tafel der wet, door – weer in navolging van het Oude Testament (Deuteronomium 6:5) – de Christus gegeven (Matteüs 22:37), blijkt, dat God hier als de God des Verbonds optreedt. Derhalve is de religie de verhouding der mensheid tot de God des Verbonds in gehoorzaamheid en ongehoorzaamheid aan zijn fundamentele liefdewet.

117. Wat in zulk een verbond ondersteld is.
In zulk een verbond is ondersteld:
A. Het bestaan Gods en Zijn scheppende activiteit.

Bij deze laatste speelt die van Logos en Geest een bijzondere rol (Psalm 33:6). Dit scheppen onderstelt uiteraard niet het bestaan van iets behalve God, bijvoorbeeld een vormbare materie.

B. Het resultaat dezer activiteit, dat wil zeggen het bestaan van hemel en aarde, en, wat de laatste betreft, speciaal van de mens.

Deze, met al z'n functies in onderling verband door God uit de aarde geformeerd en door inblazing van de adem des levens in z'n neusgaten tot een levende ziel geworden, verschilde reeds naar deze z'n structuur van alle andere creaturen. Bovendien was hij van meet af naar het beeld Gods geschapen, zodat zijn natuur goed was, en hij, wijl door God gecreëerd, aangesproken en tot het goede gericht, in het verbond als het concrete correlaat van de Drie-enige Diens heerlijkheid op aarde kon weerspiegelen (vergelijk 2 Korintiërs 3:18) en in oorspronkelijke gerechtigheid aan de eis Zijner wet kon voldoen.

> Opm. 1. Bedoelde plaats handelt niet over het aanschouwen, maar over het weerspiegelen van de heerlijkheid Gods (nader in de Middelaar).
> Opm. 2. Men spreke van "(het) naar het beeld Gods (geschapen) zijn", wat een relationele toestand aanduidt, en niet van "het beeld Gods", daar dit een abstractum is, welk gebruik in de geschiedenis niet ongevaarlijk bleek. Vooral wanneer men dan nog, het accent op het "beeld" leggend, het op God betrokken-zijn daarvan uit het oog verloor, vervolgens ging vragen, wat dit beeld wel mocht zijn, en het tenslotte somtijds zocht in een bepaalde groep functies of zelfs in een vermeend aangeboren begrijpen.

C. De oprichting van het verbond tussen God en de mens van Godswege, inclusief het stellen van een ambtsdrager.

> Opm. 3. Men onderscheide dus God en Z'n verbondsrelatie tot het menselijk geslacht – dit tegen een eventuele verabsolutering van het verbond.

From this summary of the first table of the law, which was given by Christ (Matthew 22:37)—following the Old Testament (Deuteronomy 6:5)—it is plain that God appears here as the God of the covenant. Therefore, religion is the relationship of humankind to the God of the covenant in obedience and disobedience to his fundamental law of love.

117. What is presupposed in such a covenant

In such a covenant, the following are presupposed:

a. The existence of God and his creative activity

The activity of Logos and Spirit play a special role in the latter (Psalm 33:6). This creating does not, of course, presuppose the existence of anything apart from God, such as matter that can be formed.

b. The result of this activity, in other words, the existence of heaven and earth and specifically (as far as the earth is concerned) the existence of human beings.

These humans, with all of their interrelated functions, who God formed out of the earth and who became living souls by God's breathing into their nostrils the breath of life, already with respect to this structure of theirs, differ from all other creatures. Moreover, they were created from the beginning in the image of God, so that their nature was good and they, being created, addressed, and directed to the good by God, could reflect in the covenant, as the concrete correlate of the Triune God, his glory on earth (cf. 2 Corinthians 3:18), and could satisfy the requirement of his law in original righteousness.

> Comment 1: The text cited refers not to beholding but to reflecting the glory of God (specifically in the Mediator).
>
> Comment 2: The formulation *being (created) in the image of God*, indicating a relational state, is to be preferred over *the image of God*, because the latter is an abstraction, a usage that has proved historically to have its dangers. This danger became particularly acute when some who laid the emphasis on "image" then also lost sight of its being related to God, subsequently began to ask what that image might be and sometimes ended up identifying it with a specific group of functions or even with a supposedly innate understanding.

c. The establishment of the covenant between God and humans on the part of God, including the appointment of an office bearer

> Comment 3: We should distinguish here God and his covenant relation to the human race—a possible absolutization of the covenant is thereby ruled out.

Opm. 4. Men onderscheide dus eveneens het beeld- (aanvankelijk van-God-) zijn en het ambt. Het eerste behoort tot de natuur van de mens en is dus bij ieder mens aan te treffen, daarentegen werden met het hier bedoelde pre-functionele ambt alleen de eerste en de tweede Adam bekleed. De onderlinge verhouding van beeld-Gods-[zijn] en ambtsdrager-zijn is deze, dat het eerste het tweede mogelijk maakt en dus daarin is ondersteld.

Verwaarlozing van bedoeld verschil kan in tweeërlei zin plaats vinden.

a. Men subsumeert het beeld-zijn onder het ambt; dan ressorteert het eerste niet onder de natuur van de mens en is het evenals het ambt verliesbaar (Rome).

b. Men subsumeert het ambt onder het beeld-zijn; dan valt het verschil tussen Adam en ons weg.

118. De structuur van zulk een verbond.

Evenals in ieder verbond zijn er ook in een religieus verbond na de oprichting twee partijen: God en het menselijk geslacht in z'n religie, uitkomend in de (on)gehoorzaamheid aan de belofte Gods.

Opm. 1. Misvatting van de term "partij" is, na wat boven werd gezegd, wel uitgesloten: de mens, door God zowel geschapen als in het verbond tot Hem gesteld, is, hoewel in dit verbond Gods correlaat, uiteraard allerminst Gods gelijke. De instelling van het verbond is dan ook "monopleurisch" ["eenzijdig"], de structuur "duopleurisch" ["tweezijdig"].

A. Aan de kant van God is in het verbond Logosopenbaring aanwezig. Zij houdt steeds in: enerzijds belofte van zegen bij trouw aan het verbond en anderzijds bedreiging van vloek bij verbreking daarvan.

Opm. 2. Men onderscheide deze twee "zijden" vooral van de twee "partijen".

B. Aan de kant van het menselijk geslacht in z'n religie is steeds een drager van het pre-functionele ambt gesteld, die bij God heeft op te treden in de dingen, die voor de in het verbond begrepenen te doen zijn.

Opm. 3. Dit ambt raakt dus enerzijds de verhouding van de ambtsdrager en de zijnen tot God en anderzijds de betrekking van de ambtsdrager tot de in het verbond begrepenen.

Naast de genoemde trekken vindt men in de geschiedenis der religie andere, die niet constant zijn. Deze trekken raken aan de zijde der wet de inhoud der Logosopenbaring en aan de kant der religie de met

Comment 4: In the case of humans, we should likewise distinguish being-in-the-image (initially of God) and office. The former belongs to the nature of being human and is, therefore, to be found in every human, whereas only the first and the second Adam were invested with the prefunctional office here referred to. The mutual relationship of being God's image and office bearer is that the first makes possible the second and is, therefore, presupposed in it.

A failure to observe the difference in question can occur in two ways:

a. Being-in-the-image is subsumed under office; in that case, the former does not belong to the nature of being human, and can, like the office, be lost (Roman Catholicism).

b. Office is subsumed under being-in-the-image; in that case, the difference between Adam and us is removed.

118. The structure of such a covenant

In a religious covenant as in every covenant, there are, after its establishment, two parties: God and the human race in its religion, resulting in (dis)obedience.

Comment 1: After what was said above, there can be no room for misconstruing the term *party:* though humans, being both created by God and put in covenant with him, are the correlate of God in this covenant, they are, of course, in no way God's equals. The instituting of the covenant is consequently "unilateral," its structure is "bilateral."

a. Present in the covenant from God's side is Logos revelation. It always involves: on the one hand, the promise of blessing in the case of covenant faithfulness and, on the other hand, the threat of curse in the case of covenant breaking.

Comment 2: These two "sides" must be clearly distinguished from the two "parties."

b. From the side of the human race in its religion, there is always an appointed bearer of the prefunctional office who must act before God in the things that must be performed on behalf of those comprehended in the covenant.

Comment 3: This office, therefore, has to do with the relationship of the office bearer, and those represented, to God on the one hand, and, on the other, with the relation of the office bearer to those comprehended in the covenant.

Besides the features indicated, we can find others in the history of religion that are not constant. These features have to do, on the side of the law, with the content of the Logos revelation and, on the side of religion, with the person invested with the office, with his or her

het ambt beklede, diens verhouding tot het woord Gods en de betrekking der in het verbond begrepenen tot de ambtsdrager.

119. Indeling.

Op grond van bedoelde verschillen onderscheide men in de geschiedenis der religie tweeërlei verbond: het scheppings- en het herscheppingsverbond.

B. HET SCHEPPINGSVERBOND.

120. Inleiding.

A. Karakter. Dit verbond is door tweeërlei gekarakteriseerd: bij de Logosopenbaring is niet van genade – in de zin van vergeving – en van herschepping sprake, en wat de religie betreft valt op te merken, dat de met het ambt beklede de eerste mens was, dat diens verhouding tot het woord Gods niet constant bleek en dat uit deze ambtsdrager al de door hem in z'n ambt vertegenwoordigden voortkwamen, respectievelijk zouden voortkomen.

B. Indeling. Daar dit verbond door de betrokken ambtsdrager niet gehouden is, onderscheide men hier een tweetal etappes, namelijk die vóór en die ná zijn (de) val.

121. Het scheppingsverbond vóór de val.

In deze periode zijn twee stadia te onderscheiden. In beide treedt de correlatie van Logosopenbaring en religie op.

A. Het eerste stadium – vóór de schepping van Eva.

1. De Logosopenbaring aan Adam.

Wanneer de drie-enige God, als eerste uitvoering van Zijn plan, [namelijk] mensen "naar ons beeld en naar onze gelijkenis" te scheppen (Genesis 1:26), Adam tot het aanzijn geroepen heeft, spreekt Hij als HERE, dus als God des Verbonds, hem aan en draagt Hij hem op, de hof van Eden te bouwen en te bewaren (Genesis 2:15).

Het eerste deel dezer opdracht, die mede inhield dat Adam het leven van andere aardse creaturen diende na te gaan, had primair betrekking op de verhouding van Adam tot (een overigens beperkt aantal [van]) z'n medeschepselen (op een nog zeer beperkt terrein).

Met het tweede daarentegen stond het anders. Het zag blijkbaar op een van elders dreigend gevaar, daarin gelegen, dat een deel der engelenwereld, niet in de waarheid – dat wil zeggen vastheid – staande gebleven (Johannes 8:44), het aardse leven in de hof belaagde.

relationship to the Word of God, and with the relation of those comprehended in the covenant to the office bearer.

119. Division

Based on the differences indicated, we must distinguish two covenants in the history of religion: the covenant of creation and the covenant of re-creation.

B. THE COVENANT OF CREATION

120. Introduction

a. Character. This covenant has two characteristics: With respect to Logos revelation, there is no reference to grace (in the sense of forgiveness) or to re-creation, and, as far as religion is concerned, we may note that the person invested with office was the first man, that his relationship to the Word of God did not prove constant, and that all those who were represented by this office bearer in this office descended from him or were to descend from him.

b. Division: Because this covenant was not kept by the office bearer concerned, we must distinguish here two phases, namely, that before and that after the Fall.

121. The covenant of creation before the Fall

Two stages are to be distinguished in this period. The correlation of Logos revelation and religion occurs in both.

A. The first stage: Before the creation of Eve

1. The Logos revelation to Adam

When the Triune God called Adam into being, as the initial execution of his plan to create humans "in our image, after our likeness" (Genesis 1:26), God spoke as "LORD" (Yahweh), that is, as God of the covenant, and God mandated him to till and keep the Garden of Eden (Genesis 2:15).

The first part of this mandate, which among other things meant that Adam was to examine the life of other earthly creatures, referred primarily to the relationship of Adam to an (admittedly limited number of) his fellow creatures (in a field that was still very restricted).

As to the second part, matters were different. It evidently referred to a danger that was threatening from elsewhere and consisted of this, that a part of the world of angels had not remained standing in the truth, or constancy (John 8:44), and were threatening earthly life in the

Want dit deel der opdracht wordt onmiddellijk gevolgd door het proefgebod (Genesis 2:16 en 17), waarin het gebied werd aangeduid, waar de aanval van de vijand kon worden verwacht, terwijl de openbaring van de straf des doods bij overtreding een aansporing te meer was om in eventuele verzoeking stand te houden en zo de zegen – eeuwig in Gods gunst te leven – te verwerven. Dit "bewaren" raakte dus rechtstreeks Adams betrekking tot God en z'n pre-functionele ambt, Hem als profeet, priester en koning trouw te zijn.

Naar beide delen was deze opdracht een betoon van Gods gunst.

> Opm. 1. Vandaar dat men het scheppingsverbond ook "gunstverbond" noemen kan, al verdient mijns inziens de eerste term de voorkeur, èn omdat hij meer omspant, èn omdat "genade" soms in breder zin dan die van "door zonde verbeurde gunst" wordt gebruikt. Welke term men echter ook kiest, het werken in dit verbond was niet – zoals de (trouwens pas later opgenomen) term "werkverbond" wel niet bedoelt, maar blijkens de ervaring nogal eens suggereert – een verdienen van Gods gunst, maar de uitvoering van een, krachtens die gunst Adam opgedragen, dubbele taak, bij welke op het gehoorzamen de zegen – de overwinning op de vijand en het niet meer kunnen sterven – was beloofd, daarentegen op ongehoorzaamheid als straf de vloek – het ónderliggen in de strijd en het ondergáan van de toorn Gods in de (eerste) dood – was gesteld.

2. De religie.

Zij bestond in het gelovig aanvaarden van taak en ambt.

> Opm. 2. Het geloof hield ook toen, even goed als nu, een voor waarachtig houden van al wat God in Zijn woord heeft geopenbaard en een vertrouwen op Zijn gunst in; daarentegen was van geloof aan "genade" – in de zin van vergeving – hier uiteraard nog geen sprake.

Wanneer Adam de dieren namen geeft, let hij ook op het genetisch verband tussen de oudere en jongere generatie en op basis daarvan, de samenwerking der seksen. Dan bespeurt hij, dat de mogelijkheid van zulk een samenwerking bij hem ontbreekt (Genesis 2:20).

> Opm. 3. De Heilige Schrift stelt Adam niet voor als een ongeslachtelijk wezen, dat aan de differentiatie der seksen voorafging of boven haar verheven was ([Grieks:] *mounogenes* ["van één geslacht"] in de speculatieve zin die Parmenides en anderen aan deze term hechten); Adam is een man, die node een vrouw als hulp mist.

Wanneer, nadat dit gemis door Adam is opgemerkt, God hem, naar Zijn plan (Genesis 1:26), dit ontbrekende heeft geschonken, erkent Adam daarin dan ook terstond vol vreugde de vervulling van zijn begeerte (Genesis 2:23).

garden. For this part of the mandate is followed immediately by the probationary command (Genesis 2:16 and 17), in which the region is indicated where the attack of the enemy can be expected. The revelation of the death penalty in case of transgression was an additional incentive to stand firm in the face of a possible temptation and thus to gain the blessing—to live eternally in God's favor. This "keeping," therefore, directly touched Adam's relationship to God and his prefunctional office, as prophet, priest, and king, to be faithful to him.

This mandate was in both parts a demonstration of God's favor.

> Comment 1: Hence, the covenant of creation can also be called a "covenant of favor," although, in my opinion, the former term is to be preferred, both because it is more comprehensive and because "grace" is sometimes used in a broader sense than that of "favor forfeited by sin." Whichever term is chosen, however, the doing of works in this covenant was not an earning of God's favor but the execution of a double task that was assigned to Adam by virtue of that favor. (The term *covenant of works*, which did not arise until later, does not mean what, judging from experience, it tends to suggest.) Obeying the covenant of creation held the promise of blessing (victory over the enemy and the inability any longer to die); as punishment for disobedience, on the other hand, was fixed the curse (being worsted in the struggle and suffering God's wrath in the [first] death).

2. Religion
The acceptance, in faith, of task and office

> Comment 2: Then, just as now, faith meant holding for truth all that God has revealed in his Word and relying on his favor; on the other hand, of course, there is not yet any question of faith in "grace" (in the sense of forgiveness).

When Adam named the animals, he also paid attention to the genetic connection between the older and younger generation, and, on that basis, the cooperation of the sexes. He then noticed that he lacked the possibility of such cooperation (Genesis 2:20).

> Comment 3: Holy Scripture does not represent Adam as an asexual being who preceded the differentiation of the sexes or was elevated above it (monogenic in the speculative sense attached to it by Parmenides and others): Adam is a male, who feels keenly the need of a woman as helper.

Consequently, after Adam noticed this lack and God supplied him with what was missing, in accordance with his plan (Genesis 1:26), Adam immediately acknowledges this joyfully as the fulfillment of his desire (Genesis 2:23).

Opm. 4. De mededeling dat Eva uit Adam werd geschapen, zegt ons, dat God de tweede mens niet los van de eerste tot aanzijn riep, maar de eenheid der mensheid van meet af handhaafde.

B. Het tweede stadium – na de schepping van Eva.

1. De eerste Logosopenbaring tot Adam en Eva.

Deze openbaring omvatte het gebod der vruchtbaarheid en een uitbreiding van de taak.

a. Het gebod: "Weest vruchtbaar en vermenigvuldigt u" gaat van de Logos uit. Reeds dit zegt ons duidelijk, dat de diskwalificatie van het huwelijk, aan vele richtingen der gangbare wijsbegeerte inheems, allerminst op de Schrift steunt. En alleen daar ziet men het huwelijksleven goed, waar men, het woord Gods bewarend, in de genetische ontplooiing van het mensenleven het resultaat bewondert van Geesteswerking, die het menselijk leven zegenend doet opbloeien (Psalm 127 en 128), èn door de vermenigvuldiging der mensen èn door de daarmee gelijke tred houdende bloei van het planten- en dierenleven (Deuteronomium 7:13 en vele andere plaatsen).

b. Onmiddellijk op het gebod der vruchtbaarheid volgt de opdracht: "en onderwerpt de aarde en hebt heerschappij over de vissen der zee", enzovoorts. Vergelijkt men deze taak met die welke Adam zich vóór de schepping van Eva zag toevertrouwd, dan blijkt, dat zij aanzienlijk vergroot is: de opdracht is niet meer tot de hof beperkt, maar heeft ook op de aarde en de zee betrekking. Deze uitbreiding houdt wel verband met de mogelijkheid der ontplooiing van het menselijk geslacht met de schepping van Eva gegeven.

2. De religie.

a. Zij is niet meer die van één mens, maar van een echtpaar. Dit bracht tweeërlei mee. Het eerste samenlevingsverband wortelt van meet af in het pre-functionele: de huwelijksband wordt hier gezien als een verhouding van twee naasten, die beiden naar Gods beeld geschapen zijn.

Opm. 5. Men hoede er zich natuurlijk voor, "het beeld Gods zijn" met dit in intermenselijk verband staan te vereenzelvigen: de Schrift weet – in tegenstelling met de voorstellingen bij vele heidense volkeren in zwang – bij God niets van een seksueel verband.

Anderzijds vindt hier het pre-functionele ambt van Adam pas z'n voltooiing. Want eerst na de schepping van Eva kon Adam mede voor een ander bij God optreden in de dingen die voor die andere(n)

> Comment 4: The information that Eve was created out of Adam tells us that God did not call the second human being into being separately, from the first, but preserved the unity of humankind from the outset.

B. *The second stage: After the creation of Eve*

1. The first Logos revelation to Adam and Eve

This revelation comprised the command of fruitfulness and an extension of the task.

(a) The command the Logos issues is "Be fruitful and multiply!" This already is a clear indication that the depreciation of marriage that is endemic to many schools of current philosophy finds no support in Scripture. We can gain a sound perspective on marital life only if, preserving the Word of God, we look with wonder upon the genetic development of human life as the result of the Spirit's action, which causes human life to flourish (Psalm 127 and 128), both through the proliferation of human lives and through the flourishing of the life of plants and animals that keeps pace with the former (Deuteronomy 7:13 and many other places).

(b) Following immediately upon the command of fruitfulness is the mandate "subdue the earth and have dominion over the fish of the sea," and so on. If we compare this task with the task Adam had been entrusted with before the creation of Eve, then it appears that it has been considerably enlarged: The mandate is no longer confined to the garden but also has reference to the earth and the sea. This extension is no doubt related to the possibility of the development of the human race given with the creation of Eve.

2. Religion

(a) It is no longer the religion of a single person but of a married couple. This has two consequences. The first spiritual institution is rooted from the outset in the prefunctional: Wedlock is viewed here as a relationship of two humans, both of whom are created in the image of God.

> Comment 5: We must, of course, be careful not to identify "being-in-the-image-of-God" with this interhuman institution: There is no trace in Scripture (unlike the conceptions prevalent among many pagan peoples) of a sexual bond in God.

On the other hand, it is only here that Adam's prefunctional office finds its completion. For it was not until after the creation of Eve that Adam could act before God on behalf of another in the things that must be performed before him on behalf of that other (those

bij Hem te doen zijn en zo worden "het voorbeeld van degene die komen zou" (Romeinen 5:14).

b. Wat hun kennis van de antithese van goed en kwaad betreft houde men het volgende in het oog. Vóór de val hadden Adam en Eva bij ervaring wat "goed" was, namelijk te leven als kinderen van God, die de liefde huns harten betoonden door gehoorzaamheid en door acht te geven op de waarschuwing van de Logos tegen het van uit de geestenwereld dreigend gevaar. Ze deden dit mede door in de verhouding tot hun naaste te leven niet voor zichzelf als een wereldje op zichzelf (microkosmos) of ook als een individu dat zich afsluit van z'n omgeving, maar in samenhang met de naaste, die, hoewel anders toegerust, in dezelfde verhouding tot God stond en aan dezelfde wet(ten) onderworpen was.

Inmiddels ontbrak in deze periode toch ook niet enige kennis van het kwaad. Wel bezaten de eerste mensen deze kennis, anders dan die van het goede, niet door ondervinding. Maar toch was hun een gemakkelijk voorstelbare handeling verboden en van dit verbod hadden ze weet, evenals hiervan, dat de dood dreigde bij het eventueel volvoeren van de betrokken daad.

Zo was reeds vóór de val het leven niet zonder dreiging van gevaar; en evenmin zonder de koninklijke strijd, bij de vervulling van de taak in dienst van God, welke worsteling de zin der geschiedenis uitmaakt. Derhalve hing voor de toekomst der mensheid alles af van de vraag, of Adam, de ambtsdrager, in deze strijd tegen de boze in gehoorzaamheid aan Gods zijde zou staan, dan wel zijn Schepper ongehoorzaam zou zijn.

122. Het scheppingsverbond na de val.

A. Het menselijk leven in en onmiddellijk na de val.

1. De Heilige Schrift, de enige bron voor de kennis omtrent deze dingen, deelt ons mede, dat de mens door Satan verleid werd. En wel met behulp van list en waan. Want door de vraag: "Is het ook dat God gezegd heeft?", werd de verbondsrelatie ter zijde geschoven en bovendien het woord Gods van z'n wetskarakter beroofd, waarmee de baan was geëffend voor de prediking van het ideaal der Autonomie: *eritis sicut Deus* ["Gij zult als God zijn"].

2. De eigenlijke catastrofe vond plaats toen na Eva ook Adam bezweek. Want daarmee bleek ook het hoofd van het verbond ontrouw

others) and thus could become "a type of the one who was to come" (Romans 5:14).

(b) With respect to their knowledge of the antithesis of good and evil, the following should be kept in mind. Before the Fall, Adam and Eve had through experience that which was "good," namely, to live as children of God who showed the love of their heart through obedience and through observing the warnings of the Logos against the danger that threatened from the world of the spirits. One of the ways in which they did this was that both, in their relationship to their neighbor, did not live for themselves, as a little world in themselves (microcosmos) or as individuals that shut themselves off from their environment, but in mutual relationship with their neighbor. That neighbor was equipped in a different way but stood in the same relationship to God and was subjected to the same law(s).

Nevertheless, in this period, some knowledge of evil was not lacking. To be sure, the first human beings did not possess this knowledge through experience, unlike their knowledge of the good. Yet an easily pictured act had been forbidden them. They were aware of this prohibition and of the death that was threatened in case the act in question was performed.

Thus, even before the Fall, life was not without the threat of danger. Nor was it without the royal battle in fulfilling the task in service to God, the struggle that constitutes the meaning of history. For the future of humankind, therefore, everything depended on the question of whether Adam, the office bearer, would stand in obedience on God's side in this battle against the evil one or would be disobedient to his Creator.

122. The covenant of creation after the Fall

a. Human life in and immediately after the Fall

Holy Scripture, the only source for our knowledge about these things, informs us that Satan tempted humans. More specifically, they were tempted with the help of cunning and delusion. For by the question "Did God say?" the covenant relationship was swept aside as well as the Word of God robbed of its character as law. With this, the road was paved for the proclamation of the ideal of autonomy: *eritis sicut Deus* ("You will be like God").

The actual catastrophe took place when, after Eve, Adam also succumbed. For with that the head of the covenant also proved to be

tegenover God, moedwillig ongehoorzaam aan Diens wet en de zwakkere tegenover de vijand.

3. Tengevolge van de verboden daad staan Adam en Eva nu niet meer vertrouwend tegenover God: zij vrezen thans Diens toorn. Maar ook de wederzijdse samenhang ondervindt de gevolgen: waar zij eerst in soevereiniteitswaan meenden God te worden, staan zij thans vreemd tegenover elkaar: wie ontkent onderworpen te zijn aan de wetten door God gesteld, ziet ook de samenhang, die immers onder de wetten staat, over het hoofd.

4. Goed en kwaad staan thans in hun leven niet meer in de verhouding van 't aanwezige tot het aangeduide, doch in die van verleden tot heden. Door de zonde besmet en bovendien niet meer in staat het goede te doen, dat het gebod van hen bleef eisen, en dus in die onmacht ook schuldig, waren zij thans onderworpen aan de dood. Een straf, die op grond van Adams ambtelijke positie, ook tot Eva en al haar nakomelingen doorging (Romeinen 5:12).

5. De val bracht de mens uiteraard niet boven de wet uit: de overtreding van de wet geschiedt onder de wet. Evenmin raakte 's werelds standwissel de structuur van mens en mensheid: Adam en Eva worden straks de stamouders van hun nakomelingen.

6. Wat daarentegen weliswaar niet verloren ging, maar toch sterk veranderde, was de natuur van de mens. Want aan deze was, naar we zagen [§117], aanvankelijk inherent het beeld Gods zijn en het staan in oorspronkelijke gerechtigheid tot Zijn wet. Beide relationele toestanden nu sloegen bij de val in hun tegendeel om. Want wat het eerste betreft geldt het woord van [Zacharias] Ursinus: "de mens is door de val getransformeerd van een heerlijk beeld Gods tot een verfoeilijk beeld van Satan". En wat het tweede aangaat: de oorspronkelijke gerechtigheid maakte thans voor ongerechtigheid plaats.

Opm. 1. Deze tweeledige omkeer kan aldus schematisch worden aangeduid:

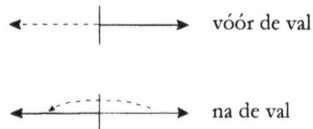

vóór de val

na de val

7. Het spreekt vanzelf dat een mens met zo radicaal gewijzigde natuur niet langer het pre-functionele ambt kon bekleden, met andere woorden dat Adam uit zijn ambt moest worden ontzet (Genesis 3:17 [en volgende]).

Opm. 2. Krachtens de onderscheiding van beeld-zijn en ambt poneerde de Reformatie hier tegenover Rome, dat de natuur, hoewel getransformeerd in verkeerde zin, niet-, daarentegen het ambt wèl verloren ging.

unfaithful to God, willfully disobedient to his law, and the weaker one vis-à-vis the enemy.

As a result of the forbidden deed, Adam and Eve no longer stood in a relationship of trust to God: They now feared his wrath. But the reciprocal interrelation also suffered the consequences: Because they first imagined, in their delusion of sovereignty, that they would become God, they were now alienated from each other: One who denies that she is subject to the laws imposed by God will also fail to see the interrelationship, for this stands subject to the laws.

Good and evil now no longer stood in their life in the relationship of that which is present to that which is denoted but in that of past to present. Tainted by sin and no longer able to do the good that the commandment continued to require of them—and, therefore, also guilty in that inability—they were now subject to death. Based on Adam's position of office, this penalty also spread to Eve and all her descendants (Romans 5:12).

The Fall, of course, did not elevate men above the law: The transgression of the law occurs under the law. Nor did the change in the world's state affect the structure of humans and humankind: Adam and Eve would soon become the ancestors of their descendants.

The nature of being human, however, was something that, though it was not lost, did undergo a great change. As we have seen (§117), being-in-the-image-of-God and standing in original righteousness to his law were initially inherent to human nature. Now both of those relational states turned into their opposite at the Fall. As far as the former is concerned, the statement of Zacharias Ursinus applies: "Man is transformed by the Fall from a glorious image of God to an abominable image of Satan." And as to the second state, original righteousness was now replaced by unrighteousness.

> Comment 1: This twofold refusal
> can be represented diagram-
> matically as follows:

before the fall

after the fall

It goes without saying that a man with such a radically altered nature could no longer occupy the prefunctional office, in other words, that Adam had to be relieved of his office (Genesis 3:17ff.).

> Comment 2: On the strength of the distinction between being-image and
> office, the Reformation here asserted against Roman Catholicism that
> human nature, though transformed in the bad sense, was not lost;
> whereas its office was.

B. De eerste Logosopenbaring na de val.

Zij is primair, na onderzoek, een uitspraak van straf.

Deze raakte, wat het mensenleven betreft, ten dele zowel Adam als Eva, voor een ander deel Adam alleen.

1. Eerstbedoelde straf bestond daarin, dat de menselijke levende zielen de dood sterven. Wat niet wil zeggen dat zij vernietigd worden – God handhaaft tegenover Satan ook dit deel van Zijn werk –, maar dit, dat geheel hun bestaan, ondanks de – trouwens verzwaarde – voortplanting, een gestadige dood is, totdat ze bij de scheiding van lichaam en ziel als eenheid voorlopig verdwijnen uit de aardse samenhang. Deze ellende wordt nog tijdens het leven verzwaard door de vloek die God niet alleen over die slang maar ook over de aardbodem uitsprak, zodat deze voortaan aan de bearbeiding door de mens sterke beletselen in de weg zou leggen.

> Opm. 3. De vloek bestaat dus, wat dit onderdeel betreft, niet in het gebonden zijn van de mens aan de aarde, maar in het verbonden zijn van het lot der aarde aan dat van de mens.

2. De tweede straf gold Adam alleen, en wel de bekleding van zijn ambt. Waar hij niet aan de zijde van God tegen Satan gestreden had, werd in de voorzegging van de strijd tussen vrouwen- en slangenzaad het ambt van hem weggenomen en voor een ander bestemd, die wel, via Eva, met Adam in de staat der rechtheid verbonden zou zijn, maar met hem in z'n dubbele kwaliteit van ontrouwe ambtsdrager en gevallen stamvader niet van doen zou hebben.

Maar dit laatste behoort reeds ten dele bij het volgende.

C. HET HERSCHEPPINGSVERBOND.
1. INLEIDING.

123. Gedachtegang.

Ten aanzien van dit verbond hebben we in de eerste plaats te bespreken: het karakter, de uitwerking in de tijd en het indelingsprincipe van wat verder behandeling vraagt.

124. Het karakter van dit verbond.

Ook hier onderscheide men punten van overeenstemming (A) en van verschil (B) (met het vorige verbond).

A. Dit verbond heeft met het eerste gemeen zowel wat daarbij was verondersteld als de verbondsstructuur.

b. The first Logos revelation after the Fall

It is primarily, after investigation, the pronouncement of punishment.

Part of this, as far as human life is concerned, affected Adam and Eve together; another part, Adam alone.

The former consisted in this, that the human living souls suffered death. This does not mean that they are annihilated (this part of his work, too, God preserves against Satan) but that their entire existence, despite procreation (which is made more difficult), is a constant death, until by the sundering of body and soul as unity, they disappear temporarily out of the earthly coherence. This misery is made even more onerous during our lives by the curse that God pronounced not only over the serpent but also over the ground, so that the latter would henceforth seriously impede human cultivation.

> Comment 3: As far as this subdivision is concerned, therefore, the curse does not consist in our connection to the earth but in the connection of the lot of the earth to human beings.

The second punishment applied to Adam alone, specifically his holding of office. Since he had not fought on God's side against Satan, his office was taken away from him in the prediction of the conflict between the seed of the woman and the seed of the serpent. This office was destined for another, who would, via Eve, be joined to Adam in the state of innocence but would have nothing to do with him in his double capacity of unfaithful office bearer and fallen ancestor.

But this last point already belongs in part to what follows.

C. THE COVENANT OF RE-CREATION
1. INTRODUCTION

123. Line of thought

With respect to this covenant, we must first discuss its character, the way it is worked out in time, and the principle of division for that which requires further treatment.

124. The character of this covenant

Here, too, we must distinguish points of similarity (A) and of difference (B) with the earlier covenant.

A. This covenant has in common with the first both that which is presupposed in it and the covenant structure.

1. Wat het eerste betreft: de herschepping is niet het werk van een andere God dan [Die van] de schepping (gnostiek); ook heeft het tweede verbond niet op iets anders betrekking dan op het eens geschapene (dopersen); terwijl het tenslotte eveneens uitsluitend tot stand kwam door een oprichten en een ambtsdrager stellen van Godswege.

> Opm. 1. Het bestaan van de kosmos behoort naar we vroeger zagen [§117B], tot het bij alle verbond onderstelde. Nu is dit bestaan bij het tweede verbond uiteraard een voortbestaan. Intussen blijft ook het voortbestaan een onderstelde van het tweede verbond. Het is dan ook niet een vrucht daarvan, dus niet een gevolg van herschepping of ook van genade: de straf op de verbreking van het eerste verbond was immers niet de vernietiging van Gods werk, maar het sterven van de overtreder. En deze twee dekken elkander niet: de overtreder was slechts een – zij het ook uiterst belangrijk – onderdeel van het geschapene en sterven is voortbestaan onder de toorn Gods, dus allerminst een niet-voortbestaan.

2. Wat de structuur van het verbond aangaat, ook hier zijn Logos-openbaring en religie, uitkomend in de gehoorzaamheid van het geloof aan de beloften Gods, met elkander correlaat.

B. Intussen is het uiteraard van groot belang te letten op de punten waarin het tweede verbond van het eerste verschilt.

1. Bij de Logosopenbaring is thans, anders dan in het verbond met Adam, van genade en herschepping sprake.

> Opm. 2. Men onderscheide genade van genadegave. Genade is een gezindheid Gods en wel het oppositum van toorn. Zij staat dan ook niet tegenover zonde, van welke ze, evenals de toorn, niet het oppositum maar één der correlata is. Nog minder staat ze tegenover "de natuur", welk woord men immers zonder nadere bepaling *in philosophicis* ["in filosofische aangelegenheden"] het best in de betekenis van "het in bepaalde richting geschapene" kan nemen. Genadegave is al wat op grond van de genade de begenadigde toekomt.

2. Wat de religie betreft is er verschil met het eerste verbond in ambtsdrager (a), in diens verhouding tot het woord Gods (b) en in de betrekking der in het verbond begrepenen tot de met het ambt beklede (c).

a. De ambtsdrager. Daar de verbondsstructuur onveranderd bleef, werd, nu de aanvankelijke ambtsdrager ontrouw was gebleken, de eerste Adam vervangen door de tweede. Ook diens werk was de uitvoering van de ambtstaak ter verwerving van de toegezegde zegen: eeuwig te leven in Gods gunst. Deze taak hield in, dat Hij, anders dan

(1) As to the first point, re-creation is not the work of a God other than the God of creation (gnosticism); nor does the second covenant have reference to something other than that which was created before (Anabaptism); finally, the second covenant came into being because it was instituted and an office bearer was appointed exclusively on God's initiative.

> Comment 1: As we have seen above (§117b), the existence of the cosmos belongs to that which is presupposed of every covenant. Now this existence, in the case of the second covenant, is, of course, a continued existence. All the same, this continued existence remains something presupposed in the second covenant. Consequently, it is not the fruit of the latter, and thus not a result of re-creation or of grace: For the punishment for breaking the first covenant was not the annihilation of God's work but the death of the transgressor. And these two do not cover each other. The transgressor was only a component of creation, though a very important part, and to die is to continue to exist under the wrath of God and is in no way a not-existing.

(2) Concerning the structure of the covenant, here, too, Logos revelation and religion, evident in the obedience of the faith in the promises of God, are correlate with each other.

B. Obviously, it is very important to keep in mind the points in which the second covenant differs from the first.

(1) In the Logos revelation there is now, different from the covenant with Adam, talk of grace and re-creation.

> Comment 2: Distinguish grace and gift of grace. Grace is a disposition of God and the opposite of wrath. It does not stand over against sin. Grace is, with wrath, not the opposite of sin, but one of its correlates. Even less so does grace stand over against "nature," which, without further specification philosophically, can in this context be best taken in the sense of "that which has been created in a specific direction." "Gift of grace" is everything that the recipient of grace receives on the basis of grace.

(2) As far as religion is concerned, there is a difference in the first covenant in office bearer (a), in his relationship to the Word of God (b), and in the relation of those comprehended in the covenant to the one invested with the office (c).

(a) The office bearer. Because the covenant structure remained unchanged, once the initial office bearer had proved unfaithful, the first Adam was replaced by the second. His work was also the execution of the task of the office to acquire the promised blessing: to live eternally in God's favor. This task meant that the second Adam,

Zijn voorganger, stand had te houden in de verzoeking. Maar daar de herschepping niet een tweede schepping is, diende de tweede Adam tevens, ter voldoening aan het recht en ter verzoening van de toorn Gods, voor de Zijnen de straf te dragen, op de verbreking van het eerste verbond gesteld.

Vergelijkt men deze taak met die van de eerste Adam, dan is hier een ontzaglijke verzwaring te constateren. De last van de toorn Gods tegen de zonde van het ganse menselijke geslacht kon immers niet door enig mens gedragen worden: derhalve moest de ambtsdrager van het tweede verbond tegelijk God zijn. Voorts diende Hij qua mens enerzijds als het zaad der vrouw met Adam in de staat der rechtheid verbonden te zijn en anderzijds parallel met hem te zijn, dus buiten diens zonde te staan. Daarom onderscheide men bij de Middelaar de vereniging van de Logos met een concrete, dus individuele, menselijke natuur en de ontvangenis van de vaderlijke factor dezer natuur uit de Heilige Geest, al waren die twee temporeel niet gescheiden. En voorts van deze twee, die de uitvoering van de ambtstaak mogelijk maakten, de bekleding met het ambt.

> Opm. 3. De kerk sprak hier van "natuur" en – in tegenstelling met Nestorius – niet van "persoon", om – gesteld dat het persoonsbegrip in de antropologie bruikbaar ware – aan te geven, dat de menselijke constituante in de Middelaar nimmer afzonderlijk – dus als component – bestond, daar reeds haar ontstaan in dienst van de vleeswording des Woords stond.
>
> Het positieve correlaat der afwijzing van de conceptie door Nestorius voorgestaan luidt dan ook, dat de Persoon des Zoons Zich verenigd heeft met de menselijke natuur en dat het resultaat dezer vereniging ([Grieks:] *henoosis*) een enigheid ([Grieks:] *henotès*) – niet eenheid – is.
>
> Deze formule onderscheide men van een geheel andere, volgens welke de menselijke natuur van de Middelaar "onpersoonlijk" ([Grieks:] *anhypostatos*) zou zijn. Deze zegswijze, die bovendien minstens drieërlei zin heeft en dus allerminst eenduidig mag heten, komt immers hier op neer, dat òf hetzij de individualiteit hetzij de integriteit der betrokken natuur wordt ontkend òf deze natuur als een tweeheid wordt gezien, die een *vinculum substantiale* ["substantieel verbindingsmiddel"] nodig heeft, in welke rol dan in dit geval de Zoon Gods zou optreden. Geen dezer constructies strookt dus met de Heilige Schrift of ook met het dogma.
>
> Opm. 4. De geboorte uit de maagd sluit dus niet minachting voor het huwelijk in – zoals [P.A.] Kohnstamm cum suis menen – maar diende integendeel tot redding van het gehele menselijke leven, inclusief van het huwelijk.

unlike his predecessor, had to stand firm in temptation. But since re-creation is not a second creation, he also had to bear on behalf of his own the punishment that had been fixed for breaking the first cove-nant so as to satisfy God's justice and to propitiate his wrath.

If we compare this task with that of the first Adam, then we ob-serve that it has become immensely more difficult. For the weight of God's wrath against the sin of the entire human race could not be borne by any human being: Consequently, the office bearer of the second covenant had also to be God. As man, as the seed of the woman, he had on the one hand to be joined with Adam in the state of innocence, and on the other hand to be parallel with him, that is, to be free from his sin. Therefore, we must distinguish in the Media-tor the unification of the Logos with a concrete, hence individual human nature and the conception of the paternal factor of the latter from the Holy Spirit, although these two were not separate in time. Furthermore, a distinction must be made between these two, which made the execution of the task of office possible and the investiture with the office.

> Comment 3: The church here spoke of "nature," not of "person" (in dis-tinction from Nestorius), to indicate that, supposing the concept of person was serviceable in anthropology, the human constituent in the Mediator never existed separately, that is as component, because its very origination was subservient to the incarnation of the Word.
>
> Consequently, the positive correlate of the rejection of the view ad-vocated by Nestorius is that the Person of the Son has united himself with the human nature, and that the result of this unification (*henosis*) is a unity (*henotes*), not a unit.
>
> This formula is to be distinguished from a completely different one, according to which the human nature of the Mediator is said to be "impersonal" (*anhypostatos*). For this expression (which moreover has at least three senses and thus can hardly be called univocal) means in essence that either something of the nature in question is denied (ei-ther its individuality or its integrity) or this nature is seen as a duality that requires a *vinculum substantiale* ("substantial means of connection"), a role assumed in this case by the Son of God. None of these con-structions, therefore, agrees with Holy Scripture or with dogma.
>
> Comment 4: The virgin birth, therefore, does not imply contempt for marriage (as P. A. Kohnstamm and his followers believe) but on the contrary, served the salvation of all of human life, including marriage.

b. De verhouding van de ambtsdrager tot het woord Gods. Deze relatie was, anders dan bij de eerste Adam, een constante: de Middelaar bouwde naar z'n menselijke natuur in leven en sterven op het woord Gods en doet dit nog. Zo bleek Hij in de ure der verzoeking de sterkere van Satan, waarom dan ook de engelen Hem kwamen dienen (Matteüs 4:1–11).

c. De verhouding van de ambtsdrager tot de in hem begrepenen. Ook deze betrekking is een andere dan voorheen. Want terwijl al de in het eerste verbond begrepenen uit Adam zouden voortkomen en hij door Eva ook inderdaad ons aller stamvader werd, heeft men aan de Christus alleen door toerekening deel. En wel door een tweezijdige: "Dien, Die geen zonde gekend heeft, heeft Hij (God) zonde voor ons gemaakt, opdat wij zouden worden rechtvaardigheid Gods in Hem" (2 Korintiërs 5:21; [zie ook:] Romeinen 8:3, Galaten 3:13, 1 Petrus 2:22–24).

Deze toerekening ligt naar beide zijden, dus ook wat het tweede deel – de rechtvaardigverklaring – betreft, vast in de verkiezing (electie), die men onderscheide van de voorbestemming (predestinatie): de eerste is slechts ten goede, de tweede zowel ten goede als ten kwade.

Zowel van de predestinatie als van de verkiezing zegt de Schrift ons dat ze er zijn. Daarentegen deelt zij ons niet met name mede, wie in de electie besloten zijn, dan in een enkel geval en dan nog slechts van hen die reeds lang uit dit leven zijn heengegaan (vergelijk Genesis 25:23 met Maleachi 1:2 en 3 en met Romeinen 9:12 en 13). Toch tasten we in dit opzicht niet in het duister. De predestinatie en electie worden in de tijd uitgewerkt, waarbij de God des Verbonds Zich, naar we nog zien zullen, op allerlei wijze aan de structuur van eigen scheppingswerk houdt.

125. De uitwerking van dit verbond in de tijd.

Bij deze uitwerking wordt de rechtvaardigverklaring tot rechtvaardigmaking.

Deze laatste geschiedt in de eerste plaats in de Middelaar, en wel in de aanvaarding van zijn lijden en dood bij Zijn opwekking uit de doden (Romeinen 4:25).

Deze vrucht van Z'n werk wordt nu door de verheerlijkte Christus al de Zijnen toegebracht in hun rechtvaardigmaking, welke vervat is in die roeping, met welke Hij geestelijk doden levend maakt. Deze levendmaking of wedergeboorte immers is de omwending van het hart, die bewerkt, dat de vernieuwde, vrijgesproken van schuld en

(b) The relationship of the office bearer to the Word of God. In contrast to the case of the first Adam, this relation is constant: In life and death, the Mediator, according to his human nature, placed his reliance on the Word of God—and does this still. Thus, in the hour of temptation, he proved stronger than Satan, for which reason the angels came to serve him (Matthew 4:1–11).

(c) The relationship of the office bearer to those comprehended in him: This relation as well is different from formerly. Because while all those comprehended in the first covenant were to descend from Adam—and he did, in fact, become, through Eve, the ancestor of us all—one participates in the Christ only by imputation. This imputation is two-sided: "God made him who knew no sin to be sin for us, so that in him we might become the righteousness of God" (2 Corinthians 5:21; cf. Romans 8:3; Galatians 3:13; 1 Peter 2:22–24).

With respect to both sides (that is, also as far as the second part, being declared righteous, is concerned), this imputation is anchored in election, which is distinguished from predestination—the former is only a decision for good, the latter is a decision for both good and ill.

Scripture tells us that both predestination and election exist. However, it does not tell us by name who are included in election, except in a few cases, and then only of persons who have died long ago (compare Genesis 25:23 with Malachi 1:2–3 and with Romans 9:12–13). Yet we are not in the dark in this regard. Predestination and election are worked out in time, a process in which the God of the covenant adheres in all kinds of ways to the structure of his own work of creation.

125. The covenant worked out in time

In the process of working out the covenant, being declared righteous becomes a being-made-righteous (justification).

The latter takes place first in the Mediator, specifically in the acceptance of his suffering and death at his resurrection from the dead (Romans 4:25).

This fruit of his work is now conferred by the glorified Christ on all who belong to him in their justification, which is comprised in that calling by which he makes the spiritually dead alive. For this making alive or regeneration is the turning around of the heart, which has the effect that the renewed person, acquitted of guilt and

van straf en recht hebbend op het eeuwig leven, naar al de geboden Gods begint te wandelen.

> Opm. 1. Deze daad Gods geschiedt "onmiddellijk", dat wil zeggen niet door het middel der overreding van de wil (Remonstranten) of der overtuiging van de praktische rede (school van Saumur), maar rechtstreeks door het woord Gods, in de zin van *vocatio efficax* ["krachtdadige oproep"]: God is het die doden levend maakt en die de dingen die niet zijn roept alsof zij waren [zie Romeinen 4:17].
>
> Schematisch laat deze omwending zich aldus weergeven:

Men vereenzelvige deze daad Gods dus niet met de prediking van Zijn woord door de gezanten van de Christus: de wedergeboorte immers gaat als opening van het hart aan het woord hunner prediking vooraf.

> Opm. 2. De herleving van dit inzicht sinds het einde der vorige eeuw is vooral aan de invloed van [Abraham] Kuyper te danken.
>
> Intussen bleef dit gegeven van de Schrift bij hem verbonden met een tweetal andere stellingen, die daarvan in ieder geval te onderscheiden zijn en dus afzonderlijk dienen te worden bezien.
>
> Deze stellingen hielden in, dat de wedergeboorte de kiem zou zijn en voorts, dat zij gepaard zou gaan met een getuigenis van de Geest, inhoudende, dat de Schrift Gods woord is. Met betrekking tot de eerste stelling zij opgemerkt, dat de Schrift (Lucas 8:11 en volgende) het (geopende) hart met de (toebereide) aarde vergelijkt, daarentegen het beeld van de kiem op het gepredikte woord betrekt: het woord "wies" [Marcus 4:8; Statenvertaling]. Ten aanzien van de tweede gedachte het volgende. Kuyper wilde, in tegenstelling met de ook door hem krachtig bestreden leer van het inwendige licht, bedoeld getuigenis zuiver "formeel" houden: men verwarre z'n conceptie inzake het *testimonium Spiritus Sancti (speciale)* ["(bijzondere) getuigenis van de Heilige Geest"] dan ook niet met de theorie van een *testimonium Spiritus Sancti generale* ["algemeen getuigenis van de Heilige Geest"]. Intussen was ook in de eerste wel degelijk een inhoud gegeven, wat niet bevreemdt, daar een "getuigenis" nu eenmaal niet formeel kan zijn. Bovendien is zulk een testimonium overbodig: de Schrift is in zichzelf geloofwaardig en voor de wedergeborene zonder zulk een getuigenis te erkennen. Wat zij ons zegt omtrent het getuigenis des Geestes volgt dan ook eerst op het Christ-geloof en komt in deze studie dus pas later aan de orde. Derhalve zijn bedoelde toevoegingen beide af te wijzen.
>
> Deze kritiek mag er intussen niet toe leiden, dat men nu ook de grondstelling zou verwerpen: zij betekent in de strijd tegen de overschatting van het kerkelijk ambt in vroeger en later tijd een belangrijke winst.

punishment and having a right to eternal life, begins to walk according to all of God's commandments.

> Comment 1: This act of God takes place "immediately," that is, not by means of the persuasion of the will (Remonstrants) or of the conviction of practical reason (school of Saumur), but directly by the Word of God, in the sense of *vocatio efficax* (effectual call). It is God who gives life to the dead and calls things that are not as though they were (Romans 4:17).
>
> This turnabout can be diagrammed as follows:

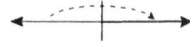

This act of God is not to be identified with the preaching of his Word by the envoys of the Christ, for regeneration precedes the opening of the heart to the word of their preaching.

> Comment 2: The revival of this insight since the end of the previous century is especially due to the influence of Abraham Kuyper.
>
> However, this given of the Scriptures is combined in Kuyper with two other statements that can in any case be distinguished from it and, therefore, ought to be considered separately.
>
> The content of these statements was that regeneration was the embryonic seed and, furthermore, that it was accompanied by a testimony of the Spirit to the effect that Scripture is God's Word. With reference to the first statement, it may be remarked that Scripture (Luke 8:11ff.) compares the (open) heart with the (prepared) earth, but relates the image of the seed to the preached word: the word "produced" (Mark 4:8). With respect to the second notion, we observe the following: It was Kuyper's intention to keep the testimony in question purely "formal" in opposition to the doctrine of the "inner light," of which he was a vigorous opponent. His conception regarding the (special) testimony of the Holy Spirit (*testimonium Spiritus Sancti speciale*) must not be confused with the theory of a general testimony of the Holy Spirit (*testimonium Spiritus Sancti generale*). Nonetheless, the former was certainly not without content either, which is not surprising because a "testimony" simply cannot be formal. Moreover, such a testimony is superfluous: Scripture in itself is credible and must be acknowledged by the regenerate without such a testimony; what it tells us about the testimony of the Spirit does not come until after Christian faith and, therefore, is not dealt with in this study until later. For that reason, both additions are to be rejected.
>
> However, this criticism may not lead to a rejection of the basic statement: In the struggle against the overestimation of ecclesiastic office on the remote and recent past, the latter constitutes an important gain.

De levendmaking zet ook de pistische functie (de *fides qua creditur*, dat wil zeggen het geloof waarmee geloofd wordt) om. Daardoor richt dit geloof zich nu op het door de kerkelijke ambtsdragers gepredikte woord Gods, met name op de kern daarvan, namelijk op het Evangelie. Zo wordt het geloof, nu in de zin van het geloofde (*fides quae creditur*), gewekt door het gepredikte woord.

Op dit wekken volgt dan het versterken. Dit vindt plaats deels door hetzelfde gepredikte woord, deels door het (gelovig) gebruik van de sacramenten.

Het gepredikte woord dat steeds onvoorwaardelijk is, behelst deels voorzegging, deels toezegging.

De voorzegging raakt de eerste, respectievelijk tweede komst van Christus, die plaats vond respectievelijk plaats vinden zal ondanks het ongeloof onder Gods volk (Genesis 18:12, Jesaja 7:12 en volgende, Lucas 1:18 en 18:8).

De toezegging daarentegen draagt een ander karakter. Zij richt zich als belofte niet slechts tot de gelovigen, maar ook tot hun kinderen en tot de met beiden in de gemeenschap der Kerk opgenomenen, en vergt nu, dat zij als belofte van God, die de Betrouwbare is, ook geloofd wordt. Zo komt deze belofte als bevel tot het verbondsverband (vergelijk "*Kort Begrip [der Christelijke Religie]*", vraag 20: "beloofd en bevolen te geloven").

Deze wet nu draagt evenals iedere norm een tweezijdig karakter: de gehoorzamen belooft zij de zegen en de ongehoorzamen bedreigt zij met de wraak des verbonds.

De zegen bestaat in het opwassen in de genade, waarbij de Geest met onze geest getuigt, dat wij kinderen Gods zijn (Romeinen 8:16; 2 Korintiërs 1:22 en 5:5; Efeziërs 1:13–14 en 4:30). Bovengenoemde zegen wacht de gehoorzamen, dat wil zeggen de uitverkorenen voorzover deze niet vroeg stierven.

De vloek daarentegen bestaat daarin, dat degene die het verbond breken een zwaarder oordeel treffen zal (Leviticus 26:15 [en volgende] vergelijk [vers] 24; Deuteronomium 31:20; Romeinen 11:28–30; Hebreeën 10:28–31 en 12:25).

> Opm. 3. Voor de versterking van z'n geloof is de schriftgelovige dus niet slechts op de leiding die de prediking van de norm des geloofs hem biedt, aangewezen, maar ook op het gebruik van de sacramenten, in verband met de structuur van het pistische object ingesteld.
>
> Opm. 4. De sacramenten zijn aan de Kerk geschonken, onderstellen derhalve, evenals de prediking van het woord Gods, het bestaan der Kerk

Regeneration also effects a turnabout in the pistic function (the *fides qua creditur*, in other words, faith by which a person believes). By virtue of this turnabout, faith is now directed to the Word of God that is preached, by the ecclesiastic office bearer, especially to its essence, namely the Gospel. In this way, faith, now in the sense of that which is believed (*fides quae creditur*), is awakened by the preached Word.

Strengthening follows this awakening. This takes place partially by that same preached Word, partially by the use (in faith) of the sacraments.

The preached Word, which is always unconditional, comprises partially prediction, partially promise.

The prediction concerns the first or second coming of Christ, which took place (will take place) despite unbelief among God's people (Genesis 18:12, Isaiah 7:12ff., Luke 1:18 and 18:8).

The promise, on the other hand, has a different character. As promise, it is directed not only to the believers but also to their children and to those who have been taken up together with them into the fellowship of the church; and now, as the promise of God, who is the faithful One, it demands that it will be believed. Thus, this promise comes as a command to the covenant community (cf. *Kort begrip der Christelijke religie*, question 20: "promised and commanded to believe").

Like every norm, this law has a double character: It promises blessing to the obedient and threatens the disobedient with the vengeance of the covenant.

The blessing consists in growth in grace, accompanied by the witness of the Spirit with our spirit that we are children of God (Romans 8:16, (cf.) 2 Corinthians 1:22 and 5:5, Ephesians 1:13–14 and 4:30). This blessing awaits the obedient, that is, the elect insofar as they did not die young.

The curse, on the other hand, consists in this, that the breakers of the covenant will suffer a more severe judgment (Leviticus 26:15ff, cf. 24; Deuteronomy 31:20; Romans 11:28–30; Hebrews 10:28–31 and 12:25).

> Comment 3: For the strengthening of his faith, the Bible believer has recourse not only to the guidance that the preaching of the norm of faith provides but also the use of the sacraments, which have been instituted in connection with the structure of the pistic object.
>
> Comment 4: The sacraments have been given to the church; they therefore presuppose, besides the preaching of the Word of God, the existence of the church and, thus, the operation of the regenerating power of the

en dus de werking der levendmakende kracht des Geestes op aarde. Om misverstand te voorkomen onderscheide men intussen het ontvangen van de sacramenten en het gebruik daarvan. Zowel bij de besnijdenis en de doop van volwassenen als bij Pascha en Avondmaal gingen gebruik en ontvangst bij een gezond geloofsleven samen; bij de besnijdenis en de doop van kinderen daarentegen stond en staat het enigszins anders: terwijl de kinderen der gelovigen dit sacrament ontvangen, vindt het geloof-sterkend gebruik vooral door de ouders en de gemeente plaats. En voorzover de ontvangenden pas na de ontvangst van het betrokken sacrament worden wedergeboren is een geloofsterkend gebruik – het pleiten op de gegeven belofte – tijdens de ontvangst zelfs uitgesloten.

De prediking in de kerk heeft, zowel in de dienst des woords als in de catechese het karakter der kerk als christelijk-pistisch levensverband in het oog te houden. Ze is dan ook niet evangelisatie – prediking van de voorzegging naar buiten –, maar bediening van de sleutelmacht, zowel om te openen als om toe te sluiten. In deze zin opgevat is zij van grote invloed op de religie des harten met haar gebed, en maakt zij van de gemeente een dapper en tegelijk in z'n wandel met God voorzichtig volk.

De betekenis der kerk – die reeds sinds de zondeval bestaat – is dus groot. Daarom is het van veel belang haar verhouding zowel tot de religie als tot de andere levensverbanden goed te zien.

De kerk is christelijk-pistisch levensverband. Daardoor valt zij enerzijds niet samen met de Christenheid, die immers haar christendom ook in andere levensverbanden openbaart – men denke aan het christelijk gezinsleven.

> Opm. 5. Men duidt dit verschil soms aan met behulp van de termen "kerk als organisme" en "kerk als instituut". Deze wijze van onderscheiding is niet bijzonder gelukkig: "organisme" ligt voor het plantenleven, "instituut" voor resultaat van juridische actie vast. Daarom spreke men liever van "Kerk" en "kerk", of – wat wellicht nog duidelijker is – van "Christenheid" en "kerk". Intussen vergete men niet, dat de kritiek op minder heldere termen het verschil, dat zij beogen te formuleren allerminst opheft. Dat is vooral in dit verband van belang, daar anders het gevaar dreigt dat men alle christelijke actie zou willen verkerkelijken, wat niet slechts zulke actie zou belemmeren, maar ook de kerk zou betrekken in allerlei vragen die niet op haar weg liggen, wijl haar taak uitsluitend daarin bestaat dat zij door de bediening van het woord Gods en van de sacramenten, alsmede door haar diaconaal werk, het christelijk geloof heeft te wekken en te versterken. Speciaal wat de christelijke wetenschap betreft zorge zij zich niet op het terrein van deze te wagen: terwijl laatstbedoelde behalve de Schrift geheel de

Spirit on earth. To prevent misunderstanding, however, we must distinguish between receiving the sacraments and using them. Not only in the circumcision and baptism of adults, but also at the Passover and Eucharist, using and receiving went together if the life of faith was healthy. In the case of the circumcision and baptism of children, on the other hand, matters were and are somewhat different: Whereas the children of believers receive this sacrament, the faith-strengthening use takes place especially on the part of the parents and the congregation. And insofar as the recipients are not born again until after receiving the said sacrament, there cannot be any question of a faith-strengthening use (claiming the promise that was given) while baptism is being received.

The proclamation within the church, both in the service of the Word and in catechism, must keep in mind the nature of the church as Christian pistic institution. Consequently, it is not evangelism (proclamation of the prediction to those outside) but administration of the power of the keys, both to open and to close. Conceived in this way, it is a great influence on the religion of the heart with its prayer and makes the congregation a courageous people—and at the same time one that is careful in its walk with God.

The significance of the church, then, which has existed ever since the Fall, is great. It is, therefore, of great importance to conceive correctly of its relationship both to religion and to the other institutions of human life.

The church is the Christian pistic institution of human life. On the one hand, this means that it does not coincide with Christendom, for the latter manifests its Christianity in other human institutions as well, for example, in Christian family life.

> Comment 5: This difference is sometimes indicated with the help of the terms *church as organism* and *church as institution.* This way of distinguishing is not particularly felicitous: "organism" has an established sense for the life of plants and "institution" for the result of juridic action. It is, therefore, preferable to speak of Church and church or else (perhaps this even clearer) of Christendom and church. We must keep in mind, however, that criticism of terms that lack clarity does not do away with the difference that they intend to formulate. This is especially important in the present context, because the alternative would be for all Christian action to be reduced to ecclesiastic projects that would not only hinder such action but would also involve the church in all kinds of questions that are not its concern, because its task consists exclusively in the awakening and strengthening of Christian faith through the administration of the Word of God and the sacraments, as well as through its discerned work. Especially as far as Christian

kosmos dient te onderzoeken, is het dogma der kerk uitsluitend aan de Schrift gebonden en draagt het tevens een niet-wetenschappelijk karakter.

Anderzijds verschilt de kerk van alle ander levensverband. Dit wortelt deels in haar bestemmingsfunctie, deels in haar richting.

Reeds krachtens het eigen karakter van haar bestemmingsfunctie ontleent zij haar bestaansrecht niet aan enig ander levensverband: een pistisch levensverband is *sui generis* ["met eigen aard"] en verschilt op die grond van gezin en school, staat, bedrijf, enzovoort.

Bovendien is de kerk als geheel rechts gericht: zij is immers het christelijk-pistisch levensverband. Daardoor verschilt zij van de synagoge en andere anti-christelijk-pistische levensverbanden. Maar tevens is op deze grond voor een christelijke actie in de kerk, parallel aan die in de staat, geen plaats. Want terwijl de staat alle burgers omvat, kan de kerk slechts de Christ-gelovigen en hun kinderen als leden erkennen. Vandaar dat een "volkskerk" steeds een contradictoir bestaan leidt.

De kerk behoort één te zijn en mag, in verband met haar prediking, dan ook slechts naar taalkringen verschillen. Wat met deze eis in strijd is vergoelijke men dus niet. Intussen verwarre men ook hier niet wet en subjèct: in tal van landen bestaat een veelheid van christelijk-pistische verbanden naast elkaar, die alle op de naam "kerk" aanspraak maken. Deze toestand is door allerlei conflicten in het – deels reeds verre – verleden ontstaan; bovendien wortelen vele van deze schismata vrij diep; dus vallen zij niet te negeren en nog minder op korte termijn op te heffen. Zal echter het subjèct ten deze ooit weer aan de wet conform worden, dan zal dit slechts de vrucht kunnen zijn ener diepgaande bestudering van de geschiedenis der betrokken schismata en van voortdurende reformatie in eigen kring. Ook met een reünie op de basis van een der betrokken verschillen nivellerend compromis is de zaak allerminst gebaat: ze zou de veelheid maar met één vermeerderen. Ook hier geldt geen andere maatstaf dan de wet.

Daarbij ziet men vooral toe ondertussen niets dat niet in de Heilige Schrift is vervat in het dogma in te dragen, daar speciaal dit pleegt scheiding te bevorderen en hereniging te vertragen.

Opm. 6. Bij bedoelde studie zal men ook de invloed van vele verschillen in de gangbare filosofie niet mogen verwaarlozen: een waarlijk calvin-

science and scholarship is concerned, the church should take care not to venture into the latter's area; whereas the latter must investigate, besides Scripture, the entire cosmos, ecclesiastic dogma is bound exclusively to Scripture and, moreover, is nonscientific in character.

On the other hand, the church is different from any other human institution. This is rooted partially in its destination function, partially in its direction.

It is already by virtue of possessing a destination function of her own that the church does not derive its right to exist from any other human institution: A pistic institution is peculiar, *sui generis*, and differs on that basis from family and school, state, business, and so on.

Moreover, the church in its entirety is directed to the right, for it is the Christian pistic institution. This makes it different from the synagogue and other non-Christian pistic institutions. But, furthermore, on this basis, there is no room for Christian action in the church parallel to that in the state. The state includes all citizens, while the church can recognize as members only Christ-believers and their children. It is for this reason that a "national church" must always lead a contradictory existence.

The church ought to be one and, therefore, may differ only according to lingual boundaries (*grenzen*) in connection with its preaching. We must not, therefore, find excuses for what does not live up to this requirement. Once again, however, we must not confuse law and subject: In many lands, there exists a variety of Christian pistic institutions alongside each other, all of whom claim the name "church." This situation arose through all kinds of conflicts in the past, partially the remote past. Moreover, many of these schisms have roots that go quite deep. Consequently, they cannot be ignored; much less can they be removed in short order. However, if that which is subject in this case is ever to conform to the law again, then this will only come about as the fruit of a penetrating study of the history of the schisms involved and of continuing reformation in one's own circle. Nor will a reunion based on a compromise that levels the difference in question improve matters—this would only increase the multiplicity by one. Here, too, there is no other yardstick than the law.

Particular care must be taken, meanwhile, that nothing not found in Scripture be introduced into dogma, because this especially often fosters division and delays reunion.

Comment 6: The study we here have in mind cannot neglect the influence of the many differences in the philosophy current at the time: Conse-

istische wijsbegeerte zal dan ook het streven naar een hereniging in goede zin veelszins kunnen bevorderen.

Bij geheel dit streven handhave men intussen de antithese: christelijke en anti-christelijke pistische levensverbanden kunnen er zeker bij winnen, wanneer zij het gemeenschappelijke in beider structuur duidelijker gaan zien en bij hun optreden in rekening brengen, maar deze bezinning zal, wanneer zij bij het licht der Schrift plaats grijpt, des te scherper de onverzoenlijke tegenstelling tussen de kerk enerzijds en de synagoge en andere anti-christelijke pistische samenlevingsverbanden [anderzijds] aan de dag doen treden.

126. Indeling.

In verband met het feit, dat de tweede Adam er niet terstond was, onderscheide men in het herscheppingsverbond een tweetal hoofdperioden, namelijk die vóór en die na de vleeswording van de Logos.

2. VÓÓR DE VLEESWORDING DES WOORDS.

127. Inleiding.

A. Karakter. In de Logosopenbaring staat de aankondiging van de tweede Adam op de voorgrond.

B. Indeling. In verband daarmee zijn in deze hoofdperiode twee perioden te onderscheiden, namelijk die vóór en die na de differentiering der betrokken openbaring.

a. De periode der niet-gedifferentieerde Logosopenbaring.

128. Inleiding.

A. Karakter. Gedurende deze eeuwen is de openbaring van de Logos nog voor alle mensen dezelfde.

B. Indeling. In deze periode onderscheide men weer een tweetal fasen, namelijk die vóór en na de zondvloed.

129. Vóór de zondvloed.

A. De Logosopenbaring.

Daar de mens door Satan was verleid, moest, zou er nog sprake zijn van een weer-leven-met-God, de eerste toenadering van Gods zijde komen, wat alleen mogelijk was door de liefde Gods.

Welnu, God is gekomen. Z'n liefde vertoont, met het oog op de nieuwe toestand, het karakter van genade: reeds in het paradijs kon-

quently, a genuinely Calvinian philosophy will in many ways be able to promote the efforts toward a reunion correctly understood.

In all of these efforts, however, the antithesis must be maintained: It is certainly to the advantage of Christian and non-Christian pistic institutions to gain a clearer insight into what is common to the structure of both and to take this into consideration in their actions; but such reflection, if it takes place in the light of Scripture, will only throw into sharper relief the irreconcilable opposition between the church, on the one hand, and the synagogue and other non-Christian pistic institutions on the other.

126. Division

In connection with the fact that the second Adam did not appear immediately, a distinction must be made in the covenant of re-creation between two main periods, namely the one before the incarnation of the Logos and the one thereafter.

2. BEFORE THE INCARNATION OF THE WORD

127. Introduction

Character: Prominent in the Logos revelation is the announcement of the second Adam.

Division: In this connection, we must distinguish two periods within this main period, namely the one before the differentiation of the revelation in question and the one thereafter.

a. The period of the nondifferentiated Logos revelation

128. Introduction

Character. During these centuries, the revelation of the Logos is still the same for all humans.

Division. Within this period, we must again distinguish two phases, namely the one before and the one after the Flood.

129. Before the Flood

a. The Logos revelation

Because Satan seduced man, the first rapprochement (if there was to be any question of living with God again) had to come from God's side, something that was only possible through the love of God.

God did, in fact, come. Taking the new situation into account, his love has the character of grace: Already in Paradise, he announces the

digt Hij de Middelaar van het nieuwe verbond aan. En wel als het zaad der vrouw dat in vijandschap zal leven met het zaad der slang, maar in deze strijd overwinnen zal.

B. De religie.

1. Correlaat met deze wijziging in openbaring verandert ook de religie. Hoewel van haar vervalsing gered, werd ze niet hersteld in de oude toestand, maar wordt ze, gelijk paste bij de nieuwe situatie, tot genade-religie. Evenzo houdt het vernieuwde geloof niet alleen meer voor waarachtig het vroeger gesproken woord Gods, maar evenzo de belofte Gods omtrent de redding van allen die deze belofte geloven (het "niet alleen anderen, maar ook mij" van de *Heidelbergse Catechismus* [Zondag 7, vraag 21]).

2. Dit geloof is echter niet een deel van allen: niet weinigen verwerpen in hoogmoed de beloften Gods.

Dat verschil is reeds empirisch te ontwaren in het eerste gezinsleven. Eva aanvaardt de belofte en steunt op de God des Verbonds (Genesis 4:1). Kaïn daarentegen is hoogmoedig: wanneer God z'n offer niet aanneemt ontsteekt hij in toorn, luistert niet naar de waarschuwing voor een nieuwe zonde en bekommert zich zelfs na z'n boze daad slechts om het behoud van zijn nu door een speciale vloek getroffen leven (Genesis 4:3–14).

> Opm. Ook over dit verschil gaat de raad Gods. De predestinatie, die op alle ontwikkeling betrekking heeft, is in betrekking tot het inslaan van deze twee wegen uiteraard tweezijdig ([Latijn:] *gemina*); wanneer ze een beslissing ten goede inhoudt heet ze verkiezing, waarom de electie, indien men haar maar onderscheidt van de predestinatie, dan ook niet *gemina* is.

3. In verband met dit verschil in het menselijk geslacht openbaart zich thans daarin de antithese. Deze laat zich uiteraard ook opmerken in de uitwerking van de taak, de mensheid opgedragen, en in de culturele resultaten van haar inspanning.

130. Na de zondvloed.

A. De aanvulling in Logosopenbaring bij Noach.

1. Hoewel het geloof aan de beloften Gods bleef (Genesis 5:24) nam de zonde hand over hand toe en werd de aarde zelfs vervuld met wrevel. Daarom berouwde het God dat Hij de schepselen had gemaakt. Toch vernietigde Hij Z'n werk niet, maar besloot Hij het uitbreken der zonde te verzwakken.

2. Tegelijk met de mededeling van dit voornemen aan Noach maakt Hij ook, ter aanduiding van het leven na de zondvloed in vertrouwen op

Mediator of the New Covenant. This Mediator, as the seed of the woman, will live in enmity with the seed of the serpent but will be victorious in that struggle.

b. Religion

(1) Correlate with this change in revelation is a change in religion: Though saved from debasement, it is not restored to the old situation but becomes religion appropriate to the new situation, religion of grace. The renewed faith, likewise, holds for truth not only the Word of God spoken before but also the promise of God concerning the deliverance of all who believe this promise (as the Heidelberg Catechism puts it [Q & A 21]: "not only to others, but to me also").

(2) Not all, however, participate in this faith—not a few arrogantly reject the promises of God.

That difference can already be observed empirically in the life of the first family: Eve accepts the promise and relies on the God of the Covenant (Genesis 4:1). Cain, on the other hand, is arrogant: When God does not accept his sacrifice, Cain burns with anger, does not listen to the warning against a new sin, and does not concern himself, even after his evil deed, with anything but the preservation of his own life, now struck by a special curse (Genesis 4:3–14).

> Comment: The council of God also includes this difference. Predestination, which has reference to all development, is, of course, double (*gemina*) with reference to the taking of these two ways; when it concerns a decision for good, it is called election. Accordingly, election is not *gemina*, provided it is distinguished from predestination.

(3) In connection with this difference in the human race, the antithesis now reveals itself therein. This is, of course, also discernible in the working out of the task that was assigned to humankind and in the cultural results of its efforts.

130. After the Flood

a. The Logos revelation supplemented at the time of Noah

(1) Although faith in the promises of God remained (Genesis 5:24), sin gained ground rapidly, and the earth was even filled with violence. Therefore, God repented that he had made the creatures. Yet he did not destroy his work but decided to mitigate the outbreak of sin.

(2) Simultaneously with this announcement of his instruction to Noah, God also makes known to him the term *covenant* (Genesis

Zijn genade, de term "verbond" aan Noach bekend (Genesis 6:18). In deze bediening van het verbond met de zo sterk getuchtigde maar daardoor juist behouden mensheid ziet God niet slechts af van bestraffing door een tweede zondvloed, maar deelt Hij dit voornemen ook mede, waarbij Hij het verschijnen van de regenboog tot herinnering aan Zijn belofte stempelt. Hij veroorlooft tevens het gebruik van dierenvlees voor voeding, belooft een regelmatige afwisseling van seizoenen en beteugelt de zonde door de opname van de reeds vroeger uitgeoefende (Genesis 4:23) bloedwraak in het overheidsrecht.

B. De religie.

1. Door het geloof – niet alleen bij de Semieten gevonden! – aan de aldus verrijkte belofte wordt de periodieke cultivering van het land en van de daarvoor benodigde dieren mogelijk. In dit geloof is het vertrouwen op de grondbelofte van redding verondersteld.

2. Intussen brengt het ongeloof – ook bij de nakomelingen van Sem! – er toe bepaalde samenhangen (bijvoorbeeld tussen wolkenhemel en aarde of ook tussen de beide seksen), ambten (ambtsdragers), dingen (zon en maan, enzovoort) of functies (denken, voorstellen) als goddelijk te beschouwen. Ook op de door God ingestelde periodiciteit der seizoenwisseling werpt zich het ongeloof door de miskenning van God in de verering van vegetatiegoden. Door dit alles maakt de zekerheid des geloofs plaats voor een besef van onveiligheid. Zo verstaat men hoe het animisme kon vergeten dat de niet-menselijke aardse schepselen alleen via de mensheid in religieus verband met God staan, en, uitgaande van het juiste inzicht, dat er ook bij dieren van psychisch leven sprake is, dit verklaarde als een gevolg van zielsverhuizing en op deze wijze kwam men tot de uitvaardiging van het slachtverbod, waardoor men de weldaden in het noachitisch verbond goeddeels van hun kracht beroofde.

Opm. 1. De verwarring van ziel en psychisch leven is reeds oud.

Opm. 2. Het verbond met Noach is dus een fase van het genadeverbond en wel de tweede van de periode met niet-gedifferentieerde Logos-openbaring.

De ontkenning van dit karakter hangt samen met een tweetal misvattingen. Volgens de eerste zou het leven tussen zondeval en zondvloed nog de nabloei van het scheppingsverbond hebben gebracht, terwijl volgens de tweede het genadeverbond pas bij Abraham zou zijn begonnen. Geen dezer opvattingen is juist: de hoofdincisie der geschiedenis valt niet bij de zondvloed, maar bij de zondeval; en het genadeverbond begint reeds in het paradijs wanneer bij ontstentenis van een waardige ambtsdrager God in de moederbelofte voorziening belooft.

6:18) to give an indication of life after the Flood in reliance on this grace. In administering the covenant with a severely chastised humankind, which was preserved in that very chastisement, God not only refrains from punishing men with a second Flood but also communicates this intention of his, proclaiming the appearance of the rainbow as a reminder of his promise. He also allows the consumption of animal meat for food, promises a regular alternation of seasons, and bridles sin by including in governmental law the blood revenge that had already been exercised before (Genesis 4:23).

b. Religion

(1) By faith (which is not only found among the Semites!) in this enriched promise, the periodic cultivation of the land and of the animals that are required for it, becomes possible. Presupposed in this faith is trust in the basic promise of deliverance.

(2) At the same time, unbelief (which is also found among the descendants of Shem!) has the effect that some regard as divine certain interrelations (such as between sky and earth or between the two sexes), offices (office bearers), things (sun and moon), or functions (thinking, imagination). Unbelief also attaches itself to the periodicity of seasonal change by dishonoring God in the worship of plant gods. As a result of all of this, the assurance of faith is replaced by a sense of insecurity. Thus, we understand how animism could forget that the nonhuman earthly creatures stand in religious relation to God, only by way of humankind, and, proceeding from the correct assumption that there is psychic life also in animals, explained this fact to be a result of the transmigration of the soul. In this way, animism led to the prohibition of slaughtering, by which the benefits of the Noachian covenant were largely nullified.

> Comment 1: The confusion of soul and psychic life is an ancient error.
> Comment 2: The covenant with Noah is, therefore, a phase in the covenant of grace—the second in the period of nondifferentiated Logos revelation.
>
> The denial of this character is related to two misconceptions. According to the first of these, life between Fall and Flood had brought the late flowering of the covenant of creation; according to the second, the covenant of grace did not begin until Abraham. Neither of these views is correct: The main incision of history is found not at the Flood but at the Fall, and the covenant of grace already begins in Paradise, when God, in the absence of a worthy office bearer, promises provision in the mother promise.

Daarmede vervalt ook de mogelijkheid de verhouding tussen het verbond met Noach en dat met Abraham in het schema natuur-genade onder te brengen.

b. De periode der gedifferentieerde Logosopenbaring.

131. Inleiding.

A. Karakter. Terwijl de aanvulling in Logosopenbaring bij Noach nog aan geheel de mensheid wordt bekend gemaakt, treedt er ten tijde van Abraham een merkwaardig verschil op: de nieuwe aanvulling in Logosopenbaring wordt slechts aan een kleine kring verstrekt.

B. Indeling. Men onderscheide ook hier twee fasen, namelijk de patriarchale en de nationale.

132. De patriarchale fase.

A. De Logosopenbaring.

Zij heeft rechtstreeks betrekking op de geboorte van de beloofde Messias, die als het zaad eerst van Abraham, dan van Izaäk, vervolgens van Jakob en eindelijk van Juda wordt aangekondigd.

Deze openbaring onderstelt die aan Noach, doch brengt daarbij de verzekering van Abraham, respectievelijk aan één zijner nazaten, dat in hem al de geslachten des aardrijks zullen gezegend worden, waartegenover hem naast de altijd geldende eis "Wees oprecht en wandel voor Mijn aangezicht" [zie Genesis 17:1] die van geloof speciaal ook aan deze belofte wordt gesteld. Als sacrament dient de besnijdenis, die de uitrukking van de zonde betekent en verzegelt.

B. De religie.

1. Ongeloof en geloof, ook wel speciaal inzake deze belofte, wor-stelen in de harten van Abraham en Sara en in die van hun nakroost.

2. Ondertussen duurt ook de uitsluitend-noachitische religie voort (Melchizedek enzovoort). Zij lijdt evenwel slechts een veelal kwij-nend bestaan. Doch hoewel de volkeren steeds meer door onzedelijkheid, animisme en idealisme van de ware religie vervreem-den, houdt God Z'n goedheid jegens hen niet in: een concreet oordeel treft alleen bepaalde streken bij ergerlijke ontwikkeling van zonde (Sodom).

133. De nationale fase.

A. De Logosopenbaring.

1. De Logos richt Zich eerst tot Mozes en Aäron en roept hen Abrahams zaad uit Egypte te leiden. Als sacrament dient het Pascha,

This also disposes of the possibility of fitting the relationship between the covenant with Noah and that with Abraham into the scheme nature–grace.

b. The period of the differentiated Logos revelation

131. Introduction

a. Character. Whereas the supplementation in Logos revelation had still been made known to all of humankind in the time of Noah, a remarkable change occurs in the time of Abraham: The new supplementation in Logos revelation is furnished to only a small circle.

b. Once again, two phases are to be distinguished, namely the patriarchal and the national phase.

132. The patriarchal phase

a. The Logos revelation

It has immediate reference to the birth of the promised Messiah, who is announced as the seed first of Abraham, then of Isaac, thereafter of Jacob, and finally of Judah.

This revelation presupposes the revelation given to Noah but also incorporates the assurance given to Abraham, or to one of his descendants, that in him all of the families of the earth will be blessed (cf. Genesis 12:3), over against which Abraham, next to the requirement "walk before me, and be blameless" (cf. Genesis 17:1), which always holds, is confronted with the requirement of faith, particularly faith in this promise also. Circumcision serves as sacrament that signifies and seals the eradication of sin.

b. Religion

(1) Unbelief and faith with particular reference also to this promise are in conflict in the hearts of Abraham and Sarah and in the hearts of their offspring.

(2) Meanwhile, the exclusively Noachian religion also continues (Melchizedek, etc.). In large measure, however, it has only a lingering existence. Yet, though the nations are increasingly estranged from the true religion through immorality, animism, and idealism, God does not withhold his goodness from them: Tangible judgment falls only on certain regions in cases of outrageous excrescences of sin (Sodom).

133. The national phase

a. The Logos revelation

(1) The Logos addresses himself first to Moses and Aaron and calls them to lead Abraham's seed out of Egypt. The Passover serves

de maaltijd van het offerlam, die Israël eraan herinnerde, hoe de engel des verderfs hun met bloed getekende huizen voorbijging.

2. De inscherping van de wet der tien geboden onderstelt, behalve het voorafgaande, ook de verlossing uit Egypte.

Van deze wet zijn te onderscheiden de geboden voor het staatsleven – die thans de bloedwraak van het familierecht beteugelen – en de voorschriften inzake de ceremoniële handelingen, die de beloften bevestigden, of dienden om aan de daden van de God des Verbonds te herinneren en vermenging met de in de omgeving wonende heidenen tegen te gaan (bijvoorbeeld het verbod bepaalde dieren te eten, die in menige heidense religie een voorname rol speelden juist op grond van hun verband met graf en dood).

> Opm. In scherpe tegenstelling met het mortalisme bij enkele volkeren in de omgeving, dat met de dood een mogelijkheid voor rijke ontplooiing gegeven achtte, bleef het woord Gods de dood als straf zien. Dat er intussen ook reeds aan Israël iets bekend was omtrent het verschil in toestand na de dood tussen hen die Gods beloften aanvaarden en [hen die deze] verwerpen, en vooral omtrent het verschil na de opstanding (Psalm 49), is uiteraard iets geheel anders.

3. Het pre-functionele ambt van de Messias wordt afgeschaduwd in de drie ambten van profeten, priesters en koningen, die naast elkaar staan. De Messias echter zal ze alle tezamen bekleden: Hij zal een profeet zijn als Mozes en een koning als David. Meer moeite leverde het priesterschap op, dat immers aan een andere stam dan aan die van Juda gebonden was. Vandaar dat de voorspelling van de Messias als priester-koning spreekt van een toekomst in welke de differentiatie van de openbaring aan Abraham zal zijn opgeheven: de Messias zal priester zijn naar de ordening van Melchizedek (Psalm 110). Deze voorzeggingen zijn vast, ook al worden ze niet geloofd, zelfs niet door hen, die als leden der heilige linie, bij haar vervulling het nauwst betrokken zijn (Jesaja 7:1–17).

B. De religie.

1. De speciale beloften aan Israël vragen ook een speciaal geloof. Ongeloof en bondsbreuk bij de leden van de volksgemeenschap worden dan ook streng berispt. Nemen deze de vermaning niet ter harte, dan komt de vloek om de verbreking van het verbond. Daarbij is weer verschil: de zonde is ernstiger naar mate de toezegging vaker werd herhaald (Deuteronomium 29:20–21), het verbond juist is vernieuwd (Jozua 5:1–9), het gebod bepaalder (Jozua 6:18 en 7:1), de belofte meer toegespitst op één familie (2 Samuël 7 en Jesaja 7:17), de

as sacrament, the meal of the sacrificial lamb, which reminded Israel of how the angel of perdition passed by their blood-marked houses.

(2) The inculcation of the law of the Ten Commandments presupposes, apart from the foregoing, the deliverance out of Egypt.

Distinct from this law are the commandments for public life, which now restrain blood revenge in family law, and the prescriptions concerning ceremonial practices that certified promises or that served to recall the mighty acts of the God of the Covenant and to avert mingling with the pagans living in the area (for example, the command not to eat certain animals that played a prominent part in many heathen religions precisely on the basis of their connection with the grave and death).

> Comment: In sharp contrast to a fascination with death found among some nations in the vicinity that considered death to open the possibility for extraordinary development, the Word of God continued to see death as punishment. That Israel, in time, also came to know some things about the difference in the situation after death, between those who embraced and those who rejected God's promises, and especially with regard to the difference after the resurrection (Psalm 49), is obviously something completely different.

(3) The prefunctional office of the Messiah is foreshadowed in the three offices of prophet, priest, and king, which stand next to each other. The Messiah, however, will fill all three together. He will be a prophet like Moses and a king like David. The priesthood proved to be more difficult, for that was tied to a tribe other than Judah. Hence, the prediction about the Messiah as priest and king talks of a future in which the differentiation of the revelation to Abraham will be removed: The Messiah will be a priest in the order of Melchizedek (Psalm 110). These prophecies are secure, even if they are not believed, not even by those who, as members of the holy line, will be most affected when they are fulfilled (Isaiah 7:1–17).

b. Religion

(1) The special promises to Israel also require a special faith. Unbelief and the breach of faith on the part of members of the national community are soundly rebuked. If they do not take the warning to heart, then the curse will come for breaking covenant. Differences remain. The sin is more serious as the promises are repeated (Deuteronomy 29:20–21), the covenant is renewed (Joshua 5:1–9), the command becomes more specific (Joshua 6:18 and 7:1), the promise narrows to one family (2 Samuel 7 and Isaiah 7:17), prophecy be-

profetie minder schaars (Jesaja 24:6) of de reformatie onder het volk krachtiger (Zacharia 5:3) was, en daardoor de breuk resoluter. Correlaat met de schuld verschilt ook de straf: soms treft de vloek zelfs het door de gestrafte gecultiveerde (Jozua 7:24, Zacharia 5:4)!

2. Intussen blijft God ook een God der volkeren die deze rechten niet kennen (Psalm 147:20), zonder de (dat wil zeggen deze) wet leven (Romeinen 2:12), maar dan ook, zonder de(ze) wet geoordeeld, alleen door ongeloof aan de hun wel geopenbaarde beloften verloren gaan. Dat heft niet op, dat God goed is zowel over de enkele buiten de gemeenschap van Israël en z'n Paschafeest gesloten vreemdeling (Exodus 12:43 en Deuteronomium 10:18), als over gehele groepen. Zo staat bijvoorbeeld tegenover de strenge straf die Egypte en Babel treft wegens verharding, de goedheid Gods jegens Ninevé, wanneer reeds de dreiging van het oordeel het tot inkeer brengt.

3. NA DE VLEESWORDING DES WOORDS.

134. De opheffing van de differentiëring in Logosopenbaring met de prediking van de Christus.

A. De Logosopenbaring.

1. De beloofde Messias werd ontvangen uit de Heilige Geest (Matteüs 1:18) en geboren uit de maagd Maria. Zo is Hij het hoofd der nieuwe mensheid, doch – anders dan de eerste Adam – zonder zonde. In het bezit van alle functies voldeed Hij ook in alles aan de eis der gehoorzaamheid, daarbij – als geboren onder de Joodse wet – uiteraard ook gebonden aan al de speciale wetten geldend voor het Joodse volk. Door Z'n op geheel enige wijze verbonden zijn met de Logos – Die immers de gestalte van een dienstknecht had aangenomen (Filippenzen 2:7) – droeg Hij ook de toorn van God tegen de zonde. Zo verloste Hij de Zijnen van de vloek der wet, dat wil zeggen van de vloek die de overtreder van de wetten, door God uitgevaardigd, treft. Daarna uit de doden opgestaan, sterft Hij niet meer, maar zendt, ten hemel opgevaren en volkomen verheerlijkt, de door Hem verworven geestesgaven uit over Zijn volk. Zo hun gevend van Zijn geest – de geest der gehoorzaamheid – heet Hij zelf het hoofd van dit lichaam (Kolossenzen 1:18) en de geest (2 Korintiers 3:17) die Z'n volk bewaart in gemeenschap met zichzelf.

2. Correlaat met de vervulling van de belofte is ook de wet voor het bondsvolk gewijzigd. Ten eerste is door de vervulling van de belofte de voltrekking van de op deze vervulling vooruitwijzende

comes less scarce (Isaiah 24:6), or the reformation among the people was more robust (Zechariah 5:3)—and with that the break more resolute. The punishment, too, is correlated with the difference in guilt. Sometimes, the curse even affects the culture of those being punished (Joshua 7:24, Zechariah 5:4)!

(2) At the same time, God remains a God of the nations who do not know these rights (Psalm 147:20), live without the law, that is, this law (Romans 2:12), but are then, without being judged by this law, also lost simply by not believing the promises that were revealed to them. That does not take away from the fact that God is good to individual aliens, who are outside of Israel's community and excluded from their paschal feast (Exodus 12:43 and Deuteronomy 10:18), as well as to whole groups. For example, the heavy punishment that strikes Egypt and Babylon stands over against God's goodness toward Nineveh when only the threat of judgment brings them to repentance.

3. AFTER THE INCARNATION OF THE LOGOS

134. The abrogation of the differentiation in the Logos revelation with the preaching of the Christ
a. The Logos revelation
(1) The promised Messiah was conceived by the Holy Spirit (Matthew 1:18) and born of the virgin Mary. He is, then, the head of the new humanity, yet, different from the first Adam, without sin. Just as he possessed all of the functions, so also he satisfied in everything the requirement of obedience, including all of the special laws holding for the Jewish people, for he was, of course, born under and bound by the Jewish law. By being united in a unique way with the Logos, who took on the very form of a servant (Philippians 2:7), he also bore the wrath of God against sin. In this way, he saved his own from the curse of the law, that is, from the curse that comes to the transgressor of the laws God gave. After that, raised from the dead, he will die no more, and he sent the Spirit's gifts he acquired out upon his people. Giving to them in this way from his Spirit, the spirit of obedience, he himself is called the head of this body (Colossians 1:18) and the Spirit (2 Corinthians 3:17) that preserves his people in communion with himself.

(2) Correlated with the fulfillment of the promise, there is also a change in the law for the covenant people. First of all, with the promise fulfilled, carrying out the ceremonial activities that pointed

ceremoniële handelingen zinloos geworden: de Christenen zijn vrij van de desbetreffende geboden. Terwijl het staatkundig verschil tussen Israël en de volkeren, voorzover het nog bestond, wordt gehandhaafd – de Christenen uit de heidenen waren niet aan de Joodse staatswetten onderworpen –, is het religieuze verschil opgeheven: de prediking van het genadeverbond sluit weer aan bij de niet aan Abraham en Israël gebonden vorm.

B. De religie.

1. Naast elkaar leven nu in Zijn gemeenschap de Christenen uit de Joden en uit de heidenen. Voorzover beiden de oude beloften geloofden, hadden ze in de Christus slechts de vervulling van deze toezeggingen te ontdekken – vandaar enerzijds de uitvorsende vraag van Nathanaël (Johannes 1:48 [voorheen 49]) en aan de andere kant de bekering van 3000 zielen op één dag (Handelingen 2:41). Radicale omkeer daarentegen was nodig wanneer ze de beloften vroeger niet verstonden (Paulus) of verwierpen (heidenen). Doch allen leven thans als door de Christus gerechtvaardigd en gereinigd.

2. Zij weten nu als gelovigen alles (1 Johannes 2:20 [Statenvertaling]), dat wil zeggen met betrekking tot de vroeger goeddeels verborgen wil Gods omtrent de verlossing, en brengen in dankbaarheid vruchten des geestes voort.

3. Daarbij leven en sterven ze in verwachting van de wederkomst van de Christus. Want ook over hun sterven valt, nu ze de dubbele komst van de Zoon Gods kunnen onderscheiden, helderder licht. Sterven blijft ook thans een losgemaakt worden uit de samenhang, waartegen men opziet (2 Korintiërs 5:1–4). Liever had men, dat de Christus weder kwam, zodat de gang naar het graf, die slechts weinige gelovigen werd bespaard, vervangen werd door een plotselinge, ook voor hen nodige verandering. Doch tweeërlei uitzicht troost de Christenen die vroeger sterven. Het eerste is dit, dat de straf, die ook over hen als kinderen van Adam komt, gepaard gaat met een zegen. Want wel wordt bij hen ook de levenseenheid gebroken, maar tegelijk is ook de strijd tussen "geest" en "vlees", die hun leven verteerde, ten einde: terwijl hier op aarde ook bij hen de boze begeerten uit het hart kwamen, woont hun ziel, dan daarvan gereinigd, bij de Heer in (2 Korintiërs 5:8). En ook hun lichaam zal straks volgen: het valt, hoewel in verderfelijkheid, oneer en zwakheid begraven, evenmin als hun ziel aan de dood ten prooi: dit zaad zal, daar het in verband staat met de Heilige Geest, als een geestelijk lichaam worden opgewekt (1 Korintiërs 15:42–44). De gelovigen die de wederkomst van de

toward this fulfillment becomes meaningless. Christians are free from the commands in question. The political difference between Israel and the peoples, to the extent it still existed, is maintained; Christians from among the Gentiles were not subjected to Jewish political law. And yet, the religious difference is abolished; the preaching of the covenant of grace again links up with the form for those not bound to Abraham and Israel.

b. Religion

(1) Christians from the Jews and from the Gentiles now live next to each other in the communion of Christ. To the extent that both believed the old promises, they had only to discover the fulfillment of these assurances in the Christ—hence, on the one hand, the penetrating question of Nathanael (John 1:48) and, on the other hand, the conversion of three thousand souls on one day (Acts 2:41). In contrast, a radical change was required when they previously had not understood the promises (Paul) or had rejected them (the Gentiles). But now all live as justified and purified through the Christ.

(2) As believers, they now know all things (1 John 2:20), that is to say, with respect to the previously and for the most part hidden will of God concerning salvation, and yield fruits of the Spirit in thanksgiving.

(3) Moreover, they live and die in the expectation of Christ's return. For, now that they can distinguish the two comings of God's Son, a clearer light also falls on their dying. Dying, still now, involves a being disengaged from one's context. People dread that (2 Corinthians 5:1–4). They prefer that the Christ would return, so that the way to the grave would be replaced with a sudden and, they will admit, necessary change. But two prospects will comfort Christians who die young. The first is this, that the punishment that will also befall them, as children of Adam, comes along with a blessing. For them too, life's unity will be broken. But at the same time, the struggle between "spirit" and "flesh," which consumed their life, is over. While on earth evil desires sprang from their hearts too, now their soul, purified of these things, lives with the Lord (2 Corinthians 5:8). And their body will soon follow suit. Though buried in corruption, dishonor, and weakness, their body, like their soul, will not fall prey to death. This seed, connected as it is to the Holy Spirit, will be raised as a spiritual body (1 Corinthians 15:42–44). The believers who do

Christus wèl beleven, zijn tot op dat moment eveneens sterfelijk en moeten onsterfelijkheid "aandoen".

Beide groepen van Christenen, de opgewekten en de veranderden, zijn dan ontheven aan de macht van de tweede dood, aan welke de overigen zullen worden onderworpen (Openbaring 20:14 en 21:8 tegenover 2:11 en 20:6).

> Opm. "Onderworpen zijn aan de dood" is niet "vernietigd worden" evenmin als "voortbestaan" hetzelfde is als "onsterfelijk zijn". Beide verwarringen vindt men bij de voorstanders van de zogenaamde conditionele onsterfelijkheid. Men kan hen alleen goed weerleggen wanneer men niet alleen de eerste maar ook de tweede fout vermijdt: de Schrift leert dat alle mensen na de dood naar ziel en lichaam voortbestaan, maar tevens – in afwijking met het humanistisch spraakgebruik, hetwelk *alleen* aan het hogere maar dan ook aan het hogere van *alle* mensen onsterfelijkheid toekent, en dit aan deze zijde van het graf! – dat alleen de Christ-gelovigen, en dit pas na de opstanding en als gehele mensen, onsterfelijkheid zullen aandoen.

135. De strijd in het leven van een Christen.

Zo ligt het centrum van ons leven buiten onszelf, en evenzeer buiten de eerste Adam, met wie we ondertussen als levende zielen samenhangen. Door God hersteld in de juiste verhouding tot Hem, leren we gehoorzaam zijn aan het liefdegebod door de geest van Christus, die de door God van allen gevergde liefde in ons hart uitstort.

Intussen is ook deze rust niet zonder strijd, die correlaat is met de prediking van zegen en vloek in de volle Logosopenbaring. Want krachtens de herstellende werkzaamheid Gods houdt onze pistische functie voor waar en zeker wat deze openbaring ons zegt, namelijk dat we een eeuwig verbond met God hebben en dus ook in betrekking tot ons geldt wat ze zegt omtrent de zegen en de vloek van dat verbond. Want zolang we dit verbond houden, en het eigen vlees doden, werken alle dingen ons mede ten goede en zijn we, ondanks onze zonden en blijkens de kastijding, in leven en sterven des Heren, onverschillig of we dat weten of (in slaap en bewusteloosheid) niet weten. Doch indien we ons afkeren van de Christus, verbergt God ook voor ons Zijn aangezicht en wacht ons, indien we niet wederkeren, een oordeel dat zwaarder zal zijn dan zij hebben te duchten die een geringer openbaring hebben veracht. Dienovereenkomstig woedt in het leven juist van de Christen voortdurend de strijd tussen "vlees" en "geest" (Romeinen 7), dat is tussen oude en nieuwe mens.

experience the return of the Christ will, up until that moment, likewise be mortal and have to "put on" immortality.

Both groups of Christians, those raised and those changed, are then freed from the power of the second death to which the remainder will be subjected (Revelation 20:14 and 21:8, compared to 2:11 and 20:6).

> Comment: "To be subjected to the second death" is not "to be annihilated," just as "continue to exist" is not the same as "be immortal." Both confusions can be found among advocates of what they call "conditional immortality." To refute them soundly, one must not only avoid the first mistake but the second as well. Scripture teaches that all human beings continue to exist in soul and body after death. But, departing from humanistic usage, which attributes immortality *only* to the higher part, but then also to the higher part of *all* human beings already on this side of the grave(!), Scripture also teaches that only believers in Christ will put on immortality, just after the resurrection and as whole persons.

135. The struggle in the life of a Christian

The center of our life, then, lies beyond us; so also beyond the first Adam, with whom we are, meanwhile, connected as living souls. Restored by God into a right relationship to him, we learn to be obedient to the love command through the spirit of Christ, who pours out the love in our heart that God requires from everyone.

All the same, this rest, too, is not without a struggle that is parallel with the preaching of blessing and curse in the full Logos revelation. Under God's restorative activity, our pistic function takes to be true and certain what this revelation says to us, namely, that we have an eternal covenant with God, and that what it says about the blessing and curse of that covenant, therefore, also holds for us. As long as we keep this covenant and put to death our flesh, all things will work together for our good and, in spite of our sins and as apparent from the chastisement, we will belong in life and death to the Lord, irrespective of whether we know that or not (when sleeping or unconscious). But if we turn away from the Christ, God will hide his face from us as well and, if we do not return, we can expect a stiffer judgment than those who have disregarded a narrower revelation. Accordingly, the struggle rages precisely in the life of the Christian between flesh and spirit (Romans 7), that is, between the old and the new person.

Opm. Deze strijd sluit die van de ene functie tegen hypertrofie van de andere niet uit. Doch laatstgenoemde moeite, hoewel een gevolg van de zondeval, vindt men ook bij hen, die de strijd van de Christen geheel vreemd is. Zij achten de oplossing van deze moeilijkheid het voornaamste en pogen haar in eigen kracht meester te worden. Dit noemt Paulus echter juist "vleselijk".

136. De strijd tussen Kerk en wereld.

Wijl bij deze tweestrijd nog komt de bestrijding van buiten, dat wil zeggen van de zijde der wereld en vooral van Satan, zijn de Christenen allereerst aangewezen op het gebed. Daarnaast hebben zij in deze strijd elkander te helpen. Zo betoont zich de aanwezigheid van het lichaam (= romp) van de Christus (= hoofd) in de samenwerking der gelovigen, niet het minst bij de gezinsopvoeding van de volgende generatie.

Als middelen om elkaar deze hulp in breder kring dan het gezin te verlenen komen zowel verenigingen als organisaties in aanmerking.

Het christelijk verenigingsleven beoogt, dat Christenen elkaar helpen het inzicht te verscherpen voor de tegenstelling tussen Kerk en wereld en voor de structuur van de kosmos, opdat de leden der Kerk zelf verschillende terreinen en dientengevolge ook de verschillende levensverbanden met de hen typerende prevalerende functies helder onderscheiden.

Daarnaast is echter organisatie nodig. Deze bedoelt openlijke aanvallen en geleidelijke ondermijning van deze structuren door leugen en dwaling tegen te staan door mobilisering van al de macht over welke de samenwerkende Christenen kunnen beschikken.

Wanneer het georganiseerde leven behoefte heeft aan vaster kaders wordt het van organiserend instituerend: het product van deze actie is een instituut. Zulke instituten zijn niet rustende standbeelden, maar "lichamen" in welke mensen werken krachtens een zekere opdracht, en tegelijk door hun werk terugwerken op hun lastgevers.

Ook bij deze verschillende vormen van samenwerken blijft de norm Gods woord. Vandaar dat de Logos eist, dat overal dit woord wordt gepredikt, verbonden met de dienst der sacramenten die heen wijst naar de vervulling van de belofte in het verleden, terwijl de sacramenten zelf onderhouding van het geloof door Hem in het heden aanduiden en beloven. Er is dan ook alles aan gelegen, dat overal, waar dit nog, of opnieuw, nodig is, de Christ-gelovigen zich verbinden tot de stichting en onderhouding van een instituut dat de geregelde bediening van woord en sacrament beoogt. Daarbij zijn zij

Comment: This struggle does not exclude that of one function against the hypertrophy of another. That kind of difficulty, although an effect of the Fall, is also evident among those who are entirely oblivious to the struggle of the Christian. They consider the solution to this difficulty to be the most important one and try with their own power to become its master. However, this is what Paul refers to as "carnal."

136. The struggle between church and world

Since opposition from the outside, that is to say, from the side of the world and especially from Satan, comes on top of the inner struggle, Christians are dependent first of all upon prayer. In addition, they have to help each other in this struggle. The presence of the body (= trunk) of the Christ (= head) manifests itself in the co-operation among believers, not the least in the familial nurturing of the next generation.

Associations as well as organizations are eligible means for lending this help to each other in circles broader than the family.

Christian corporate life intends that association members help each other sharpen their sensitivity for the opposition between church and world and for the structure of the cosmos, so that the members of the church will themselves clearly distinguish the different arenas and, as a result, also the different life connections, with the prevailing functions that typify them.

In addition, organization is also necessary. Its goal is to resist open attacks and the gradual debilitation of these structures through lies and deceit by mobilizing all of the forces that cooperating Christians have at their disposal.

When organizational life has need of more permanent channels, it moves from organizing to instituting, and the product of its action is an institution. These institutions are not tranquil shrines but "bodies" in which humans work under a certain mandate and, at the same time, through their work, influence those who have given them their mandate.

Here, too, in all of these different forms of cooperation, God's Word remains the norm. That is why the Logos requires that this Word be preached everywhere with the administration of the sacraments, which point toward the fulfillment of the promise in the past, while the sacraments themselves indicate and promise his support of the faith in the present. It is, then, also very important that, where this is still or again necessary, believers in Christ unite to establish and maintain an institute that has the regular proclamation of the Word and sac-

gehouden dit instituut te laten functioneren door de ambten die Christus daarvoor heeft ingesteld.

> Opm. Dat men reeds vroeg deze eis heeft veronachtzaamd en niet zelden tot in onze tijd in deze fout volhardt, werkt uiterst bedenkelijk terug op de christelijke samenwerking in vereniging en organisatie.

Dit instituut nu is de christelijke kerk (als instituut). Ze onderstelt niet alleen de verkiezing en het verbond, doch ook de blijvende aanvaarding van het laatste, en kan daarom, hoewel lokaal en nationaal gekleurd, slechts zelden en dan nog zeer kort alle leden van een volk omvatten. En zelfs dan is ze niet zonder meer een pistisch, doch wel degelijk een christelijk-pistisch instituut.

Nergens opgekomen zonder de actie van het georganiseerd christelijk leven, staat dit christelijk instituut met pistische doelstelling, evenals de haar organiserende macht, op historische basis. Het beweegt zich dan ook op het gebied van de taal, heeft eigen sociale omgangsvormen (het ambtelijk bezoek), goederen in eigen beheer, een eigen schoonheid (met roeping tot een eigen kerkkunst), een eigen recht (kerkrecht) en eigen zeden. De doelstelling is echter pistisch. Vandaar dat de ambten van dit instituut uitsluitend liggen in de pistische kring en niet mogen [worden] verward noch met het prefunctionele ambt van Adam en de Christus noch met de ambten van gezagdragers in levensverbanden (algemeen of christelijk) met een boven-linguale, doch niet pistische prevalerende functie – wat voert tot tirannie en belemmering van steeds nodige reformatie. Vandaar anderzijds ook, dat alle eigen activiteit van dit instituut op nietpistisch terrein ondergeschikt dient te zijn aan de ongestoorde werking der (christelijk) pistische functie, en bijvoorbeeld de opleiding van haar toekomstige ambtsdragers door het instituut zich behoort te beperken tot de toebereiding voor hun toekomstig praktisch werk (door hulppredikerschap).

Deze samenwerking van Christenen vindt op de aarde plaats en is dus in de tijd waarneembaar. In haar innerlijke strijd kampen echter onzichtbare machten mee. Ook deze staan echter in dienst van haar onzienlijke Koning. Dat brengt ons op het verband tussen hemel en aarde.

raments in view. In so doing, they are bound to have this institutional function according to the offices that Christ established for it.

> Comment: That some, already early on, disregarded this requirement and often persisted in this failure up until today reflects very poorly on Christian cooperation in associations and organizations.

This institution is the Christian church (as institution). It presupposes not only election and the covenant but also the continued acceptance of that covenant. That is why, though colored locally and nationally, it can only seldom—and then only very briefly—include all of the members of one nation or people. And even then, it is not simply a pistic institution but really a Christian pistic institution.

This Christian institution would have never sprung up without the action of an organized Christian endeavor. With its pistic objective, this institution stands, as does its power to organize, on a historic basis. It is active in the arena of language, has its own forms of social conduct (house visitation), goods under its care, a unique beauty (with a calling to its own church art), and its own kind of justice (church law) and morals. Its aim, however, is pistic. That is why the offices of this institution lie exclusively in the pistic sphere and may not be confused either with the prefunctional office of Adam and the Christ or with the post of office bearers in (general or Christian) institutions whose prevailing function is supralingual but not pistic. That confusion only leads to tyranny and the obstruction of reformation, which is always needed. On the other hand, that's also why all of this institution's activity in nonpistic arenas is to be subservient to the undisturbed activity of the (Christian) pistic function. This means, for example, that the church's training of its future office bearers ought to be limited to preparing them for their future practical work (through ministerial internships).

This cooperation of Christians takes places on earth and is perceptible in time. However, in its internal struggle, invisible powers aid the fight. But these, too, stand in service of its invisible King. That brings us to the connection between heaven and earth.

DEEL III.

HET VERBAND TUSSEN HEMEL EN AARDE.

137. Inleiding.

We hebben thans de voornaamste ons bekende structuren van het geschapene behandeld: in Deel I bespraken we namelijk de enkele gegevens omtrent de hemel en in Deel II kwamen die omtrent de aarde aan de orde.

Rest nog een ogenblik de aandacht te vestigen op het verband tussen deze twee.

138. De gegevens omtrent dit verband.

Inzake dit verband is ons weinig bekend. Kennis daaromtrent ontlenen we immers uitsluitend aan het woord Gods, dat echter op dit punt uiterst sober is.

In hoofdzaak komen de ons verstrekte gegevens hierop neer, dat de engelen invloed uitoefenen op het aardse leven, zowel ten goede als ten kwade, doch dat deze invloed sinds het doorstaan van de verzoeking (Matteüs 4:11) ter beschikking staat van de Christus, Die na Zijn verhoging somtijds de hemel opent om te bemoedigen wie voor Zijn zaak lijdt (Handelingen 7:55 en Openbaring 3:8).

> Opm. Van engelen-invloed ten kwade is "bezetenheid" wel de meest abnormale vorm.

139. De negatieve betekenis van deze gegevens.

Hoe sober deze gegevens ook mogen zijn, toch hebben ze grote waarde. En dat niet slechts voor het praktische leven, maar evenzo voor de wijsbegeerte.

Want wel kan laatstgenoemde over dit verband weinig meer zeggen dan dat het verschilt van alle andere tot nu toe besproken verbanden. Maar dit weinige is genoeg om zowel negatie als tal van speculaties af te snijden.

I. Negatie treedt daar op, waar men met sommige stromingen in de gangbare wijsbegeerte vergeet, dat er een engelenwereld is, het correlaat van het aardse geschapene negeert en dus ook het aardse deel van de kosmos niet ziet zoals het is (vergelijk de derde bede [zie *Heidelbergse Catechismus*, Zondag 49]).

II. Een gevarieerder beeld toont de speculatie. De meest bekende typen mogen hier aangestipt [A-D].

PART III

THE CONNECTION BETWEEN HEAVEN AND EARTH

137. Introduction

We have now dealt with the most prominent structures known to us of that which is created. In Part I, we discussed the few givens about heaven, and in Part II, those concerning the earth.

It remains for us to turn our attention for a moment to the connection between these two.

138. The givens concerning this connection

Little is known concerning this connection. We gain knowledge about it exclusively from the Word of God, which on this point, however, is extremely restrained.

Basically, the givens provided amount to this, that angels make a difference in earthly life, for better and for worse, but that this influence, ever since resisting the temptation (Matthew 4:11), stands at the disposal of the Christ, who after his ascension sometimes opens heaven in order to encourage those who suffer for his sake (Acts 7:55 and Revelation 3:8).

> Comment: As far as angelic influence "for worse," being "possessed" is its most abnormal form.

139. The negative significance of these givens

However sparse these givens may be, they do have great value; not only for practical life but for philosophy as well.

For while it is true that philosophy has little more to say about this connection than that it differs from all of the other connections discussed up until now, this tidbit is enough to cut off negation as well as a number of speculations.

a. Negation appears when one forgets, with some currents in contemporary philosophy, that there is a world of angels. They negate the correlate of the earthly creation and hence do not see the earthly part of the cosmos as it is (compare the third petition; see Heidelberg Catechism, Sunday 49).

b. Speculation comes in more varieties. The most prominent types are mentioned here.

A. Het dualistisch-trichotomistische type.

Men ziet de kosmos drieledig: hemel, aarde en hel, en vat de aarde en speciaal de mens op als een drieledig iets, waarvan het laagste demonisch, het hoogste hemels zou zijn, en het tussenliggende, zoal niet uit deze twee gemengd, dan toch aan beider invloed onderworpen is.

B. Het functionalistisch-dichotomistische type.

Het verband tussen hemel en aarde vereenzelvigt men niet zelden met het verband tussen de hogere en lagere functies der mensen. Deze zouden dan zijn samengesteld uit een geestelijke en stoffelijke substantie en de eerste zou min of meer trekken van verwantschap vertonen met de hemelse geesten.

Daarentegen valt het volgende op te merken.

1. Bij ons onderzoek van de kosmos hebben we wel vele dingen, maar geen substanties aangetroffen.

> Opm. *Hypostasis* is in de Heilige Schrift vaste grond in religieuze zin.
>
> Bij het gebruik buiten de Schrift onderscheidde men ook ten aanzien van dit woord niet- en wèl-wetenschappelijk en binnen de wetenschap weer vakwetenschappelijk en wijsgerig spraakgebruik.
>
> Hier hebben we uiteraard uitsluitend met het laatste te maken. En dan sluit het woord steeds het bezit van een zelfgenoegzame grond (zelfgenoegzaamheid niet in de zin van gezindheid!) in, waarmee het gebruik in deze zin natuurlijk geoordeeld is.

2. Dit standpunt onderscheidt de geest des mensen niet van de hogere functies, met andere woorden het huldigt een functionalistische opvatting inzake het hart des mensen.

3. Op deze wijze komt niet tot zijn recht, dat de individuele mens ook functioneel bezien een ongebroken subjectseenheid is.

4. De religie is bij deze opvatting aangewezen op een vermeende, het ding immanente doelmatigheid of op ascese.

5. Men ontkent voor de hogere functies het genetisch verband waarin de individuele mens tot Adam staat.

C. Het verschil tussen hemel en aarde vereenzelvigt men onder vermijding van het functionalisme, met het intra-individuele verband tussen het hart (ziel, geest) en de functiemantel (lichaam) der mensen. De gedachte aan een samenstelling houdt men echter bij.

Daartegen dient [te worden] gewaarschuwd op de volgende gronden.

1. "Geest" betekent in de Heilige Schrift richtingsprinciep. Vandaar dat dit woord in de zin van religieus centrum bij schepselen

(1) The dualistic-trichotomistic type.

This view sees the cosmos as threefold: heaven, earth, and hell. Earth—humans in particular—is also taken to be threefold: The lowest is demonic, the highest is supposed to be heavenly, and what lies in between, if it is not a mixture of these two, then is subjected to both of their influence.

(2) The functionalistic-dichotomistic type.

The connection between heaven and earth is often equated with the connection between the higher and lower functions of humans. The claim is, then, that human beings are made up of a spiritual and a material substance, with the spiritual substance displaying varying degrees of affinity with the heavenly spirits.

Against that, the following can be noted.

(a) In our investigation of the cosmos, we have come across many things but no substances.

> Comment: "Hypostasis" in Holy Scripture is, in its religious sense, "firm foundation."
>
> In its use outside of Scripture, distinguish this word's nonscientific and scientific usage, and within the latter, between special scientific and philosophic usage.
>
> Here, of course, we are dealing exclusively with its philosophic usage, where the word always implies possessing a self-sufficient ground (self-sufficiency not in the sense of disposition). Its use in this sense is, then, obviously out of the question.

(b) This standpoint does not distinguish the spirit of men from the higher functions. In other words, it honors a functionalistic conception of the human heart.

(c) This approach does not bring out that the individual human being, also functionally, is an unbroken subject unit.

(d) Religion, in this view, is linked either to a presumed goal built into things or to asceticism.

(e) The genetic connection in which the individual human being stands to Adam is denied for the higher functions.

(3) Trying to avoid functionalism, some equate the difference between heaven and earth with the intraindividual connection between the human heart (soul, spirit) and the cloak of human functions (body). What they do keep, however, is the idea of a composition.

One should be warned about this position on the following grounds.

(a) "Spirit" in Holy Scripture means directional principle. This is

gebruikt kan worden zowel voor aardse als voor hemelse schepselen, die gericht zijn om God – al of niet gehoorzaam – te dienen. Uit deze gemeenschappelijke benaming van schepselen, die op deze wijze slechts naar één zijde benoemd worden, doch overigens tot verschillende werelden behoren, te besluiten tot het bestaan van een veel verder strekkend verband, heeft (ook in de Heilige Schrift) geen enkele grond. Wanneer het spiritualisme, z'n individualistische oorsprong getrouw, het ambt negeert, moge het bedenken dat de realisten (in de Middeleeuwse zin van het woord) met even veel (of even weinig) recht uit de ambtsnaam "engel" (dat is "bode") besloten tot het verband tussen hemelse en aardse hiërarchie.

2. Het verband tussen hart en functie is van huis uit intra-, niet inter-individueel. Het hart is dan ook niet een toevoegsel: eerst na de dood komt het tot een afzonderlijk individueel bestaan der ziel. Wie dit vergeet ontkent het verband tussen Adam en de mens in zijn geheel.

3. Ook na de dood wacht de ziel de opwekking van het lichaam, ook daarin verschillend van de engelen. En het ideaal van de Christen is dus niet "wederkeer naar het vaderland der zielen", maar het bewonen van de nieuwe aarde, waarop gerechtigheid woont.

4. Ook in de eschatologie staat de paganistische opvatting omtrent de verlossing diametraal tegenover de christelijke, die pas rust vindt wanneer ze verneemt, dat hemel en aarde bevrijd zullen zijn van ongerechtigheid.

D. Het verband tussen hemel en aarde vereenzelvigt men met dat tussen God en de Christen.

Daartegenover bedenke men dit:

1. dat ook de hemel een schepsel is en hemelzucht dus iets anders dan ware religie;

2. dat het verlangen van de Christen naar de hemel, primair niet de hemel maar de verheerlijkte Christus betreft.

140. De positieve betekenis van deze gegevens.

A. Inzake de structuur van dit verband [tussen hemel en aarde].

De Christus als schepsel is gegeven alle macht in hemel en op aarde. Hij is dan ook niet alleen de tweede Adam, maar ook het Hoofd der engelen. Het verband tussen hemel en aarde zoeke men dus niet met het individualisme bij iedere mens, maar uitsluitend in het ambt van de Christus.

why it can be used in the sense of the religious center of earthly and heavenly creatures that are directed, obediently or not, to serve God. There are simply no grounds (also not in Holy Scripture) for concluding on the basis of this common designation of creatures, which in this usage are named after one side only, while actually belonging to different worlds, that there exists a much more comprehensive connection. When spiritualism, true to its individualistic roots, negates the [reality of] office, it ought to realize that the realists (in the medieval sense of the word) had as much (or as little) right, based on the name of the office *angel* (= messenger), to postulate the connection between heavenly and earthly hierarchy.

(b) The connection between heart and function is at bottom intra-individual, not interindividual. The heart is likewise not an addendum. Only after dying does it come to be a separately existing individual soul. Those who forget this deny the connection between Adam and humanity as a whole.

(c) Also, after death, the soul awaits the revival of the body, differing in this again from the angels. The ideal for the Christian is not "the return of souls to their home" but inhabiting the new earth, upon which justice lives.

(d) Likewise, when it comes to eschatology, the paganistic conception of salvation is diametrically opposed to the Christian view, which only finds rest once it grasps that heaven and earth will be liberated from injustice.

(4) Some equate the connection between heaven and earth with the connection between God and the Christian. In response, think of the following: (a) that heaven, too, is a creature, and a longing for heaven is not the same thing as true religion; and (b) that the longing of the Christian for heaven has primarily to do, not with heaven, but with the glorified Christ.

140. The positive significance of these givens

a. Concerning the structure of this connection (between heaven and earth).

The Christ as creature is given all power in heaven and on earth. He is then not only the second Adam but also the head of the angels. The connection between heaven and earth should, therefore, not be sought in each person, as does individualism, but exclusively in the office of the Christ.

B. Inzake de aard van dit verband.

Dit verband is binnen de kosmos wel het meest omvattende. Intussen is het nog geheel intra-kosmisch.

C. Inzake de grens van dit verband.

De christelijke religie, hoewel ze dit verband niet kan missen, heeft dan ook dieper grondslag. Zij rust in het nog verder reikend verband tussen de Zoon en de door Hem aangenomen menselijke natuur in de zin van *homo assumptus, integer, perfectus, singularis* ["aangenomen, gave, volledige, unieke mens"]. Dit verband is niet meer intra-kosmisch: het vormt de band tussen de Soeverein en de in liefdevolle overgave volkomen geestelijk-subjècte. Juist daarom waarborgt het ons de band van God aan al het herschapene, dat immers in deze mens, de mens Jezus Christus, is begrepen, en daarmee aan de Kerk de overwinning van haar (thans nog) onzienlijke Koning.

b. Concerning the nature of this connection.

This connection is the most inclusive within the cosmos. At the same time, it is still entirely intracosmic.

c. Concerning the limit of this connection.

The Christian religion, although it cannot do without this connection, therefore also has a deeper foundation. It rests in the connection, which reaches still further, between the Son and the human nature that he assumed, in the sense of *homo assumptus, integer, perfectus, singularis*. This connection is no longer intracosmic: It forms the tie between the Sovereign and the love-filled, surrendering, completely spiritual subject. Precisely for that reason, it guarantees us the bond of God to all that which is re-created, which is included in this man, the man Jesus Christ, and with that, to the church, the victory of her (for now still) unseen King.

AANHANGSEL

ENKELE MEER INGEWIKKELDE
KWESTIES DER WIJSBEGEERTE.

141. Inleiding.

In het voorgaande werden de eerste noodzakelijke onderscheidingen behandeld. Thans zijn we aan enkele meer ingewikkelde wijsgerige kwesties toe. Bij volledige systematische uitwerking van deze gedachten zou dit Aanhangsel ongetwijfeld breder worden dan het voorgaande. Doch in een isagogie is dit niet wel mogelijk en ook niet gewenst. Beperken we ons daarom tot die vraagstukken, wier verheldering nodig is voor het verstaan van het tweede Hoofddeel, dat het voorlopige negatieve resultaat brengt.

142. Indeling en volgorde.

A. Indeling.

Aan de orde komen hier slechts de resultaten waartoe de toepassing van de hoofdschemata leidt in de theorie omtrent de *kennis* en in die omtrent de *technè* en de *kunst*. Aan elk van deze drie wijd ik hier een deel.

B. Volgorde.

1. Dat de kennistheorie de voorrang heeft berust op een dubbele grond: nòch *technè* nòch kunst is namelijk mogelijk zonder kennis en het is dus goed met de bestudering van laatstgenoemde aan te vangen, wat bovendien dringend nodig is met het oog op de verwarrende maar desondanks nog vaak voorkomende gelijkstelling van wijsbegeerte en kennistheorie.

2. Ook dat bij de bespreking van *technè* en kunst die der eerste dient voorop te gaan, spreekt vanzelf: geen kunst is zonder enige *technè* mogelijk.

APPENDIX

A NUMBER OF THE MORE COMPLICATED QUESTIONS OF PHILOSOPHY

141. Introduction

The preceding was devoted to the first, necessary distinctions. Now we come to a number of more complicated philosophic questions. A complete systematic elaboration of these thoughts would undoubtedly make this Appendix longer than what precedes it. But that is not possible in an introduction and also not desirable. So I will confine myself to questions that need to be clarified to understand the Second Main Part, which is devoted to the provisional negative result.

142. Subdivision and sequence

a. Subdivision

I will deal here only with the results following from the application of the main schemata in the theory about knowledge and in the theory about know-how (*technè*) and art. I devote one part to each of these three.

b. Sequence

(1) There are two reasons for the priority of theory of knowledge: Neither expertise nor art is possible without knowledge. Hence, it is good to start by studying the latter. Moreover, to do so is urgently needed in light of the confusing, but nevertheless recurrent, equation of philosophy and theory of knowledge.

(2) It also speaks for itself that in discussing skill and art, the former should be dealt with first: No art is possible without some skill.

Deel I.

Het menselijk kennen.

Inleiding.

143. De grens ook hier gehandhaafd.

De theorie omtrent de kennis is het antwoord op de vraag: Wat is kennis?

Intussen dient deze vraag rekening te houden met het vroeger gevondene. "Kennis" is namelijk een woord met vele betekenissen; zo kan men onder andere spreken van kennis die voorkomt bij God en bij schepselen.

144. Terminologie: "kennis van" en "kennis omtrent".

Zal de theorie omtrent de kennis niet terstond in een grensoverschrijdende conceptie verstrikt geraken dan dient men nauwkeurig onderscheid te maken tussen kennis van (hem die deze kennis bezit) en kennis *omtrent* (het gekende).

145. De kennis van God en die van de schepselen.

De kennis van God omtrent Zichzelf en Zijn schepselen is scherp van die der schepselen omtrent Hem en 't geschapene te onderscheiden. Alleen door woordopenbaring weten we dat God kent. Maar ook dat deze kennis een andere is dan de onze. Alleen datgene wat God ons daaromtrent heeft willen mededelen in menselijke taal is voor ons kenbaar.

146. De kennis der schepselen.

Ook ten aanzien van deze is [het volgende] te onderscheiden.

A. Door woordopenbaring is ons bekend, dat ook de engelen kennen: zo bijvoorbeeld dat ze verstaan wat God tot hen zegt, en ook dat zij onderscheidend tot Hem spreken. Maar hoewel deze kennis als tot het schepsel behorend scherp van de goddelijke kennis is te onderscheiden, is ons slechts uiterst weinig van haar bekend.

B. Kennis vindt men tenslotte ook bij aardse schepselen en wel bij mens en dier.

1. Dat ook de dieren kennen weet iedere landbouwer: ze kennen hun meester, hun voederbak, de weg die ze eens of meermalen hebben gevolgd, enzovoort (vergelijk ook Job 28:7 en Jesaja 1:3). Dit

PART I

HUMAN KNOWING

Introduction

143. Here, too, the limit is maintained

The theory about knowledge is the answer to the question: What is knowledge?

This question, however, should reckon with what was found earlier. "Knowledge," after all, is a word with many significations. For example, we can speak of knowledge that God has and knowledge that creatures have.

144. Terminology: The terms knowledge of and knowledge about

If the theory about knowledge is not to get entangled immediately in a limit-transcending conception, we have to make a strict distinction between knowledge *of* (one who possesses this knowledge) and knowledge *about* (that which is known).

145. The knowledge of God and that of the creatures

The knowledge of God about himself and his creatures can be sharply distinguished from that of the creatures about him and that which is created. We know only through Word revelation that God knows. But Scripture also tells us that this knowledge is not the same as ours. Only what God has wanted to communicate to us in human language about these things is knowable for us.

146. The knowledge of creatures

Here, too, we can distinguish the following:

a. We know through Word revelation that the angels know as well, for example, that they understand what God says to them, and also that they make distinctions when speaking to him. But even though this knowledge, which is creaturely, can be distinguished from divine knowledge, we know extremely little about it.

b. Lastly, we also find knowledge on the part of earthly creatures, specifically in the case of humans and animals.

(1) Everyone familiar with animals knows that they know as well: They know their master, their feeding trough, the path they have

kennen, vooral de laatste tijd door psychologen onderzocht, draagt een louter emotioneel karakter en sluit in: perceptie of waarneming, reactie, het persevereren van voorgaande momenten in de volgende en een geheugen dat op dit nawerkende opnieuw kan reageren.

2. Het kennen van de mens is anders. Reeds in het psychische is bij hem alles verbonden met het analytische. Bovendien is zijn kennen niet alleen emotioneel van aard, ja zelfs speelt het emotionele daarin slechts een ondergeschikte rol. Toch is het goed dat we hier even aandacht vroegen voor de kennis der dieren. Dit voorkomt namelijk dat in de theorie omtrent het menselijk kennen gedachten insluipen, die wortelen in een opvatting als zou een mens samengesteld zijn uit een psychisch-somatische substantie, met welke hij het dier zou naderen, en een geestelijke, door welke hij op de engelen zou gelijken. De mens is een eenheid en behoort bij de aardse schepselen. En al gaat zijn kennen niet alleen in het boven-psychische, maar ook in het psychische het kennen der dieren ver te boven, een functioneel kennen in de boven-psychische functies, waarbij het psychische als substraat zou ontbreken, komt bij hem niet voor.

147. De plaats der theorie omtrent het menselijk kennen in de wijsbegeerte.

A. We beperken ons thans tot de theorie omtrent het menselijk kennen en gebruiken dan ook in het vervolg de term "kennis-theorie" uitsluitend in deze engere betekenis.

B. Vragen we thans naar de plaats die aan de aldus beperkte kennis-theorie in de wijsbegeerte toekomt.

Niet zelden stelt men filosoferen als daad gelijk aan bezinning op de vraag: "Wat is menselijk kennen?". Correlaat daarmee moet men dan de filosofie als resultaat gelijk stellen aan kennis-theorie.

Wie echter ziet, dat het kennen ressorteert onder het zijn, en de resultaten nagaat die in het voorgaande werden samengevat, verstaat, dat de beantwoording van de vraag: "Wat is kennen?" slechts aan het licht kan brengen, dat de gewonnen onderscheidingen ook bij het kennen doorgaan.

148. Indeling.

A. Er is tweeërlei kennen: een niet- en een wèl-wetenschappelijk kennen (zie paragraaf 9).

B. Daar het wetenschappelijk kennen op het niet-wetenschappelijke steunt, dient het laatstgenoemde het eerst te worden besproken.

taken once or more often, and so on (cf. also Job 28:7 and Isaiah 1:3). This knowing, which especially of late is being investigated by psychologists, bears a purely emotional character and implies perception, reaction, the perseverance of previous moments in the following moments, and a memory that can react afresh to that which lingers.

(2) Human knowing is different; if for no other reason than that here everything in the psychic is connected with the analytic. Moreover, the nature of human knowing is not only emotive; in fact, the emotions play a subservient role in human knowing. Yet it is good to have briefly mentioned the knowledge of animals. Doing so prevents thoughts from slipping into the theory about human knowing that are rooted in a view as though humans were composed of a psychosomatic substance, with which they would approach the animal, and of a spiritual substance, through which they would liken unto the angels: The human being is a unity and belongs to the earthly creatures. And even though humans' knowing far surpasses that of the animals, not only in the suprapsychic but also in the psychic, no instance of human functional knowing in the suprapsychic functions can be found in which the psychic substrate is not present.

147. The theory about human knowing: Its place in philosophy

a. We confine ourselves now to the theory about human knowing and accordingly use the term *theory of knowledge* below exclusively in this narrow sense.

b. We now direct ourselves to the question as to the place of the theory of knowledge, in its limited sense, in philosophy.

Many often equate philosophizing as an activity with reflecting on the question: What is human knowing? In correlation with this question, they then have to equate philosophy with theory of knowledge.

However, whoever sees that knowing is subsumed under being and takes stock of the results that were previously summarized, also understands then that answering the question "What is knowing?" can simply bring to light the fact that the distinctions obtained also continue in the case of knowing.

148. Subdivision

a. There are two kinds of knowing: a nonscientific and a scientific knowing (see §9).

b. Seeing as that scientific knowing relies on nonscientific knowing, the latter should be discussed first.

ONDERDEEL I.

Het niet-wetenschappelijk kennen.

149. Inleiding.
Bij het niet-wetenschappelijk kennen valt te onderscheiden z'n structuur en z'n ontwikkeling. Aan de bespreking van elk van beide is een hoofdstuk gewijd.

Hoofdstuk I.
DE STRUCTUUR VAN HET NIET-WETENSCHAPPELIJK KENNEN.

150. Wat kennen is.
Kennen is het hebben van kennis, dus het verkeren in een toestand van rust.

151. Kennen en leren kennen.
Deze toestand van rust volgt op een van groter of kleiner inspanning, tijdens welke men "leert kennen".

152. De onderstellingen van het leren kennen.
Een mens leert alleen dan iets kennen, wanneer een boven-psychisch goed-onderscheiden van het onderling verschillende gepaard gaat met het bewaren, herinneren, ordenen, enzovoort van de tevoren gewonnen onderscheidingen.

Bij dit proces is dus ondersteld:
1. het verbonden zijn onder de wet Gods met geheel de kosmos;
2. het onderworpen zijn aan de analytische en boven-analytische wetten;
3. de activiteit van het leren kennen;
4. het kenbare;
5. het ken-resultaat;
6. de verwerking van één en ander.

153. Indeling.
Van de zo-even genoemde ondersteldn kwamen 1 en 2 reeds vroeger tot hun recht, en kan 6 eerst later worden behandeld. Resten nog slechts de overige. Vandaar dat we hier hebben te behandelen:
A. De activiteit van het leren kennen;
B. Het kenbare; en
C. Het ken-resultaat.

DIVISION I

Nonscientific Knowing

149. Introduction

Regarding nonscientific knowing, we can distinguish its structure and its development. A chapter is devoted to the discussion of each of these two.

Chapter 1
THE STRUCTURE OF NONSCIENTIFIC KNOWING

150. What knowing is

Knowing is having knowledge, hence enjoying a state of rest.

151. Knowing and coming to know

This state of rest follows on a state of greater or smaller effort, during which one "comes to know."

152. What coming to know presupposes

A person only comes to know something when, in suprapsychic awareness, correct-distinguishing of what differs takes place in conjunction with the preserving, remembering, ordering, and so on of distinctions already made. This process therefore presupposes:

(a) Being connected under the law of God with the entire cosmos
(b) Being subjected to the analytic and supra-analytic laws
(c) The activity of coming to know
(d) That which is knowable
(e) The resulting content of knowledge
(f) The assimilation of a number of matters

153. Subdivision

Of the above-mentioned prerequisites, (a) and (b) were dealt with earlier, and (f) can be attended to only later. Hence, we now have to deal with:

A. The activity of coming to know
B. That which is knowable
C. The result

A. DE ACTIVITEIT VAN HET LEREN KENNEN.

154. Gedachtegang.

Uiteraard verschilt het leren kennen modaal naar de wetskring binnen welke het plaats vindt.

Duidelijkheidshalve begin ik bij de ken-samenhang in de laagste boven-psychische, dus in de analytische wetskring: dit biedt het voordeel, dat 'k voorlopig me kan beperken tot de bespreking van de ken-samenhang in deze éne kring, en het meer gecompliceerde boven-analytische hier ter zijde kan laten.

155. De bestanddelen van het analytische leren kennen.

A. Het is boven-psychisch onderscheiden.

Met de aanduiding van dit onderscheiden als "boven-psychisch" wordt tweeërlei bereikt.

1. De herinnering aan het psychische als aan het substraat van al de hogere functies.

2. De vermelding zowel van het analytische als van het boven-analytische. Wanneer men dit boven-analytische niet erkent, of het met de aprioristen als voor-analytisch opvat en daarin dus geen plaats laat voor retrocipaties op het analytische, staat men zichzelf in de weg bij het ontwaren van de rijkdom in het niet-wetenschappelijk kennen.

B. Het is goed-onderscheiden.

Functioneert het analytische — bijvoorbeeld door vermoeidheid — niet goed, dan maakt men fouten en komt men niet tot kennis, maar tot dwaling.

C. Het is steeds een onderscheiden van het onderling verschillende, waarmee het in horizontaal en verticaal verband staat.

156. Indeling.

In verband met het laatste hebben we dus zowel op de rol van de analytische samenhang (1) als op die van het verticaal verband (2) in de activiteit van het leren kennen te letten.

1. DE ROL VAN DE SAMENHANG
IN HET ANALYTISCHE LEREN KENNEN.

157. Inleiding.

De verscheidenheid binnen de analytische samenhang is even groot als die in de horizontale verbanden van andere modaliteit. Onderscheiden we de contemporele (a) en de successieve (b).

A. THE ACTIVITY OF COMING TO KNOW

154. The line of thought

In the nature of the case, coming to know differs modally according to the law-spheres within which it takes place.

For the sake of clarity, I begin with the cognitive interrelation in the lowest suprapsychic, in other words, analytic, law-sphere: The advantage in doing so is that I can temporarily confine myself to a discussion of the cognitive interrelation in this particular sphere and, in this context, leave the more complicated supra-analytic spheres to the side.

155. The constituents of analytically coming to know

a. It is suprapsychic distinguishing. By denoting this distinguishing as "suprapsychic," we achieve two things:

(1) We remember that the psychic belongs to the substrate of all the higher functions.

(2) The mention of that which is analytic as well as that which is supra-analytic. We obstruct our own ability to discern the richness in nonscientific knowing when we do not acknowledge these supra-analytic functions or, as the apriorists, take them to be preanalytic and, in so doing, have no place for retrocipations to that which is analytic.

b. It is correct distinguishing. If analytic functioning is poor, for example, due to exhaustion, then mistakes are made and the result is not knowledge but error.

c. It is always a distinguishing of that which is different from the other with which it is connected horizontally and vertically.

156. Division

In connection with the last point, we must take note of the role of the analytic interrelation (1) as well as of the vertical connection in the activity of coming to know (2).

1. THE ROLE OF THE INTERRELATION IN ANALYTIC COMING TO KNOW

157. Introduction

The diversity within the analytic interrelation is just as great as the diversity in the horizontal connections of any other modality. We distinguish the contemporary synchronic (a) and the successive diachronic (b) interrelations.

a. De contemporele samenhangen in de analytische wetskring.

158. Indeling.

Deze samenhangen zijn inter- of intra-individueel.

159. De contemporele inter-individuele samenhangen in de analytische wetskring.

Hierbij zijn twee gevallen te onderscheiden.

1. Soms zijn de correlata beide actief en heeft men dus een geval van analytische samenwerking. Zo bijvoorbeeld bij het voeren van een gesprek waarbij het op niet-wetenschappelijke onderscheidingen, als bijvoorbeeld tussen God en kosmos, dier en plant, de ene mens en de andere, bedrijf en staat, enzovoort aankomt.

2. In andere gevallen is het ene correlatum actief, het andere passief. Dat komt voor bij inter-individueel waarnemen en waargenomen worden. Dit geval dient nader te worden behandeld.

160. De inter-individuele analytische waarneming.

A. Eerst een paar opmerkingen in verband met de terminologie, die vooral hier niet duidelijk genoeg kan zijn.

1. Te spreken van inter-individuele waarneming heeft slechts dan zin, wanneer er ook een intra-individuele waarneming bestaat. Dat is ook inderdaad het geval, gelijk uit de volgende paragraaf blijkt.

2. De onderscheiding van inter-individueel en intra-individueel valt ook hier niet samen met die van uiterlijk en innerlijk (vergelijk paragraaf 76). Om me tot de inter-individuele te beperken: de spijze die ik gebruik, neem ik, zolang ze nog in de mond is, waar met een waarneming die zowel inter-individueel als innerlijk is.

3. Niet zelden meent men dat het woord "waarneming" iets aanduidt dat alleen bij het psychische voorkomt. Men kan deze term natuurlijk zo fixeren, en de analyticus zal dan naar een ander woord moeten omzien. Maar is dit beperkt gebruik van het woord nu inderdaad in overeenstemming met de stand van zaken? Men zegt toch, dat Kepler door waarneming van de Mars-baan en Galilei door het aflezen uit z'n experimenten antwoorden hebben gevonden op vragen die hen bezig hielden. Wat ze daarbij beoogden was toch niet de emotionele werking van de kleur der sterren of van het geruis der balletjes op hun zintuigen! Want al was het één zowel als het ander aanwezig, dan toch slechts als substraat van iets anders. En dat andere was het antwoord op de vragen die Kepler aan sterren en Galilei allereerst aan mechanische voorwerpen op aarde stelden. En zo vinden we analytisch hier

a. The synchronic interrelations in the analytic law-sphere

158. Division

These interrelations are interindividual or intraindividual.

159. The synchronic interindividual relations in the analytic law-sphere

There are two cases to be distinguished here.

(1) Sometimes the correlates are both active. Then we have a case of analytic cooperation, for example, in a discussion that centers around nonscientific distinctions, such as between God and cosmos, animal and plant, one person and another, business and state, and so on.

(2) In other cases, the one correlate is active, the other passive. Interindividual perceiving and being perceived is a case in point. This instance has to be dealt with further.

160. Interindividual analytic perception

a. First, a few remarks in connection with the terminology, which, especially here, cannot be clear enough.

(1) It only makes sense to speak of in*ter*individual perception when an in*tra*individual perception exists as well. That is indeed the case, as is evident from the following paragraph.

(2) The distinction of interindividual and intraindividual here, too, does not coincide with that of outer and inner (cf. §76). Limiting myself to the interindividual, I perceive the food I eat as long as it is still in my mouth with a perception that is interindividual as well as inner.

(3) Many are of the opinion that the word *perception* denotes something that only occurs with that which is psychic. Of course, one can fix this term in this way, and the analyst will then have to look around for another word. But is this limited use of the word actually in agreement with the state of affairs? One says, after all, that Kepler by perceiving the Martian orbit and Galileo by gleaning from his experiments found answers to questions that were keeping them busy. What they were looking for, however, was not the emotional effects of the color of the stars or the noise of rolling balls on their senses! Even though both were present, they were there only as the substrate of something else. And that something else was the answer to the questions that Kepler was asking of stars and that Galileo was first asking of mechanical things here on earth. And so, what we find

nagenoeg hetzelfde als daar waar 'k een resultaat verneem dat een ander bereikte. Want in het laatste geval moge dat geschieden door middel van symbolen (gesproken, geschreven of gedrukte woorden), ook daarbij gaat het er niet om, of stem en lettertype me rustig dan wel onrustig stemmen. Wat me levendig interesseert is de door de woorden aangeduide gedachte die me een schakel kan brengen welke me nog in m'n betoog ontbrak, of een voorbeeld dat één mijner uiteenzettingen toelicht, of ook een tegeninstantie die me tot voorzichtigheid bij 't verdedigen van een stelling maant.

Nu spreekt men in laatstgenoemde gevallen, in welke de taal een rol speelt, van "vernemen". Doch daar waar de taal de dienst van medium niet verricht, spreekt men van "waarnemen"; en 't gezegde moge volstaan om de stelling te staven dat deze waarneming niet louter psychisch, doch wel degelijk ook analytisch van aard is, waarmee 't gebruik van de term "waarneming" hier is gerechtvaardigd.

> Opm. 1. Waarnemen en vernemen kunnen samengaan: zo wanneer ik een spreker hoor en zie en verneem, wat hij zegt.

B. Het actieve in deze waarnemingssamenhang is de waarnemende, die z'n analytische subjectsfunctie richt op het voor hem waarneembare in iets dat individueel van hem verschilt.

C. Dit wordt daardoor van louter-waarneembaar tot nu-ook-waargenomen, dus in zoverre tot iets passiefs.

> Opm. 2. De passiviteit van het waargenomene is dus uitsluitend het waargenomen worden. Men neme dan ook de term passief hier vooral niet in een bredere zin. Dus is het niet uitgesloten, dat het waargenomene zeer actief is, zelfs in hogere mate dan de waarnemer. Zo wordt een redenaar op een verhoging waargenomen door z'n hoorders indien ze op hem letten. Hij beklom de hoogte om voor velen waarneembaar te zijn en articuleert z'n klanken met hetzelfde doel. En heel zijn staan en spreken is één activiteit. Toch hangt het feit, dat hij waargenomen wordt in laatste instantie af van de activiteit der waarnemenden.

D. Het inter-individueel waargenomene kan ook object zijn. Maar noodzakelijk is dat allerminst. Er zijn namelijk twee gevallen mogelijk.

1. Het waargenomene is een analytisch subject. Zo neemt een docent waar dat een leerling oplet, direct wanneer hij hem voor zich heeft, indirect wanneer hij het verneemt door een tussen-instantie, bijvoorbeeld door goedgestelde schriftelijke vragen.

2. Het waargenomene is een analytisch object, bijvoorbeeld een parel, een iep, een hond of de ene psychische emotie van m'n naaste die ik onderscheid van z'n andere emoties.

here is almost the same as when I apprehend a result that someone else arrived at. In that case, too, the point is not—assuming it happens by means of symbols (spoken, written, or printed words)—whether the tone or typeset was pleasing to me. What I am interested in keenly is the thought that the words refer to, which can provide me with a link still missing in my demonstration, or an example that illustrates one of my expositions, or possibly a counterexample prompting me to be more careful when defending a particular thesis.

When, as in instances like these, language plays a part, we talk about "apprehending" (*vernemen:* to learn, hear, be told, understand). But when language does not perform the service of medium, we speak of "perceiving." This usage is sufficient to support the claim that this perceiving is not purely psychic but is surely also analytic in nature, hence justifying the use of the term *perception*.

> Comment 1: Perceiving and apprehending can go together, for example, when I hear and see a speaker and understand what he says.

b. What is active in this interrelation of perceiving is the perceiver, who directs her analytic subject function to that which is perceptible for her in something that differs from her in individuality.

c. As a result, what was simply perceptible becomes now-also-perceived, and, to that extent, becomes something that is passive.

> Comment 2: The passivity of that which is perceived is simply the being-perceived. The term *passive*, then, should certainly not be taken here in a broader sense. Hence, it is possible that what is being perceived is very active, maybe even more so than the one perceiving. Listeners perceive an orator on a platform if they take notice of him. The orator climbed the rostrum to be noticeable for many and articulates clearly for the same reason. His standing and speaking is together one activity. And yet the fact that he is perceived ultimately depends on the activity of the perceiver.

d. What the perceiver perceives interindividually can also be an object. But it certainly need not be. Two cases are possible.

(1) What is perceived is an analytic subject. For example, an instructor perceives that a student is alert. She does that directly when the student is in front of her and indirectly when she apprehends the same by means of an intermediate, for example, via well-posed written questions.

(2) What is perceived is an analytic object, for example, a pearl, an elm, a dog, or a psychic emotion of my neighbor's that I distinguish from his other emotions.

Opm. 3. De gelijkstelling van het waargenomene met een "object" komt niet zelden voort uit een slordig gebruik van de taal. Erger is dat men haar ook in wijsgerige werken aantreft: ze is daar òf een gevolg van gebrek aan kritische bezinning op de juistheid der gangbare kentheorieën, òf – indien men met oorspronkelijk werk te doen heeft – een symptoom van een éénzijdige oriëntering aan de wetenschappen van het beneden-analytische (zogenaamd "naturalisme" in de kentheorie).

E. Directe inter-individuele waarneming van vroegere momenten is niet mogelijk: waarneming is steeds contemporeel met het waargenomene. Waarneming van vroegere momenten is steeds waarneming van directe of indirecte herinnering (symbolen).

Samenvattend: Inter-individuele waarneming is daar, waar een analytische subjectsfunctie de aandacht richt op iets dat analytisch waarneembaar is, dat wil zeggen met deze subjectsfunctie in een contemporele analytische samenhang staat.

Opm. 4. Men onderscheide de waarneming van haar duiding. Zo neemt men bij onweer het licht van de bliksem vóór het geluid van de donder waar. Maar men zou zich vergissen indien men nu, op grond van het contemporele karakter van de waarnemingssamenhang, zou concluderen, dat de lichtstraal ook eerder dan de geluidsgolf ontstond: beide ontstonden tegelijk en dat ze ons niet gelijktijdig bereikten ligt aan het verschil in snelheid bij licht en geluid.

161. De intra-individuele waarneming.

A. De analytische subjectsfunctie kan zich ook waarnemend richten op iets dat waarneembaar doch tegelijk ook intra-individueel met de waarnemende verbonden is. We spreken dan van intra-individuele waarneming.

B. Ook hier blijkt, dat de onderscheiding van inter-individueel en intra-individueel niet samenvalt met die van uiterlijk en innerlijk. Want mijn handen kan ik analytisch waarnemen – bijvoorbeeld onderscheiden als rechter- en linkerhand – met uiterlijke waarneming en toch zijn ze intra-individueel met de waarnemende verbonden.

C. Het actieve in deze waarnemingssamenhang is de waarnemende, die z'n analytische subjectsfunctie richt op het voor hem bij zichzelf waarneembare.

D. Dit wordt daardoor van louter-waarneembaar tot nu-ook-waargenomen, dus in zoverre tot iets passiefs.

E. En ook hier is het niet noodzakelijk dat het waargenomene een object zij.

Comment 3: Equating what is perceived with an "object" is often due to sloppy use of the language. It is worse when we come across this in philosophic works as well. Then it is either due to a lack of critical reflection on the validity of current theories of knowledge or, if we are talking about a primary source, a symptom of a one-sided orientation to sciences about the subanalytic (so-called epistemological "naturalism").

e. Direct interindividual perception of earlier moments is not possible. Perceiving is always synchronous with what is perceived. Perception of earlier moments is always perception of direct or indirect recollection (symbols).

In summary, interindividual perception is going on where an analytic subject function directs the attention to something that is analytically perceptible, in other words, to something that stands with this subject function in a contemporary analytic interrelation.

Comment 4: Distinguish the perception from its interpretation. For example, during a storm, we perceive the lightning's flash before the thunder's rumble. But we would be mistaken if, based on the contemporaneous character of the interrelation of perception, we would also conclude that the beam of light originated before the sound waves. Both came about at the same time. That they did not reach us at the same time has to do with the difference in the speed of light and sound.

161. Intraindividual perception

a. The analytic subject function can also perceptually direct itself to something that is both perceptible and, at the same time, also intraindividually connected with the perceiver. We speak then of intraindividual perception.

b. Here, too, we find that the distinction of interindividual and intraindividual does not coincide with the distinction of outer and inner. With external perception, I can analytically perceive my hands, distinguishing, for example, right and left hand, even though they are intraindividually connected with the perceiver.

c. What is active in this interrelation of perceiving is the perceiver, who directs her analytic subject function to what for her by herself is perceptible.

d. As a result, what was simply perceptible becomes now-also-perceived, and, to that extent, becomes something that is passive.

e. Here, too, it is not necessary that what is perceived be an object.

1. Wanneer mijn handen bijvoorbeeld een stof betasten en 'k neem ze ondertussen waar, dan zijn ze, hoewel waargenomen, wel degelijk bezig in analytische functie: 't gaat er me niet om of de stof prettig aandoet, maar of ze is, waarvoor men haar uitgeeft, bijvoorbeeld of ze als "echt laken" aanvoelt.

2. Het intra-individueel waargenomene kan echter ook een object zijn. Dan heb 'k dus met een intra-individuele objectsfunctie van mezelf te doen. Zo bijvoorbeeld wanneer 'k m'n eigen psychische emotie als analyseerbaar waarneem.

> Opm. 1. Het innerlijke object is dan wel psychisch, maar qua object is het in de analytische kring. Het is dus ook niet in z'n kwaliteit van psychische subjectsfunctie passief.
>
> Opm. 2. Inzake de ongeoorloofde gelijkstelling van het "waargenomene" met "object" geldt hier hetzelfde als ten aanzien van de inter-individuele waarneming (zie de opmerking in paragraaf 160 D).

F. Ook de intra-individuele waarneming is steeds contemporeel met het waargenomene.

162. Inter- en intra-individuele waarneming.

Vergelijken we beide, dan vindt men zowel punten van overeenkomst als van verschil, die gemakkelijk zijn op te sommen. De punten van overeenkomst zijn in het voorgaande genoemd. Daarom hier nog slechts een enkel woord over het verschil.

1. Het wortelt in het dit–dat-verschil, dat we overal in de kosmos aantroffen. Vandaar dat het onmogelijk is, de éne groep van waarnemingen tot de andere te herleiden.

2. De indeling van de analytische waarnemingen in uiterlijke en innerlijke valt niet samen met die van inter- en intra-individueel, die haar kruist. Dus zijn er, wanneer men met beide onderscheidingen rekening houdt, niet twee, maar vier groepen.

> Opm. Men zij dus uiterst voorzichtig met het gebruik van de termen "innerlijk" en "uiterlijk" als adjectiva bij "waarneming".
>
> 1. Nooit mogen ze worden gebruikt ter aanduiding van een functieverschil in het waargenomene, dus niet: innerlijke waarneming is waarneming van het psychische en uiterlijke van het fysische.
>
> 2. Om precies te zeggen wat men bedoelt, dient men steeds bij deze termen nog te vermelden, of de waarnemingssamenhang intra- of inter-individueel is, met andere woorden, of men iets van zichzelf of van een ander – respectievelijk van iets anders – waarneemt.

(1) When my hands, for example, touch a piece of cloth and I perceive them doing so, then they are, though perceived, quite obviously busy in an analytic function. What I am interested in is not whether the cloth feels pleasant but whether it is what they say it is, for example, whether it feels like "real linen."

(2) What is perceived intraindividually can, however, also be an object. Then I am dealing with an intraindividual object function of myself, for example, when I perceive my own psychic emotion as analyzable.

> Comment 1: The inner object is a psychic one, but as object it is in the analytic sphere. In its quality of psychic subject function, then, it is not passive.
>
> Comment 2: As far as the disallowed equation of what is perceived with "object," what held for interindividual perception (see the comment in §160 D) holds here as well.

f. Intraindividual perception, too, is always contemporaneous with what is perceived.

162. Interindividual and intraindividual perception

When we compare both, we find points of similarity and of difference. These can easily be summarized. The points of similarity are listed above. A few words about the difference follow.

a. It is rooted in the this–that difference that we found everywhere in the cosmos. That is why it is impossible to reduce the one group of perceptions to the other.

b. The distribution of analytic perceptions into outer and inner does not coincide with that of interindividual and intraindividual, which crosses it. Hence, there are, when we take both distinctions into account, not two groups but four.

> Comment: We have to be very careful with the use of the terms *inner* and *outer* as adjectives of "perception."
>
> 1. They may never be used to refer to a difference in the function of what is perceived; as in, for example, inner perception being perception of the psychic and outer being of the physical.
>
> 2. To say exactly what is meant when using these terms, mention should also always be made of whether the interrelation of perception is intraindividual or interindividual; in other words, whether one is perceiving something of oneself or of someone or something else.

b. De successieve samenhangen in het analytische.

163. Inleiding en indeling.

De beide correlata in de behandelde ken-samenhangen bleken te passen in het schema actief–passief. Naar de tijd waren ze contemporeel.

Intussen zou er nooit van een leren kennen sprake zijn, indien er niet nog andere analytische samenhangen bestonden, op welke wel het schema actief–passief van toepassing is, doch die niet contemporeel maar successief zijn.

Daar de kennende in successief verband staat zowel met het verleden als met de toekomst, zijn hier twee samenhangen te onderscheiden, namelijk de herinnering en de verwachting.

164. De herinneringssamenhang.

A. Het schema actief–passief gaat ook hier op: het herinneren is actief-, het herinnerde passief-analytisch.

B. Het successieve verband ligt hier zo, dat het herinnerbare het eerdere is, het herinneren het latere.

C. Het actieve in de herinneringssamenhang is de herinnerende, die z'n analytische subjectsfunctie richt op het eerdere en het voor hem herinnerbare, dat daardoor van louter-herinnerbaar nu-ook-herinnerd wordt en dus in zoverre tot iets passiefs.

> Opm. Evenals bij de waarnemingssamenhang kan dit passieve sterker en zelfs veel sterker zijn dan het actieve. Een eigenaardig geval daarvan doet zich voor bij de eidetische verschijnselen, die echter wegens hun gecompliceerdheid eerst later kunnen besproken worden (zie paragraaf 167).

D. Kunnen we nu ook de herinneringen evenals de waarnemingen onderscheiden in intra- en inter-individueel?

Aanvankelijk is men allicht geneigd deze vraag bevestigend te beantwoorden. Wanneer 'k bijvoorbeeld gisteren platen heb bekeken kan 'k me nu herinneren, zowel dàt ik keek als wàt ik bekeek. Het eerste was een actie van mij, die me nu dat bekijken herinner; dus staat deze actie tot mij in een successief intra-individueel verband. Het tweede was het toen door mij analytisch waargenomene, namelijk de platen met welke ik toen in een inter-individueel verband stond. De conclusie schijnt dus gewettigd, dat er evengoed inter- als intra-individuele herinneringssamenhangen bestaan.

b. The successive interrelations in that which is analytic

163. Introduction and division

Both of the correlates in the cognitive interrelations we have dealt with fit the schema active–passive. Time-wise, they were contemporaneous.

However, there would be no talk of coming to know were there not still other analytic interrelations to which the schema active–passive does apply, but which are successive, not contemporaneous.

Because the knower stands in successive connection with the past as well as the future, we distinguish here two interrelations, namely, recollection and expectation.

164. The interrelation of recollection

a. The schema active–passive works here, too. Recollecting is analytically active, and what is recalled is analytically passive.

b. The successive connection here is such that what is recollectable is the earlier and the recollecting is the later.

c. What is active in the interrelation of recollection is the rememberer, who directs his or her analytic subject function to what is earlier and recollectable for him or her, with the result that what was simply recollectable becomes now-also-remembered, and, to that extent, becomes something that is passive.

> Comment: As with the interrelation of perception, what is passive here can be stronger, even much stronger than what is active. A peculiar instance of that is evident with eidetic phenomena, which, because they are so complicated, can only be discussed later (see §167).

d. Can we distinguish recollections, just as we did perceptions, into intraindividual and interindividual?

In all probability, the initial inclination is to answer this question in the affirmative. For example, if yesterday I looked at some prints, I can now remember both that I looked and what I saw. The first of these was an activity on my part, the looking that I now recollect. Hence, that looking stands in a successive intraindividual connection with my remembering this. The second was what I perceived analytically at the time, namely, the prints with which I then stood in an interindividual connection. The conclusion would seem to be valid that there exist both interindividual and intraindividual interrelations of recollection.

Nadere bezinning brengt echter aan het licht, dat de gevallen niet gelijk staan. Ik kan me namelijk wel herinneren dàt ik iets bekeek zonder nauwkeurig te weten wàt ik bekeek, met andere woorden wat dit iets precies was. Wanneer ik bijvoorbeeld mijn alibi moet bewijzen voor het uur waarop ik met dat bekijken bezig was, of een potlood zoek, dat ik meen onderwijl verloren te hebben, raakt wat ik zag niet slechts geheel op de achtergrond, maar de herinnering daaraan is niet in de herinnering aan mijn actie opgesloten. Maar nu het andere geval. Zeker, het kan gebeuren dat ik me zeer goed herinner wàt ik zag en nauwelijks meer dàt ik het zag. Dat geval zal zich telkens voordoen, wanneer het bekekene tijdens de inter-individuele waarneming van het bekijken m'n volle aandacht had. Maar toch is het mij niet mogelijk het bekekene als bekeken te herinneren, zonder dat aan deze herinnering die andere, namelijk de herinnering aan het bekijken, inherent is.

Daarom is bij herinnering steeds een intra-individuele actie primair.

E. Het herinnerde kan zowel een subject als een object zijn.

1. In het zo-even aangevoerde voorbeeld herinner ik mij m'n zien van gisteren; het in deze samenhang passieve is dus het fungeren van een subject in het verleden.

2. Daarentegen is, wanneer ik me m'n biotische reactie op een vroegere verandering van klimaat herinner, het herinnerde een intra-individueel analytisch object.

F. Bij de besprekingen van de waarnemingen kwam ook aan de orde, dat er waarnemingen van waarnemingen zijn [zie §§160D1 en 161E1]. Het analogon daarvan komt ook bij de herinnering voor: ik kan me herinneren, dat ik gisteren een gesprek voerde vol herinneringen aan mijn jeugd. In zulke gevallen is het herinnerde steeds een actie van het subject.

165. De onderlinge onherleidbaarheid van herinnering en waarneming.

De herinnering sticht een samenhang tussen successieve correlata, de waarneming, ook de intra-individuele, tussen contemporele. Daarom kunnen beide niet tot elkaar worden herleid: ook van de scherpste herinnering is geen overgang tot de zwakste waarneming.

Deze onherleidbaarheid sluit echter niet uit, dat beide gelijktijdig kunnen zijn (zie paragraaf 166) en verbonden kunnen voorkomen (zie paragraaf 167).

However, further reflection brings to light that the cases are not the same. It is possible that I recall that I saw something without knowing exactly what I saw, in other words, what precisely that something was. For example, when I have to prove my alibi for the hour during which I was busy with that looking or am looking for a pencil that I think I have lost in the meantime, then what I saw not only moves completely into the background, but recalling it is simply not included in the recollection of my action. But now the other case: It can certainly happen that I remember very well what I saw and barely that I saw it. That will happen often when what I am looking at during the interindividual perception of my looking had my complete attention. And yet it is not possible for me to recollect what I saw as seen without having the other recollection, namely, the recollection of the seeing, inherent to this recollection.

That is why an intraindividual action is primary when it comes to recollection.

e. What is recalled can be a subject as well as an object.

(1) In the example just introduced, I remember my seeing of yesterday. What is passive in this interrelation, then, is the functioning of a subject in the past.

(2) In contrast, when I remember my biotic reaction to a previous change in climate, what is being recalled is an intraindividual analytic object.

f. In discussing perceptions, we noted that there are perceptions of perceptions (see §160d1 and §161e1). Something similar is the case with recollection. I can remember that yesterday I was involved in a conversation filled with recollections of my youth. In these cases, what is remembered is always an action of the subject.

165. The mutual irreducibility of recollection and perception

Recollection establishes an interrelation between successive correlates; perception, including intraindividual perceiving, does the same between contemporary correlates. That is why neither can be reduced to the other. There is no transition from even the sharpest recollection to the weakest of perceptions.

This irreducibility does not exclude the possibility that both can be there at the same time (see §166) and occur together (see §167).

166. Het gelijktijdig-zijn van sommige herinneringen met sommige waarnemingen.

Iemand kan in hetzelfde moment een herinnering hebben en een waarneming doen: ik kan een spreker zien en tegelijk z'n tot nu toe gevoerd betoog me herinneren.

Dit samenzijn van herinnering en waarneming als elementen in één moment heft het verschil tussen de twee samenhangen, in ieder van welke de beide elementen van dit moment één der relata zijn, niet op.

167. Het verbonden voorkomen van herinnering en waarneming.

Hierbij is tweeërlei te onderscheiden: er bestaat herinnering aan analytische waarneming (A) en analytische waarneming van herinnering (B).

A. Herinnering aan analytische waarneming is direct of indirect.

1. Direct is ze wanneer iemand zich een eigen vroegere waarneming herinnert.

> Opm. Ook in dit geval kan het herinnerde zó sterk zijn, dat de herinnering geheel op de achtergrond staat. Wanneer dan bovendien het herinnerde een waarnemingssamenhang was in welke 'k zo-even stond en in welke het waargenomene m'n volle aandacht vroeg, doet zich het "eidetische zien" voor: men neemt niet meer waar, doch vertelt uit de herinnerde waarnemingssamenhang over het toen waargenomene met een scherpte die toont, dat het herinnerde waargenomene, het eidetisch "herinneringsbeeld", nog derwijze alle aandacht gespannen houdt, dat het ophouden van de waarneming en het gesteld worden van de waarnemingssamenhang als passief-correlaat in een herinneringssamenhang de herinnerende ontgaat. Het eidetische zien getuigt dus van zwakte der analytische activiteit.

2. Indirect is ze, wanneer iemand zich via een eigen vroegere waarneming de toen door hem waargenomen waarneming van een ander herinnert.

B. Waarneming van herinnering.

1. Waarneming van herinnering bij een ander is alleen mogelijk via z'n uitingen: 'k merk op, dat iemand zich iets herinnert doordat 'k hem hoor zeggen "O, ja!, nu weet ik het weer", of dat hij iemand herkent op grond van z'n vreugde of schrikbetoon.

2. Waarneming van herinnering bij de waarnemende zelf komt voor wanneer hij zich iets herinnert en tegelijk deze herinneringsact (intra-individueel) waarneemt.

166. The simultaneity of some recollections with some perceptions

Someone can recall something and perceive something in the same moment. I can see a speaker and at the same time recall the argument that she has presented so far.

This coincidence of recollection and perception as elements in one moment does not negate the difference between the two interrelations, in each of which both of the elements of this moment make up one of the relata.

167. The combined occurrence of recollection and perception

Two things are to be distinguished here: There is recollection of analytic perception (a) and analytic perception of recollection (b).

a. Recalling analytic perceiving is direct or indirect.

(1) It is direct when someone remembers his own earlier perception.

> Comment: In this case as well, what is remembered can be so strong that the recalling itself stands entirely in the background. When, in addition, what is remembered was an interrelation of perception in which I just recently stood and in which what was perceived demanded my complete attention, then "eidetic seeing" can occur. I am no longer perceiving but, from the remembered interrelation of perception, am able to talk now about what was perceived then with a precision that shows that the recalled perception, the "eidetic image of recollection," still so entirely grips my attention that I am oblivious to the cessation of the perceiving and to my having set the interrelation of perception as passive correlate in an interrelation of recollection. Eidetic seeing, then, testifies to weak analytic activity.

(2) It is indirect when someone via her earlier perception remembers her perception at the time of someone else's perception.

b. Perception of recollection

(1) Perceiving someone else's recalling is possible only by means of his expressions. I note that someone remembers something because I hear him say, "Oh, yeah, now I remember," or see from his happiness or shock that he recognizes someone.

(2) Perceiving recollection on the part of the perceiver occurs when she remembers something and at the same time perceives this (intraindividual) act of recollection.

168. De verwachtingssamenhang.

A. Ook hier is het schema actief–passief bruikbaar: het verwachten is actief-, het verwachte is passief-analytisch.

B. Het successieve verband, ook in het verwachten aanwezig, is hier echter juist anders dan bij de herinnering: het te verwachten moment ligt in de toekomst en is dus het latere en het verwachten is het eerdere.

C. Het actieve in de verwachtingssamenhang is de verwachtende die z'n analytische subjectsfunctie richt op de door hem te verwachten toekomst, die daardoor van "te verwachten" (verwachtbaar) tot "verwacht" wordt.

> Opm. Ook hier kan het verwachte sterker zijn dan de verwachting, zo bijvoorbeeld wanneer het verwachte sterk begeerlijk of zeer te duchten is.

D. Het verwachte behoeft niet intra-individueel te zijn, maar mogelijk is dit wel.

1. Ik verwacht iemand die me schreef me voor de eerste maal een bezoek te zullen brengen: het verwachte staat in inter-individuele samenhang tot mij.

2. Dat is daarentegen niet het geval wanneer ik bezig ben met waarnemen en nu, op grond van m'n herinnering aan vroegere waarnemingen van een toen waargenomen gang van zaken, verwacht al of niet hetzelfde waar te nemen. In zulk een geval, waarin de herinnering via de verwachting de toekomstige waarneming mede-bepaalt, spreekt men van apperceptie. Zo neem ik iemand die me voor de tweede maal bezoekt anders waar dan de eerste keer.

E. Het verwachte, als zodanig passief, kan zowel een subject (1) als een object (2) zijn.

1. In het zo-even genoemde voorbeeld verwacht ik dat de betrokkene ook inderdaad komt.

2. Bij herhaling van z'n bezoek verwacht ik, dat niet alleen het waarnemen, maar ook het dan waargenomene object al of niet de herhaling zal zijn van het vroegere.

F. Ook verwachting van verwachting komt voor. Wanneer iemand voorbereidselen treft om een buitenlandse reis te maken, verwacht hij veel te zien. Komt er nu een ziekte tussenbeide, die de uitvoering van z'n plannen verhindert, dan dooft de verwachting. Maar wanneer zijn arts de ernst van de toestand voor hem wil verbergen en hem paait met een zó spoedig intreden van beterschap, dat de reis nog kan doorgaan, doch de patiënt, die dit wel zou willen, zelf

168. The expectation interrelation

a. Here, too, the schema active–passive can be used: The expecting is active, that which is expected is passive (analytically).

b. The diachronic connection, also present in expecting, is here, however, different from the case of recollection: The moment expected lies in the future and is, therefore, the later and the expecting is the earlier.

c. The active constituent in the expectation interrelation is the expectant who directs his analytic subject function to the future that he expects. In so doing, what is "to be expected" (expect-able) becomes "expected."

> Comment: Here, too, what is expected can be stronger than the expectation, for example, when what is expected is very desirable or very much feared.

d. That which is expected need not be intraindividual, but it is possible.

(1) I expect someone who wrote me that she would visit me for the first time: That which is expected stands in interindividual interrelation to me.

(2) That, in contrast, is not the case when I am busy perceiving something and, on the basis of my recollection of earlier perceptions of a previously perceived course of affairs, do or do not now expect to perceive the same thing. In such a case, where recollection via expectation codetermines the future perception, we speak of apperception. I see someone who visits me for the second time differently than I did the first time.

e. That which is expected is, as such, passive and can be either a subject (1) or an object (2).

(1) In the example above, I expect that the person in question will, in fact, come.

(2) When she comes again, I expect that the perception as well as the then-to-be-perceived object will or will not be the repetition of the earlier one.

f. The expectation of expectation also occurs. When someone gets ready to make a trip abroad, he expects to see many things. If he gets sick in the meantime, stifling the realization of his plans, then the expectation dies. But when his doctor wants to keep the severity of the situation a secret and appeases him with the promise of such a speedy recovery that the trip can proceed as planned, even though

dit niet waarschijnlijk acht, kan het gebeuren, dat hij de arts toevoegt: "Zegt u dat nu niet, want anders ga 'k er weer op rekenen dat alles te genieten". Hij verwacht dus, dat, wanneer de arts z'n optimistische woorden herhaalt, z'n verwachtingen gaan herleven.

Bij zulk een verwachten van een verwachten is het verwachte een actie van een subject.

169. Herinnering en verwachting verbonden, maar niet onderling herleidbaar.

Verwachting is niet mogelijk zonder herinnering, bijvoorbeeld aan een belofte. En wanneer het verwachte inderdaad zich voordoet en door de verwachtende wordt waargenomen, wordt de verwachting straks herinnerbaar. Maar hoe nauw ook met elkaar verbonden, de herinneringsact wordt nooit verwachting en laatstgenoemde niet een herinnering: ze blijven in tijdsrichting verschillen.

2. DE ROL VAN HET VERTICALE VERBAND
IN HET ANALYTISCHE LEREN KENNEN.

170. Inleiding.

Tot nu toe besprak ik alleen de horizontale verbanden in het kennen. Ook hier echter ontbreken niet de blijken van verticaal verband. Men vindt ze zowel in het denken als in het kenbare. Want het analytische is allerminst een geïsoleerd bewustzijnskamertje of categorieënapparaat. Hier bespreek ik alleen het denken.

Zal er echter sprake zijn van verband, dan moet er toch verschil zijn. Vandaar dat ik eerst op 't verschil en dan op de blijken van verband inga.

171. Het verschil tussen de analytische en de overige functies.

Het is niet nodig het verschil tussen de analytische functie en *al* de overige uit te werken: een uiteenzetting van het verschil tussen haar en enkele andere, voornamelijk de onmiddellijk aangrenzende functies, nodig ook ter wille van de heersende verwarring, is voldoende.

A. Het verschil tussen de analytische functie en enkele lagere.

1. De analytische functie wordt niet zelden vereenzelvigd met het mathematische. Deze identificatie wortelt in verschillende oorzaken. Sommigen namelijk noemen zowel het analytische als het mathematische "abstract" (a); anderen daarentegen beschouwen beide als "apriorisch" (b).

the patient, who would like that, does not himself think it probable, it can happen that he says to the doctor, "Please don't say that, otherwise I'll once again start to count on enjoying the trip." In other words, he expects that when the doctor repeats her optimistic words, his expectations will be reawakened.

In such cases of expecting expectations, what is expected is an action of a subject.

169. Recollection and expectation connected but not mutually reducible

Expectation is not possible without recollection, for example, recalling a promise. And when what is expected actually presents itself and is perceived by the one who was expecting it, the expectation later becomes recollectable. But however closely connected with each other, the act of recollection never becomes expectation, nor the latter a recollection: They continue to differ in time direction.

2. THE ROLE OF THE VERTICAL CONNECTION
IN ANALYTIC COMING TO KNOW

170. Introduction

Until now, I discussed only the horizontal connections in knowing. Here, too, however, evidence of vertical connection is not absent. We find it in thinking as well as in the knowable; for that which is analytic is far from an isolated chamber of consciousness or categorial apparatus. I will discuss only thinking here.

If there is to be talk of connection, however, then there must also be difference. That is why I first take up the difference and then the evidence of connection.

171. The difference between the analytic and the other functions

It is not necessary to work out the difference between the analytic function and all of the others: An exposition of the difference between it and a few of the others, mainly immediately adjacent functions, is sufficient but also needed because of the prevailing confusion.

a. The difference between the analytic function and a few lower ones

(1) The analytic function is often identified with things mathematical. This identification is rooted in different causes. Some call both the analytic as well as things mathematical "abstract" (a); on the other hand, others view both as "a priori" (b).

a. De eerste spreekwijze beroept zich op het feit, dat het mathematische nooit anders dan in niet-mathematisch gekwalificeerde dingen voorkomt en dus uit deze moet worden afgezonderd; maar dit proces is een geheel ander dan dat der abstrahering, bijvoorbeeld van de individualiteit bij het denken over mathematische figuren en niet-mathematische dingen.

b. Wie het analytische en het mathematische beide "apriorisch" noemt, meent, dat het analytische niet op het beneden-analytische rust, maar daaraan als een *donum superadditum* ["toegevoegd geschenk"] is toegevoegd, en verbindt nu met deze opvatting het feit dat in het boven-mathematische het mathematische is ondersteld. Maar tegenover de eerste stelling valt op te merken, dat in de kosmos niets a priori is en tegenover de tweede, dat "ondersteld zijn" hier betekent "substraat zijn", dus juist het tegengestelde van bedoelde vermeende apriorieit inhoudt.

2. De nog vaak voorkomende verwarring van het analytische met het psychische wortelt meestal in de onhelderheid inzake het psychische. Zo zal, wanneer men al het boven-biotische onder de term "psychisch" samenvat, het denken vanzelf onder dit psychische ressorteren. Vandaar dat vele beoefenaars van denkpsychologie feitelijk ook het analytische (bijvoorbeeld het eidetische) bestuderen. Hier is het voldoende er aan te herinneren, dat het psychische leven het emotionele is, dat, zij 't ook anders, ook bij de dieren voorkomt, en het analytische niet anders is dan het primaire denken, dat men op aarde alleen bij mensen aantreft.

B. Het verschil tussen de analytische functie en de naast hogere.

Ter wille van de heersende verwarring is het hier nodig het verschil tussen de analytische en de twee naast hogere functies te memoreren.

1. Het verschil tussen de analytische functie en de historische.

Daar men niet zelden het historische met het genetische ident acht, stelt men dit verschil nogal eens onjuist. Het kan kort als volgt worden uitgedrukt: denken is niet hetzelfde als cultiveren, en het niet-wetenschappelijke kennen dus ook niet hetzelfde als de *technè*, in welke het is verondersteld.

2. Het verschil tussen de analytische functie en de linguale.

Vaak zoekt men dit verschil, indien erkend, daarin, dat de gedachte niet, het woord wèl gesproken wordt. Toch kan dit antwoord niet bevredigen: ieder mens formuleert tal van oordelen in taal, zonder ze ooit uit te spreken. Het verschil ligt dus ook niet hier, maar in de betekenis door woorden zowel van dingen buiten ons als van gedachten.

(a) The first way of speaking appeals to the fact things mathematical are never present other than in nonmathematically qualified things and, thus, must be separated out from these. But this process is entirely different from that of abstracting, for example, from individuality when thinking about mathematic figures and nonmathematic things.

(b) One who calls things analytic and mathematical both a priori is first of all of the opinion that the analytic does not rest on the subanalytic but is joined to the latter as an added gift (*donum superadditum*) and then connects this outlook with the fact that that which is supramathematic presupposes things mathematical. But against the first claim, it can be remarked that nothing in the cosmos is a priori and, against the second, that "being presupposed" signifies here "being substrate" and, thus, implies the exact opposite of this supposed apriority.

(2) The still-frequent confusion of the analytic with the psychic is usually rooted in the lack of clarity concerning that which is psychic, so that when we summarize all of the suprabiotic under the term *psychic*, thinking will naturally fall under this psychic. That is why many of those busy with the psychology of thinking, in fact, also study the analytic (for example, the eidetic). It is sufficient to recall here that psychic life is that which is emotive and, be it differently, is also present in animals, and that the analytic is nothing other than basic thinking, which we find on earth only among human beings.

b. The difference between the analytic function and the next higher function

Because of the prevailing confusion, we have to mention here the difference between the analytic function and the two next higher ones.

(1) The difference between the analytic and historic function

Because many equate the historic and the genetic, the difference between the analytic and historic function is also often wrongly posed. It can be briefly expressed as follows: Thinking is not the same as cultivating, and, hence, nonscientific knowing, though presupposed in it, is also not the same as know-how (*technè*).

(2) The difference between the analytic and lingual function

If acknowledged, many look for this difference in that the thought is not spoken while the word is spoken. But this answer is not satisfactory. Every person formulates many statements in language without ever uttering them. The difference does not lie here, either, but in

Dat we vaak denken en kennen zonder het gedachte en de kennis onder woorden te brengen, blijkt uit de herinnering en verwachting met welke we de dagelijkse omgeving zien: wanneer we 's morgens opstaan verwachten we, dat alles op dezelfde plaats staat als gisterenavond, maar onder woorden brengen we die verwachting vrijwel nooit dan wanneer ze 's morgens niet wordt vervuld, doordat bijvoorbeeld de wind een kleedje van z'n plaats heeft verwijderd of in hun werk gestoorde dieven een kamer in wanorde hebben achtergelaten.

172. De blijken van verband tussen het analytische en de overige functies.

We hebben hier weer te onderscheiden het analytische subject met z'n retro- en antecipaties (A) en het analytische object (B).

A. Het analytische subject.

1. Retrocipaties. Dat het analytische retrocipeert op het aritmetische blijkt uit de veelheid in het denken, op het ruimtelijke uit het vergelijken, op het fysische uit het denkend voortschrijden van grond tot gevolg (analoog aan de causale correlatie van oorzaak en effect in het fysische), op het organische uit de denkkracht, op het psychische uit de denk-wil.

2. Antecipaties. Dat het analytische antecipeert op het hogere, blijkt onder andere uit begrijpen en oordelen; met het eerste antecipeert het analytische op het technisch gebruik, met het tweede op het formuleren in de taal.

B. Het analytische object.

Wijl de zin ook van het beneden-analytische zich in al de hogere wetskringen herhaalt, is dit ook in de analytische wetskring het geval.

Dit analytische object is van grote betekenis. Wel is waar komt de kentheorie met het kennen van het object niet uit, maar om kennis omtrent het beneden-analytische te verkrijgen heeft het analytische subject zich toch allereerst op het analytisch waarnemen van het analytisch object te richten.

B. HET KENBARE.

173. Wat kenbaar is.

Waarnemen, herinneren, verwachten — het bleek alles een zich instellen op het kenbare in het heden, het verleden en de toekomst. Om ons rekenschap te geven van wat kennis is, moeten we dus ook vragen wat het kenbare is waarop het boven-psychische onderscheiden is ingesteld.

the meaning through words, both of things outside us as well as of thoughts. That we often think and know without putting the thought and the knowledge into words is evident from the recollection and expectation with which we view daily life. When we get up in the morning, we expect that everything will be in the same place as last night. But we hardly ever put that expectation into words except when it is not fulfilled, for example, because the wind blew something from its place or because thieves, disturbed in their work, have left a room in disorder.

172. The evidences of connection between the analytic and the other functions

Here again, we have to distinguish the analytic subject with its retrocipations and anticipations and the analytic object.

a. The analytic subject

(1) Retrocipations. That the analytic retrocipates to the arithmetic is evident from the multiplicity in thinking; to the spatial from comparison; to the physical from thought's strides, from basis to consequence (analogous to the causal correlation of cause and effect in the physical); to the organic from the brainpower; to the psychic from the mind's will.

(2) Anticipations. That the analytic anticipates the higher functions is evident, among other things, from concepts and statements. With concepts, the analytic anticipates technical use, with statements, formulation in language.

b. The analytic object

Because the meaning of the subanalytic repeats itself in all of the higher law-spheres, this is also the case in the analytic law-sphere.

This analytic object has great significance. It is true that the theory of knowledge has difficulty accounting for knowing the analytic object, but, to gain knowledge about the subanalytic, the analytic subject has to direct itself in the first place to the analytic perception of the analytic object.

B. THE KNOWABLE

173. What is knowable

Perceiving, recollecting, expecting: these all proved to be a directing of oneself to what is knowable in the present, the past, and the future. For us to give account of what knowledge is, we must also ask what is knowable in that toward which suprapsychic distinguishing is directed.

Kenbaar is:

A. God voorzover Hij Zich heeft geopenbaard zowel door Zijn woord als door Zijn schepselen, voorzover die ons kenbaar zijn.

> Opm. 1. God is dus door twee middelen te kennen. Gebruikt men voor deze middelen de termen "Schriftuur" en "natuur", dan bedenke men:
> a. dat er een tijd is geweest waarin het woord Gods nog niet geschreven was;
> b. dat onder natuur dient te worden verstaan al het werk Gods en vooral niet slechts een deel der aardse schepselen; in deze zin ressorteert onder "natuur" dus mede alle levensverband en de genetische gang van zaken daarin ten goede en ten kwade.
> Opm. 2. Niet alle werken Gods zijn voor ons kenbaar, gelijk uit het vervolg blijken zal.

B. Zijn wet aan de kosmos gesteld en uit de kosmos bij het licht van het woord Gods te kennen.

C. De kosmos, nader:

1. De hemel, in de zin van de geestenwereld, voorzover we omtrent haar mededeling ontvangen uit het woord Gods.

2. De aarde, a. voorzover we omtrent haar mededeling ontvangen uit het woord Gods, en b. voorzover we haar verleden, heden en toekomst kunnen onderzoeken. Bij dit laatste onderscheide men:

i. de primaire stand van zaken, dat wil zeggen wat in het kenbare niet tot kennis of dwaling behoort, en

ii. de secundaire stand van zaken, dat wil zeggen wat kenbaar is, maar tevens zelf onder kennis of dwaling omtrent een primaire stand van zaken ressorteert.

> Opm. 3. Ook de aarde is dus door twee middelen te kennen. Wie dit niet aanvaardt, loochent de mogelijkheid van christelijke wetenschap.
> Opm. 4. De beide middelen, door welke we God, Zijn wet en (een deel van) de kosmos kunnen kennen, noeme men liever niet "kenbronnen". Deze term onderstelt namelijk de juistheid van het beeld alsof menselijke kennis onafhankelijk van ons bestaat, niet slechts in het als menselijk medegedeeld woord Gods en in de kennis van onze medemensen, maar in geheel de natuur, waardoor men gevaar loopt het verschil tussen het voor mensen kenbare en de door mensen verworven kennis uit het oog te verliezen.

174. Het verband tussen de activiteit in het leren kennen en het kenbare.

Het denkend subject behoort zelf tot de kosmos.

Daarom kan het, negatief, de grenzen van de kosmos niet overschrijden.

The following are knowable:

a. God, to the extent that he has revealed himself both through his Word as well as through his creatures, to the extent we can know these.

> Comment 1: God, therefore, can be known through two means. If one uses the terms *Scripture* and *nature* for these means, one ought to keep in mind:
>
>> a) that there was a time when the Word of God was not yet written;
>>
>> b) that nature should be understood to be all the work of God and especially not only one group of earthly creatures. In this sense, nature also includes all institutions and the genetic course of affairs therein, for better and for worse.
>
> Comment 2: Not all of the works of God are knowable for us, as will be seen below.

b. His law governing the cosmos and knowable by the light of the word of God from the cosmos

c. The cosmos; more specifically:

(1) Heaven, in the sense of the world of spirits, to the extent we receive communication about it from the Word of God

(2) Earth, a) to the extent we receive communication about it from the Word of God, and b) to the extent we can investigate its past, present, and future

As for the latter, we ought to distinguish further: (a) the primary state of affairs, that is to say, what in that which is knowable is not itself knowledge or error, and (b) the secondary state of affairs, that is to say, what is knowable but is also itself subsumed under knowledge or error about a primary state of affairs.

> Comment 3: Earth, therefore, can also be known through two means. Those who do not accept this deny the possibility of Christian science.
>
> Comment 4: It is better not to call either of these means through which we can know God, his law, and (a part of) the cosmos a "source of knowledge." This term leaves the impression that human knowledge exists independent of us not only in the as-humanly-communicated Word of God and in the knowledge of our fellow humans but in all of nature, such that one runs the risk of losing sight of the difference between that which is humanly knowable and the knowledge obtained by humans.

174. *The connection between the activity in coming to know and what is knowable*

The thinking subject belongs to the cosmos.

That is why, negatively, it cannot transcend the limits of the cosmos.

Anderzijds staat het, positief, met al het kenbare in verband:

1. met God, Die ook het leren kennen tot dienen van Hem als uiting van liefdevolle gehoorzaamheid oproept;

2. met de wet Gods – de verhouding tot de wet Gods is niet een louter contemplatieve: die wet is er niet uitsluitend en zelfs niet allereerst om beschouwd, maar om gehoorzaamd te worden –;

3. ook met de kosmos, voorzover kenbaar. Daarom keren we ons zowel tegen de scepsis, die nog ken-idealen heeft maar aan de verwerkelijking van deze wanhoopt, als tegen de mystiek, die het leren kennen van het buiten ons liggende als "uiterlijk" diskwalificeert en het ware ken-proces introvert acht.

> Opm. Dit verband is een rechtstreeks. Anders gezegd: het bestaat niet zó, dat eerst ding of medemens in mij indrukken wekt en ik dan uit die in mij aanwezige indrukken vervolgens door abstrahering resultaten win; neen: de denkende vestigt z'n aandacht op het kenbare – ding of medemens – en analyseert dit (al of niet abstraherend) dáár waar het zich bevindt, en komt zo tot resultaten.
>
> Juist daarom is het verband tussen het kenbare en het resultaat niet, zoals de afdrukkentheorie meent, een directe: tussen het kenbare en het betrokken resultaat staat steeds de analyse van de denkende, welke het kenbare, juist of onjuist, analyseert en zo tot kennis of dwaling omtrent het kenbare komt. Ten deze heeft niet Aristoteles, maar Plato gelijk.
>
> Intussen houde men in het oog, dat de bedoelde activiteit een analyserende is. Verwerping van de afdrukkentheorie op boven-aangegeven grond houdt dan ook allerminst in, dat de betrokken activiteit een scheppende of ook maar een producerende is: we brengen kennis en dwaling niet uit onszelf voort, maar komen tot die twee als tot resultaten, alleen door de analyse van iets kenbaars te winnen.

C. HET RESULTAAT.

175. Tweeërlei resultaat.

We onderscheiden hier begrip en oordeel.

In het begrip kennen we een stand van zaken, in een oordeel een stand van zaken in betrekking tot iets (namelijk het oordeelsonderwerp).

176. Het bepaald-zijn van begrip en oordeel door de norm, door het gekende en door de analytische activiteit.

A. Het begrip.

1. Het bepaald-zijn door de norm. Niet slechts de activiteit, maar

On the other hand, positively, it stands connected with all that is knowable:

a. With God, who also calls coming to know into his service an expression of love-filled obedience;

b. With God's law—the relationship to God's law is not simply contemplative: This law is there neither exclusively nor even primarily to be pondered but to be obeyed;

c. With the cosmos, to the extent that it is knowable. That is why we turn against skepticism, which still has ideals for knowing but despairs of their realization, as well as against mysticism, which disqualifies coming to know what lies outside of us as being "external" and considers the knowing process to be introspective.

> Comment: This connection is a direct one. In other words, it is not the case that things or humans first create impressions in the thinking person and that he then arrives at results by abstracting from the impressions present within him. No, the person thinking focuses his attention on what is knowable, be it thing or human being, and analyzes it, abstractly or not, there where it is and, in so doing, arrives at results.
>
> For that reason, contrary to what the copy theory claims, the connection between what is knowable and the result is not direct. In between what is knowable and the related result, there is always the analysis of the person thinking, who analyzes what is knowable correctly or not and, in turn, comes to knowledge or error concerning what is knowable. On this score, Plato and not Aristotle is right.
>
> Meanwhile, keep in mind that this activity is analytic in character. Rejecting the copy theory, given the aforementioned grounds, in no way implies that this activity is creative or even productive. We do not bring forth knowledge or error from ourselves but come to these two as though they were results, to be gained only through the analysis of something knowable.

C. THE RESULT

175. Two kinds of result

We distinguish here *concept* and *statement*.

In the concept, we know a state of affairs; in a statement, a state of affairs in relation to something (namely, the subject of the statement).

176. Concept and statement, being determined by the norm, by that which is known, and by the analytic activity

a. Concept

(1) Being determined by the norm. Not only the activity but also

ook het resultaat is genormeerd: we spreken daarom van contradictoire en niet-contradictoire begrippen.

2. Het bepaald-zijn naar de zijde van het gekende. In verband hiermee onderscheiden we:

a. primaire begrippen, dat wil zeggen begrippen omtrent standen van zaken die zelf niet kennis of dwaling zijn, en secundaire begrippen, dat zijn begrippen omtrent standen van zaken die wel begripsmatig zijn;

b. omvangen van begrippen: dat de omvang van het begrip mens breder is dan die van het begrip vrouw, wortelt in de verhouding van het aantal vrouwen tot het aantal mensen.

3. Het bepaald-zijn naar de zijde van de kennende. Ten deze onderscheide men: a. waarnemings- en geabstraheerde begrippen; b. niet- en wel-samengestelde begrippen.

B. Het oordeel.

1. Het bepaald-zijn door de norm. Men onderscheide contradictoire en niet-contradictoire oordelen. Het al of niet contradictoir-zijn raakt niet het oordeelsonderwerp, noch het predikaat, maar de oordeelsbetrekking: een oordeel is slechts contradictoir wanneer een predikaat aan een subject tegelijk niet en wel wordt toegekend. Derhalve is van de volgende drie oordelen: "Waarheid en leugen verdragen elkander niet", "Deze redenering is contradictoir" en "Dit is waar en niet waar in hetzelfde opzicht", alleen het laatste oordeel met de norm van het *principium contradictionis* ["principe van contradictie"] in strijd.

2. Het bepaald-zijn door het gekende. Daarop berust zowel de kwaliteit als de omvang van het oordeel. a. Onder kwaliteit verstaat men de positiviteit en negativiteit der oordeelsbetrekking. b. Onder omvang van het oordeelsveld [verstaat men] de omvang bestreken door het onderwerp van het oordeel.

3. Het bepaald-zijn naar de zijde van de denkende activiteit. Ten deze onderscheide men onmiddellijke en middellijke, dat wil zeggen niet en wel door bewijs gewonnen oordelen.

Hoofdstuk II.
DE ONTWIKKELING VAN HET NIET-WETENSCHAPPELIJK KENNEN.

177. Inleiding.
Tot nog toe beperkte 'k me tot de bespreking van de structuur van het kennen in één moment. Wel stond het ook zo in verband

the result is normed. That is why we speak of contradictory and non-contradictory concepts.

(2) Being determined from the side of that which is known. In this connection, we distinguish:

(a) Primary concepts, that is to say, concepts about states of affairs that are themselves not knowledge or error and secondary concepts. The latter are concepts about states of affairs that are conceptual.

(b) Extensions of concepts. That the extension of the concept *human* is broader than that of the concept *woman* is rooted in the relationship of the number of women to the number of human beings.

(3) Being determined from the side of the knower. We distinguish here (a) perceptual and abstracted concepts and (b) simple and composite concepts.

b. The statement

(1) Being determined by the norm. Distinguish contradictory and noncontradictory statements. Being contradictory or not has to do neither with the statement's subject nor with its predicate but with their relation. A statement is contradictory only when a predicate is and is not attributed to a subject at the same time. Of the following three statements, only the last one conflicts with the norm of *principium contradictionis* (principle of contradiction): "Truth and falsehood are incompatible," "This argument is contradictory," and "This is true and not true in the same respect."

(2) Being determined by that which is known. This determines the quality of the statement as well as its extension. Quality here has to do with a statement's relation being positive or negative. The extension of a statement's field has to do with the range covered by the statement's subject.

(3) Being determined from the side of the thinking activity. Distinguish here between immediate and mediate, that is to say, between statements that are not gotten through proofs and those that are.

Chapter 2
THE DEVELOPMENT OF NONSCIENTIFIC KNOWING

177. Introduction
Until now, I have limited myself to discussing the structure of knowing at one moment. What was said already, then, also stood in

met verleden en toekomst. Maar om niet alles dooreen te halen deed 'k net alsof het moment van nu niet straks tot het verleden behoorde en dus alsof het verleden niet toenam en het heden niet verschoof. Natuurlijk was dit een abstractie, slechts geoorloofd ter wille van de duidelijkheid en onder voorwaarde dat 'k haar zo spoedig mogelijk liet varen. Daar het gestelde doel nu is bereikt, laat 'k haar dan ook thans geheel los, om nu te letten op het tot nu toe verwaarloosde in het kenbare en in het kennen, namelijk op het genetische in beide.

178. Het genetische in het kenbare.

A. In het woord Gods.

Dat dit niet stationair bleef, maar toenam en wijzigde zagen we reeds vroeger (zie paragrafen 121–134). Ook merkten we reeds elders (zie paragraaf 173) op, dat het woord Gods in menselijke taal geschreven en daarom voor ons kenbaar is. Combineren we nu beide gegevens, dan vinden we dat in de *historia revelationis* ["geschiedenis van de openbaring"] het woord Gods, en dus het voor mensen kenbare, toenam.

B. Ook het voor menselijk onderzoek toegankelijke in de kosmos blijft niet gelijk: atomen vervallen en sterren verbrokkelen en smelten samen; planten, dieren en mensen kruisen, evolveren en variëren. Een tweede factor van belang is het feit, dat het verleden beter kenbaar is dan de toekomst en dus bij de groei van het verleden ook het beter kenbare toeneemt. En eindelijk vergete men niet de veranderingen en vermeerderingen van het kenbare die ontstaan door menselijk toedoen; zo spreken we thans niet meer van de Zuiderzee maar van het IJsselmeer, en valt er in de toekomstige polders natuurlijk aardrijkskundig heel wat meer te onderscheiden dan thans. Ook hier dus toename en wijziging van het voor het niet-wetenschappelijk denken kenbare.

> Opm. Het nagaan van de evolvering der mensheid leidt tot een kennis die men vroeger, op het voetspoor der Heilige Schrift, ook vaak in niet-wetenschappelijke kringen aantrof (stambomen op de voorpagina van de Statenbijbel).

179. Het genetische in het kennende.

De mensheid treedt echter in de kentheorie niet alleen op als een deel van het kenbare, maar ook als het kennende. En ook hier is het genetische te bespeuren.

connection with the past and the future. But so as to not confuse things, I proceeded as though the moment of now would not soon belong to the past and, so also, as though the past did not increase and the present did not shift. This, naturally, was an abstraction, only permissible for the sake of clarity and under the condition that I abandon it as soon as possible. Now that I have reached that goal, I will let go of that abstraction completely so as to concentrate now on what was disregarded in what was knowable and in knowing, namely, on what is genetic in both.

178. That which is genetic in the knowable

a. We saw previously (§§121–134) that the Word of God did not remain stationary but increased and changed. We also noted (§173) that the Word of God is written in human language and, hence, is knowable for us. Combining both of these givens, we find that in the *historia revelationis*, the Word of God, and hence what is knowable for humans, increased.

b. Likewise, that which is accessible in the cosmos to human investigation does not remain the same. Atoms disintegrate and stars collapse and melt together; plants, animals, and humans interbreed, evolve, and vary. A second important element is that we can know the past better than we can the future; hence, as the past grows, what can be known better does as well. Finally, do not forget the changes and expansion of that which is knowable that arises from human endeavor: We no longer speak of the *Zuiderzee* (South Sea) but of the *IJsselmeer* (Lake IJssel); on the polders of tomorrow there will be obviously much more to distinguish geographically than there is today. Here, too, then, there is an increase and change in what is knowable for nonscientific thinking.

> Comment: Tracing the evolving of humankind leads to a knowledge that, in the footsteps of Holy Scripture, was also often found in nonscientific circles (family trees recorded on the front page of the old Bible).

179. That which is genetic in the knower

In the theory of knowledge, humankind appears not only as part of that which is knowable but also as knower. Here, too, genesis can be detected.

180. De aanvang van het genetische in het kennen.

Niet steeds was deze aanvang gebonden aan de prille jeugd. De Heilige Schrift tekent Adam (en Eva) als volwassen mensen, en doet ons toch zien, hoe zijn (haar) kennis toenam. Het inzicht in de moeilijkheden met welke de wording van kennis bij ons gepaard gaat wordt verhelderd wanneer we beide processen eens met elkaar vergelijken.

A. De ontwikkeling van de kennis bij Adam.

1. Op de voorgrond stond bij hem het kennen van God, Die hem geschapen had. Voorts vinden wij, dat hij bij de dieren het verschil in sekse opmerkt, en enige kennis had van goed en kwaad.

2. Wat z'n zelfkennis aangaat wist hij, dat hij stond onder de wet Gods, verschilde van de dieren, en later, na de schepping van Eva, ook dat hij haar medemens was.

In beide reeksen vinden we dus kennis omtrent het schepsel-zijn, voorts een op het ontwaren van seksuele samenhang gebaseerde kennis omtrent het tot een rijk of soort van dieren en mensen behoren, en tenslotte kennis omtrent de individuele verschillen binnen zulk een rijk.

B. De toename der kennis van hen bij wie dit proces in de prille jeugd aanvangt is een andere. En dat niet slechts door de zondeval, maar mede daardoor, dat de volgorde, in welke het door hemzelf (en anderen) meegemaakte tot z'n kennis komt, verschilt. Het meest ingrijpende is echter de in verschillende mate voorkomende vervreemding van de woordopenbaring.

1. De intra-kosmische verschillen staan namelijk op de voorgrond. En dat niet alleen bij de waarneming, herinnering en verwachting, maar ook bij de rangschikking der eerste begripsvorming, die niet slechts vraagt naar het aantal van de herhalingen ener waarneming, en naar de sterkte waarmee het waargenomene de aandacht trekt, maar voornamelijk naar de plaats die dat waargenomene in de kosmos inneemt. Zo wordt de kennende rangordening hier op geheel andere wijze dan bij de eerste mens, èn bij de zelfkennis èn bij de kennis van al het overige.

Daarbij komt de toename van het kenbare, met name van het herinnerbare, door mededelingen van anderen. Vooral wanneer een kind opgroeit in een milieu, waar men niet ontworteld is aan het verleden, ziet het de herinneringen aan het zelf-meegemaakte telkens verrijkt door die aan wat anderen, naar hun verhalen over eigen of anderer verleden, overkwam.

180. The beginning of that which is genetic in our knowing

This beginning was not always tied to early youth. Holy Scripture sketches Adam (and Eve) as adults and lets us see how his (and her) knowledge increased. Insight into the difficulties that accompany the growth of our knowledge increases when we compare both processes with each other.

a. The development of knowledge for Adam

(1) In the foreground for Adam was knowing the God who created him. We also find that he observed the difference in sex among the animals and had some knowledge of good and evil.

(2) As far as his self-knowledge is concerned, he knew that he stood under God's law, differed from the animals, and later, after the creation of Eve, that he was her fellow human.

In both series, then, we find knowledge about being a creature; furthermore, a knowledge about belonging to a kingdom, or sort of animal and human being, based on perceiving sexual interrelations; and finally knowledge about the individual differences within such a realm.

b. For those whose increase in knowledge begins in early youth, the process is different. The sequence in which what they (and others) experience comes to their knowledge differs, because of, but not simply because of, the Fall. The most drastic difference, however, is the alienation, found in differing degrees, from the Word revelation.

(1) It is the intracosmic differences that stand in the foreground. This is true not only for perceiving, remembering, and expecting but also for the arranging that goes on with primary concept formation, which is not only interested in the number of the repetitions of a perception and in the strength with which what is perceived draws one's attention, but especially in the place that what one perceives occupies in the cosmos. In this way, the ordering of what we know happens in a completely different way than it did for the first human, in the areas of both self-knowledge and knowledge of all the rest.

In addition, there is the increase of what is knowable, particularly of what can be recollected, due to the communication of others. Especially when children grow up in an environment that is not uprooted from the past, their recollection of the things they have experienced is enriched by first- or secondhand stories of what happened to others.

2. Dat alles betekent nog niet een verzwaring van het kennen. Want de rangschikking moge daardoor sterker verschillen van de successieve orde, de ervaring der ouderen betekent ook weer verkorting van het proces der kennis omtrent zichzelf en anderen. Wat dit wel verzwaart, is het niet zelden voorkomende gemis aan kennis omtrent de woordopenbaring, hetzij doordat de ouders zelf deze niet bezitten, hetzij doordat zij haar vergeten of ook opzettelijk aan het kind onthouden. Het ontbreken of onttrekken van dit licht betekent verduistering van het verstand.

181. De verwerking van het herinnerde.

Het herinnerde blijft niet zonder verwerking.

Vooral dient hier rekening te worden gehouden met de historische wil tot ordening van begrippen en oordelen, met het linguaal formuleren en het sociaal-didactisch ordenen van de laatste en met het sociaal gebruik van het aldus gewonnene in het betoog.

Ook op deze drie acties heeft de kennistheorie de aandacht te vestigen.

182. Het ordenen van begrippen.

Dit ordenen is noch een opsommen van kenmerken (Hobbes), noch een deduceren van het individuele uit het rijk der mogelijkheden (Leibniz), maar een schikken van begrippen naar de omvang omtrent welke zij gelden.

> Opm. 1. "Gelden omtrent" mag niet (neo-Kantiaans) [worden] verward met "gelden voor", en "gelden volgens" niet met "gelden krachtens".

Het principe waarnaar de begrippen worden geordend is dus thans niet meer dat der genetische orde in welke de kennende ze indertijd opdeed, maar een geheel ander. Want de betekenis van de betrokken terreinen hangt af van de omvang die ze volgens de kennende hebben. Vandaar dat het voor deze ordening van het grootste gewicht is, of hij, die tot haar overgaat, die omvangen en hun onderlinge verhoudingen goed ziet. Wie bijvoorbeeld het gebied van het geschapene te nauw neemt, zal dat deel van de kosmos dat zijns inziens daarbuiten valt, vergoddelijken, allerlei vragen gaan stellen over de verhouding tussen de aldus uiteengeslagen delen van de éne kosmos, enzovoort. Zo wordt het duidelijk waarom het al of niet buigen voor de woordopenbaring mede beslist over de waarde en onwaarde van deze ordening. Wie het woord Gods gehoorzaamt kan

(2) All of this does not mean that knowing becomes burdensome. How one arranges what one knows might well differ from the order in which one came to know it, but the experience of those who are older can also shorten the process of knowledge about oneself and others. What does encumber this process is the lack of knowledge too often evident about the Word revelation, either because parents themselves lack this knowledge or because they have forgotten it or deliberately keep it from their child. The deprivation or withdrawal of this light will cloud the mind.

181. The assimilation of that which is remembered
What is remembered also gets assimilated.

What is of primary consequence here are the historic will to order concepts and statements, the lingual formulation and sociodidactic ordering of these formulations, and the social use in discourse of what is gained in this way.

A theory of knowledge should likewise attend to each of these three actions.

182. The ordering of concepts
The ordering of concepts is not a compendium of characteristics (Hobbes) nor a deduction of the individual from the realm of possibilities (Leibniz) but an arranging of concepts according to the extension with regard to which they hold.

> Comment 1: "Hold with regard to" may not be confused (as do the Neo-kantians) with "hold for," and "holding according to" may not be confused with "holding by virtue or because of."

The principle according to which concepts are ordered, then, is no longer that of the genetic order in which they came to the knower at the time but another one entirely. The significance of the arenas involved depends on the extension they have according to the knower. As a result, it is crucial that when ordering these concepts one sees their extensions and their mutual relations correctly. For example, if you take the area of that which is created too narrowly, you will end up deifying that part of the cosmos that, as you see it, falls outside it and you will begin to ask all kinds of questions about the relationship between the parts of the one cosmos, which in this way have been thrown asunder, and so on. That makes it clear why whether one bows to the Word revelation helps to decide about the value of such an ordering. One who obeys God's Word can certainly still err when

zeker nog wel in details dwalen, maar wie het niet doet komt tot begrippen, die in de grondstructuur vals zijn.

> Opm. 2. Niet steeds staan de grondonderscheidingen op de voorgrond: zo zal men bij de definiëring van een berk meestal wel genoeg hebben aan het begrip "boom, die . . .". Maar anders staat het wanneer de speculatie op het niet-wetenschappelijk kennen vat krijgt. Dan is zelfs de kennis omtrent het beneden-analytische niet veilig, wordt een boom als "levend" tegenover de "dode" stof gesteld, enzovoort. Deze en dergelijke verwringingen in de begripsvorming zijn vooral gevaarlijk voor het boven-historische leven, wijl daar de begripsvorming tot het substraat behoort. Verkeerde begripsvorming leidt hier dus tot een fout in het fundament, die op den duur funest wordt voor het daarop opgetrokken gebouw. Zo worden staat, gezin, school en kerk voortdurend ondermijnd door een antropologie, die een deel van de mens boven de wet Gods plaatst.

183. Oordelen en formuleren van oordelen.

Oordelen zelf is een analytisch doen, nader een erkennen, dat een stand van zaken (predikaat) aan iets (oordeelssubject) toe-geordend is (oordeelsbetrekking).

Het onderstelt begrijpen als minder gecompliceerde fase van het ken-proces. Dat wil intussen niet zeggen, dat het oordelen steeds op begrippen betrekking zou hebben: het is slechts zelden toe-ordening van een predikaat aan een begrip – bijvoorbeeld wanneer ik oordeel: "Dit begrip is een contradictoir" – en nog zeldzamer verbinding van begrippen – bijvoorbeeld in het oordeel: "De begrippen a en b dekken elkander".

Van dit oordelen is echter zowel het linguaal formuleren en het didactisch ordenen van enkelvoudige oordelen als het verbinden van de bestanddelen en onderstellingen der enkelvoudige oordelen onderscheiden.

184. Het linguaal formuleren van oordelen.

Het eenvoudigste schema van oordeel is: S (oordeelssubject) is (oordeelsbetrekking) P (predikaat).

> Opm. Het "is" der oordeelsbetrekking is niet hetzelfde als het mathematische "is gelijk aan": het heeft tal van betekenissen.

185. Het sociaal-didactisch ordenen van oordelen (categorieënleer).

In verband met de ontische orde door een conceptie aangenomen deelt haar categorieënleer de oordelen in. Vandaar dat ook dit onderdeel der wijsbegeerte allerminst neutraal is.

it comes to details, but one who does not arrives at concepts that are
false in their basic structure.

> Comment 2: The basic distinctions do not always stand in the foreground.
> When defining a birch, the concept *tree that* . . . will usually be suffi-
> cient. But things are different when speculation grips nonscientific
> knowing. Then even knowledge about the subanalytic is not safe: A
> tree is set as "living" over against "dead" matter, and the like. These
> and similar distortions in concept formation are especially dangerous
> for suprahistoric life because the forming of concepts belongs to its
> substrate. Malformed concepts will lead to a fault in the foundation
> that will prove to be devastating for the edifice built upon it. Owing to
> this, government, family, school, and church are continually under-
> mined by an anthropology that places a part of the human being
> above God's law.

183. Statements and formulating statements

To discern (*oordelen zelf*) is an analytic activity, specifically, to acknowledge that a state of affairs (the predicate) is joined (the stated
relation) with something (the statement's subject).

Discerning presupposes conceiving as a less complicated phase in
the process of knowing. That is not to say that discerning always has
to do with concepts. Only seldom is it a matter of ascribing a predicate to a concept, for example, when I state, "This concept is a contradictory one." Even less often does it involve the connecting of
concepts, as, for example, in the statement, "The concepts *a* and *b*
coincide."

Discerning is, nonetheless, distinct from lingually formulating and
didactically ordering simple statements as well as from connecting
the constituents and presuppositions of simple statements.

184. The lingual formulation of statements

The simplest schema of a statement is: S (the subject of the statement) is (the stated relation) P (the predicate).

> Comment: The "is" of a statement's relation is not the same as the "is
> equal to" of mathematics. It has any number of meanings.

185. The sociodidactic ordering of statements (theory of categories)

Statements are organized by a conception's theory of categories in
connection with the ontic order it accepts. That is also why this part
of philosophy is certainly not neutral.

In aansluiting bij de Isagogie dele men als volgt in.
I. Primaire oordelen, dat wil zeggen oordelen die, hoewel ze uiteraard kennis onderstellen, niet over kennis handelen.
  A. Omtrent God.
  B. Omtrent de wet.
  C. Omtrent het subjècte.
    1. Omtrent het hemels subjecte.
    2. Omtrent het aards subjecte.
        a. Omtrent de religie; bijvoorbeeld: "Gij zijt van Christus, en Christus is van God".
        b. Omtrent de waarde; bijvoorbeeld: "Het is goed waarheid te spreken".
        c. Omtrent de rijken:
            i. structuur-oordelen; bijvoorbeeld: "Bij dieren is de leidende functie de psychische";
            ii. genetische oordelen; bijvoorbeeld: "Deze soort plant zich snel voort".
        d. Omtrent inherentie: "Bijen verzamelen honig".
        e. Omtrent relaties: "Dit kind groeit harder dan dat".
II. Secundaire oordelen.
  A. Omtrent begrijpen en begrip.
  B. Omtrent oordelen en oordeel.

Opm. De realistische categorieënleer herleidt alle of nagenoeg alle oordelen tot oordelen omtrent (primaire en secundaire) klassen. Dit is echter een miskennen van de verscheidenheid in de kosmos en een overschatten van het klassebegrip: "Bijen verzamelen honig" is iets anders dan "Bijen behoren tot de klasse van honig-verzamelende dieren". Eerstgenoemd oordeel is een enkelvoudig, nader een inherentie-oordeel, het tweede noch het een, noch het ander. Het onderstelt immers:
  1. een of meer oordelen omtrent andere dieren: "Zij verzamelen honig";
  2. de verbinding van deze twee (of meer) oordelen tot een nieuw oordeel: "Bijen en andere dieren verzamelen honig";
  3. de verheffing van een bij meerdere diersoorten voorkomende inherentie van een bepaalde eigenschap tot een klasse, die, anders dan de soort, niet een reële voortplantingssamenhang onderstelt, maar haar aanzijn aan een abstract indelingsprincipe dankt;
  4. de subsumering van een der onder 2 genoemde reële soorten onder deze klasse.

186. Het vellen van samengestelde oordelen.

Tot nu toe bespraken we slechts het formuleren en ordenen van enkelvoudige oordelen. Er bestaan echter ook samengestelde.

In conjunction with the *Isagoge,* we order these as follows:

I. Primary statements, that is to say, statements that, although they presuppose knowledge, do not themselves deal with knowledge
  A. About God
  B. About the law
  C. About that which is subject
    1. About that which is subject in a heavenly way
    2. About that which is subject in a earthly way
      a. About religion, for example, "You are of Christ, and Christ is of God."
      b. About value, for example, "It is good to speak truth."
      c. About the kingdoms:
        1) Statements about their structure, for example, "The leading function of animals is the psychic."
        2) Statements about their genesis, for example, "This kind proliferates quickly."
      d. About inherence, for example, "Bees collect honey."
      e. About relations, for example, "This child grows faster than that one."

II. Secondary statements
  A. About conceiving and concepts
  B. About discerning and statements

  Comment: Realism's theory of categories reduces all or almost all statements to statements about (primary and secondary) classes. This, however, is a misconception of the diversity in the cosmos and overestimates the class concept. "Bees collect honey" is not the same as "Bees belong to the class of honey-collecting animals." The first of these is a simple statement, specifically one of inherence. The second statement is neither of these and presupposes the following:
  1. One or more statements about other animals: "They collect honey."
  2. Connecting these two (or more) statements into a new one: "Bees and other animals collect honey."
  3. Elevating the inherence of a particular characteristic occurring with a number of animal species into a class that, in contrast to all species, does not presuppose an actual reproductive interrelation but owes its being there to an abstract organizing principle
  4. Subsuming one of these actual species under this class

186. Making composite statements

Our discussion until now was limited to formulating and ordering simple statements. There are, however, also composite statements.

Deze laatste berusten op de analyse van één of op de verbinding van meer dan één enkelvoudig oordeel.

187. Het vellen van samengestelde oordelen op grond ener analyse van een enkelvoudig oordeel.

Deze analyse heeft soms op implicata, soms op kentheoretische onderstellingen van het oordeel betrekking.

Vandaar dat we deze twee even nader hebben te bezien.

188. De implicata en kentheoretische onderstellingen van het enkelvoudige oordeel.

A. De implicata zijn:

1. ten aanzien van het predikaat: de waarheidspretentie (niet-contradictoir te zijn);

2. ten aanzien van de oordeelsbetrekking: de kwaliteit – een oordeel is positief of negatief –;

3. ten aanzien van het oordeelssubject:

a. ten aanzien van z'n karakter: het is mathematisch, dynamisch en al of niet genetisch;

b. ten aanzien van z'n omvang: het is universeel of particulier.

B. De kentheoretische onderstellingen zijn:

1. het oordeel is onmiddellijk of middellijk – dat wil zeggen niet of wel door bewijs – gewonnen;

2. het oordeel werd met of zonder zekerheid voltrokken.

189. Samenstelling van oordelen berustend op de analyse van een enkelvoudig oordeel naar implicata.

Men onderscheide hier [het volgende].

A. De analyse heeft betrekking op de waarheidspretentie van het predikaat (niet-contradictoir te zijn). Men beziet deze pretentie en oordeelt nu: "Dit enkelvoudige oordeel is waar" (1), of "Het is niet waar" (2). Het samengestelde oordeel is in het eerste geval affirmatief, in het tweede defirmatief.

> Opm. 1. Men onderscheide dit affirmatief- en defirmatief-zijn vooral van het positief- en negatief-zijn. Het eerste komt slechts bij samengestelde oordelen voor; bovendien heeft het lang niet altijd op de kwaliteit van het enkelvoudige oordeel betrekking. Derhalve: wèl is iedere affirmatie *qua talis* ["als zodanig"] positief en iedere defirmatie *qua talis* negatief, maar niet ieder positief oordeel is een affirmatie, en niet ieder negatief een defirmatie.

Composite statements rest on the analysis of one simple statement or on connecting more than one such statement.

187. Making composite statements on the basis of analyzing a simple
statement

This analysis sometimes has to do with inferences, sometimes
with the epistemological assumptions of the statement.

That is why we have to look at these two more closely.

188. Implications and epistemological presuppositions of the simple statement

a. The implications are:

(1) With respect to the predicate, the truth claim (to be noncontradictory)

(2) With respect to stated relation, the quality—a statement is
positive or negative

(3) With respect to the statement's subject: (a) regarding its character, it is mathematic, dynamic, and either genetic or not, and (b)
regarding its extension, it is universal or particular

b. The epistemological suppositions are:

(1) The statement is immediate or mediate; that is, had without or
owing to demonstration.

(2) The statement is made with or without certainty.

189. The composition of statements resting on the analysis of a simple
statement according to its implications

Distinguish here the following:

a. Someone analyzing focuses on the truth claim of the predicate
(to be noncontradictory) and discerns, "This simple statement is
true" (1), or "It is false" (2). The first composite statement is one of
assent, the second of dissent.

> Comment 1: Distinguish assent and dissent from being positive and being
> negative. The first two occur only with composite statements and, in
> addition, are not always tied to the quality of the simple statement. So,
> every assent is, as such, positive and every dissent is, as such, negative,
> but not every positive statement is an assent and not every negative
> statement is a dissent.

Opm. 2. Is een (door een ander – defirmatief – oordeel) terecht gedefirmeerd oordeel enkelvoudig dan dient men het als onwaar te verwerpen.

B. De analyse ziet op de oordeelsbetrekking. Men maakt een enkelvoudig oordeel tot oordeelssubject in een samengesteld oordeel, en de kwaliteit van het eerste tot predikaat van het tweede. Voorbeeld: "Het oordeel: 'S passeerde zo-even niet' is negatief". Zulke oordelen hebben soms, zoals hier, slechts logische zin. In de praktijk zijn ze echter meestal constaterende inleiding tot iets anders, bijvoorbeeld tot een vraag als bijvoorbeeld: "Maar wie passeerde er dan wèl?"

Opm. 3. Men onderscheide zulke kwaliteitsoordelen van meer samengestelde waarin men zich tegen een constaterend oordeel richt. Bijvoorbeeld: "Het is niet waar, dat het oordeel x negatief is". Men heeft dan met de defirmatie van een oordeel te doen, waarbij rechtstreeks niet de kwaliteit der oordeelsbetrekking van x maar het waar zijn van het predikaat "negatief" in x_1 [dat over x gaat], in het geding is. Voorbeeld: zei x "Die man handelt on-sociaal", en x_1: "Dat oordeel [namelijk x] is negatief", dan kan x_2, indachtig aan het verschil tussen on-sociaal en niet-sociaal, poneren: "x_1, dat de kwaliteit van x als negatief prediceerde, is contradictoir"; immers het on-sociale is wel verkeerd sociaal, maar intussen toch sociaal, en wie "on-sociaal", "niet-sociaal" acht, verklaart dus, dat iets on-sociaals tegelijk wel- en niet-sociaal is.

Ook hier werkt het verhelderend affirmatie en defirmatie (bij de beoordeling) te onderscheiden van positiviteit en negativiteit (bij het beoordeelde). Daar intussen affirmatie *qua talis* positief en defirmatie *qua talis* negatief is, laat affirmatie de kwaliteit van het beoordeelde onveranderd, maar wijzigt defirmatie deze kwaliteit in haar tegendeel.

C. De analyse heeft betrekking op het oordeelssubject. Daarbij onderscheide men tweeërlei.

1. De analyse ziet op het karakter van het oordeelssubject, onder andere op de vraag of dit al of niet genetisch is. In het eerste geval speelt namelijk de mogelijkheid wel een rol, in het tweede niet.

Opm. 4. Mogelijkheid is noch "bijkomstigheid" (Boëthius), noch functionalistisch-apriorische denkbaarheid met *epochè* ["opschorting van oordeel"] omtrent de fysische existeerbaarheid (logistiek) doch ontplooibaarheid van het latere uit het vroegere (niet van het lagere tot het hogere).

2. De analyse ziet op de omvang van het oordeelssubject. Bijvoorbeeld: "Het oordeel: 'Alle mensen zijn sterfelijk' is een universeel oordeel", en: "De oordelen: 'Adam was sterfelijk geschapen' en 'Sommige mensen spreken Nederlands' zijn particulier".

> Comment 2: If a dissenting statement A rightly claims that a dissenting statement B is simple, then B should be rejected as not true.

b. Someone analyzing focuses on the stated relation, making a simple statement into the subject of a composite statement and the quality of the simple statement into the predicate of the composite one, for example, "The statement 'S did not pass by recently' is negative." Such statements sometimes only have logical sense, as in this case. In an everyday context, they are usually an observational introduction to something else, for example, to a question like, "But who was it then that did pass by?"

> Comment 3: Distinguish such statements of quality from more composite, observational statements, for example, "It is not true that the statement x is negative." This is a dissenting statement in which the truth of the predicate "negative" in x_1, [which is about x] and not the quality of the stated relation of x, is directly at issue. For example, let's say x was, "That man is being unsocial," and x_1, "That statement [namely, x] is negative." Then x_2 can claim, with an eye to the difference between being unsocial and nonsocial, "x_1, that predicated the quality of x as being negative, is contradictory." After all, being unsocial is being social in a wrong way, but is, nonetheless, social, so that whoever considers unsocial to be nonsocial is indeed claiming that something unsocial is both social and not social.
>
> Here, too, it is helpful to distinguish assent and dissent (when discerning) from positive and negative (statements). Given that assent is, as such, positive and dissent, as such, negative, assent leaves the quality of what is proposed unchanged, but dissent turns this quality into its opposite.

c. When the analysis focuses on the statement's subject, distinguish the following:

(1) Analysis is looking at the character of the subject of the statement—among other things, whether it is genetic. If it is genetic, then possibility plays a part, if it is not genetic, then it is not a factor.

> Comment 4: Possibility is neither "contingency" (Boethius) nor functionalistic-a priori conceivability with *epochè* ("suspension of judgment") concerning physical existence (logicism), rather it is the ability of what comes later to develop from what is earlier (not what is lower towards what is higher).

(2) Analysis is looking at the extension of the subject of the statement, for example, "The statement 'All men are mortal' is a universal statement," and "The statements 'Adam was created mortal' and 'Some people speak Dutch' are particular."

190. Samenstelling van oordelen berustend op de analyse van enkelvoudige oordelen naar kentheoretische onderstellingen.

Men onderscheide twee gevallen.

A. Deze analyse heeft betrekking op de logische weg, langs welke het oordeel gewonnen werd, namelijk niet of wel door bewijs. Bijvoorbeeld: "Het is bewezen, dat . . .", "Het is niet bewezen, dat . . .".

> Opm. 1. Eerstgenoemde oordelen heten "apodictische", het betrokken enkelvoudige oordeel [heet] een "conclusie".

B. Deze analyse heeft betrekking op de (on)zekerheid van de oordelende. Is deze toestand er een van zekerheid, dan trekt hij niet de aandacht, maar spreekt en handelt men uit de zekerheid. "Ik heb geloofd, daarom heb ik gesproken". Eerst wanneer onzekerheid optreedt glijdt de aandacht van het gekende naar het kennend subject af. Vandaar oordelen als: "Het is nog onzeker, of . . ." en "Het is nu weer zeker, dat . . ." ([respectievelijk een] problematisch en assertorisch oordeel).

> Opm. 2. Men lette op het verschil in voegwoord: "of" spreekt van onzekerheid, "dat" van zekerheid.

191. Verhouding van enkelvoudige oordelen.

A. Oordelen verdragen elkander (zijn compatibel) of niet.

B. Speciale verhoudingen treft men aan.

1. Bij identiteit van predikaat of oordeelssubject.

a. Wanneer twee oordelen eenzelfde predikaat hebben: ze zijn dan conjugibel – schema: $S_1 + S_2 = P$; voorbeeld: "Jan en Frits zijn blond".

b. Hebben twee oordelen eenzelfde oordeelssubject, dan zijn ze copulabel – schema: $S = P_1 + P_2$; voorbeeld: "Jan is blond en groot".

2. Twee oordelen bij welke het oordeelssubject van het ene [oordeel] predikaat van het andere [oordeel is] en het predikaat van het ene [oordeel] het oordeelssubject van het andere [oordeel] is, noemt men elkanders omgekeerden. De bespreking van de voorwaarden onder welke het omgekeerde van een waar oordeel eveneens waar is, enzovoort, zou me te ver voeren.

3. In verband met omvang en kwaliteit onderscheidt men de oordelen in algemeen-negatief, algemeen-positief, particulier-positief en particulier-negatief. De verhoudingen van deze vier groepen spelen een grote rol in de leer van het bewijs. Intussen is deze indeling gebrekkig, daar ze geen rekening houdt met het verschil tussen wel- en niet-genetische oordelen, welke voor het bewijs wel degelijk van belang is. Ook op deze punten kan ik echter hier niet breder ingaan.

*190. The composition of statements resting on the analysis of simple
      statements: According to epistemological presuppositions*

Distinguish two cases:

a. Analysis focuses on the logical path by which the statement was
discerned, namely, with or without the means of demonstration, for
example, "It is proven that . . ." and "It is not proven that . . . ."

> Comment 1: The first of these statements are called "apodictic," the per-
> tinent simple statement is called a "conclusion."

b. Analysis focuses on the (un)certainty of the person doing the
discerning. When the condition is one of certainty, it does not draw
attention to itself and one speaks and acts with assurance. "I believed; therefore I have spoken." It is when uncertainty arises that the
attention slips from what is known toward the knowing subject,
hence, (problematic and assertive) statements like, "It is still uncertain whether . . ." or "Once again, it is certain that . . . ."

> Comment 2: Note the difference in the conjunctions: "Whether" indicates
> uncertainty and "that" certainty.

191. The relationship of simple statements

a. Statements are compatible with each other or not.

b. Special relationships can be found [among simple statements].

(1) If predicates or the subjects of the statements are identical:

(a) When two statements have the same predicate, they can be
conjugated. Schema: $S_1 + S_2 = P$. Example: "John and Fred are blond."

(b) When two statements have the same subject, they are copu-
lable. Schema: $S = P_1 + P_2$. Example: "John is blond and large."

(2) When for two statements the subject of the one is the predicate of the other and the predicate of the first is the subject of the
other, they are called each other's converse. Discussion of the conditions under which the converse of a true statement will also be true,
and so on, would take me too far afield.

(3) Based on extension and quality, distinguish among statements
between universal-negative, universal-positive, particular-positive,
and particular-negative. The relationships of these four groups play
an important part in the doctrine of proofs. This division is faulty in
that it does not take into account the difference between genetic and
nongenetic statements, which is very important when it comes to
proofs. Here, too, I cannot now afford to elaborate.

192. Verhoudingen van bepaalde samengestelde oordelen.

Wanneer de omvangen der oordeelssubjecten bij twee particuliere oordelen met tegenstrijdige predikaten samen al de betrokken oordeelssubjecten omvatten, dan geldt het dilemmatische oordeel "S is òf P òf niet-P", en is een derde uitgesloten. Is aan een dezer voorwaarden niet voldaan dan is er geen dilemma en heeft ook het *principium exclusi tertii* ["principe van het uitgesloten derde"] geen geldigheid.

193. Het bewijzen en de verificatie.

A. Op grond van verhoudingen tussen oordelen is het mogelijk uit twee oordelen een ander te winnen. De eerste twee noemt men de premissen, het laatste conclusie.

Ook het bewijzen komt in het niet-wetenschappelijke leven voor. Het eenvoudigste geval doet zich voor wanneer een conclusie valt af te leiden uit twee oordelen, die zelf niet weer conclusies uit andere zijn. Het bewijs betekent in vele gevallen niet veel: niet zelden is namelijk het bewezen oordeel even goed door inventie te bereiken. Zo bijvoorbeeld in het geval, waarin ik uit "2 maal 2 = 4" en "3 maal 2 = 6", door concluderen vind dat "5 maal 2 = 10" is.

B. Een uitzondering op deze regel vormt de conclusie die over een te verwachten toekomst handelt. Deze draagt namelijk nog een hypothetisch karakter, maar helpt niet zelden de inventie (de vinding) op het spoor. De bevestiging van de conclusie door de waarneming heet dan verificatie. Wanneer bijvoorbeeld A tot B zegt: "C is niet te vertrouwen, let eens op: nu ik zus heb gedaan, zal hij daarop zó reageren", wordt B opmerkzaam op het gedrag van C en kan hij verifiëren de juistheid van de conclusie die A trok.

194. Het betogen.

Het betogen is sociaal van aard. Het gebruikt onder andere het bewijs, maar eveneens geheel de niet-wetenschappelijke beschikbare kennis. Door het houden van een betoog tracht men de naaste zakelijk te overtuigen, soms ook slechts niet-zakelijk te overreden. Ook het eerste kan geschieden met juiste maar ook op onjuiste gronden. De middelen welke men tot het bereiken van z'n doel gebruikt vormen een onderdeel van de traditie-vormende factoren: ze zijn dus evenals deze van het grootste belang voor het inzicht in een deel der niet-wetenschappelijke kennis.

> Opm. Het sociale leven gaat allerminst op in het betogen! Ook de leiding op dit terrein beschikt gelukkig nog over andere middelen dan dit: de

192. The relationships of specific composite statements

When the extensions of the subjects of two particular statements with opposing predicates together include all of the relevant subjects, then the dilemmatic statement holds, "*S* is either *P* or not-*P*," and there is no third possibility. If these conditions are not met, then there is no dilemma and the *principium exclusi tertii* (principle of excluded middle) does not hold.

193. Proofs and verification

a. On the basis of relationships between two statements, it is possible to derive another one. The first two are called "premises" and the latter "conclusion."

Proofs are also found in nonscientific life. The simplest case is when a conclusion can be derived from two statements that are themselves conclusions from still other statements. In many cases, a proof does not mean so much; the proven statement can often be reached through invention. For example, from "2 times 2 = 4" and "3 times 2 = 6" I conclude that "5 times 2 = 10."

b. An exception to this rule is the conclusion that deals with something expected in the future. Such a proof has a hypothetical character but is often an aid to invention (discovery). Confirming the conclusion through perception is called "verification." When, for example, A says to B, "Watch out, you can't trust C. I've done *x;* now he's going to react by doing *y*," B is going to watch C's behavior and will be able to verify whether the conclusion A drew is correct.

194. Demonstration

Demonstrations are social in nature. They use proofs, among other things, but also all of the nonscientific knowledge available. By presenting an argument one tries to convince one's neighbor squarely, sometimes just to persuade in a less objective manner. It is possible to convince someone on sound grounds but also on those that are less so. The means one uses to achieve one's goal make up one of the factors that form a tradition. These ways and means are of paramount importance for gaining insight into one part of nonscientific knowledge.

> Comment: There is so much more to social life than demonstrative proofs! Leaders in this area, fortunately, also have other means at their

handhaving van het ambtelijk gezag staat en valt niet met de vaardig-
heid van de ambtsdrager het door hem juist geachte te betogen!

195. De boven-analytische samenhangen in de niet-wetenschappelijke kennis.

Tot de niet-wetenschappelijke kennis behoort veel meer dan de
gangbare boeken voor "logica"§§ behandelen. En overal wint de man
van rijkere ervaring – dit woord hier genomen in de betekenis die het
in het dagelijkse spraakgebruik heeft en een scherpe herinnering, een
geoefende waarneming en een zekere rijkdom van het herinnerde en
waargenomene insluit – het van de beginneling.

196. Het onderscheiden van functies in het niet-wetenschappelijk denken.

Het niet-wetenschappelijk kennen onderscheidt ook tal van functies, met name prevalerende en leidende.

Vooral vindt men dat bij de boven-analytische, met name bij de
boven-linguale waar het taalgebruik, mits helder, de onderscheiding
steunt. Zo onderscheidt men zonder wetenschap bedrijf, staat, gezin
en pistisch instituut (kerk). En waar het calvinisme ingang vond
verzet men zich dan ook krachtig tegen de vermenging dezer terreinen, en veroordeelt bijvoorbeeld politieke stakingen, kerkelijke
wetenschap, enzovoort.

Maar ook ten aanzien van het beneden-analytische onderscheidt
het niet-wetenschappelijk denken vrij scherp. Een boer onderscheidt
stenen, planten, dieren en mensen helderder dan menigeen die verlegen zit met een magere kentheorie, die in quasi-eenvoudigheid
slechts van een subjects–objects-verhouding weet en onder deze dan
de verhouding van het denken en het waargenomene verstaat [zie
§160D, Opm. 3, en §171A2].

197. Het niet-wetenschappelijk kennen en de kentheorie.

Uiteraard zal hij die de niet-wetenschappelijke kennis niet scherp
analyseert niet dit alles uiteenhouden: *primum vivere deinde philosophari*
["eerst leven, dan filosoferen"]. Dat neemt niet weg, dat het hier
geanalyseerde als niet-wetenschappelijke kennis wel degelijk tot het
vivere behoort en daar in een rijkdom, nog veel meer gevarieerd dan
hier aangestipt, aanwezig is, en men, ook wanneer men zelf boven-

---

§§ Voor het verstaan van de in wetenschappelijke handboeken voorkomende terminologie
is het wel gewenst, dat men meer omtrent de logica weet, dan hier kan behandeld
worden. Voor een verdere uiteenzetting moge ik daarom verwijzen naar mijn *Hoofdlijnen der logica*, Kampen: Kok, 1948. [Noot van de schrijver voor de editie van 1967;
red.]

disposal. Maintaining invested authority does not stand or fall with the dexterity of the office bearer in arguing what she considers to be right!

195. The supra-analytic interrelations in nonscientific knowledge

Nonscientific knowledge includes so much more than current books on logic§§ deal with. And it is the person with a wealth of experience who always eclipses the beginner; "experience" taken here in its everyday sense includes a keen memory, a trained eye, and a cache of recollections and perceptions.

196. Distinguishing functions within nonscientific thinking

Nonscientific knowing also distinguishes a number of functions, primarily prevailing and leading functions.

That is especially true of the supra-analytic spheres, particularly in the supralingual fields, where the use of language, when clear, supports discernment. For example, without the help of science, people distinguish business, state, family, and pistic institution (church). Where Calvinism has made inroads, people earnestly resist mixing up these arenas and denounce, for example, political strikes, ecclesiastical science, and the like.

But also with respect to the subanalytic, nonscientific thinking does a good job of distinguishing. A farmer distinguishes stones, plants, animals, and humans more clearly than many who are stuck with an impoverished theory of knowledge that in quasi simplicity only knows a subject–object relationship and understands this to be the relationship of thinking and what sense perceives. (See §160d, Comment 3, and §171a2.)

197. Nonscientific knowing and the theory of knowledge

Obviously, those who are not keen in analyzing nonscientific knowledge will be unable to keep all of this straight: *primum vivere deinde philosophari* ("first live, then philosophize"). Nevertheless, what is analyzed here as nonscientific knowledge belongs without a doubt to the *vivere* and is present in an abundance more varied than indi-

---

§§ To understand the terminology current in scientific handbooks, one needs to know more about logic than can be dealt with here. For a more extensive elaboration I would refer to my *Hoofdlijnen der logica* (Kampen: Kok, 1948). [A note revised in the 1967 edition.]

dien op wetenschappelijk gebied werkt, van deze kennis nooit genoeg kan opsteken.

ONDERDEEL II.

Het wetenschappelijk kennen.

198. Inleiding.
A. Het wetenschappelijk kennen steunt overal op het niet-wetenschappelijk [kennen].
B. Op het ogenblijk kan slechts zeer in het kort worden aangeduid wat in een kentheorie van het wetenschappelijk kennen dient te worden besproken.

199. Indeling.
We onderscheiden het wel- en het niet-vakwetenschappelijk kennen. Aan de bespreking van elk van beide wijd ik een hoofdstuk.

Hoofdstuk I.
HET VAKWETENSCHAPPELIJK KENNEN.

200. Het verband tussen niet- en vakwetenschappelijk kennen.
Het laatstgenoemde onderscheidt zich van het eerste door verdere isolering van steeds fijner samenhangen in de afzonderlijke wetskringen. Van *vak*wetenschap spreken we dus dan, wanneer er niet meer dan één niet-analytische modaliteit wordt onderzocht.

> Opm. "Wiskunde", "astronomie", "zoölogie", enzovoort zijn termen, die, gevormd in de tijd vóór de scherpe afpaling van de velden van onderzoek, wetenschappen in een vroeger stadium aanduiden: ze vallen tegenwoordig steeds meer uiteen in echte vakwetenschappen. Zo bijvoorbeeld de wiskunde in aritmetiek en ruimteleer en de theologie in pisteologie en ethiek – ethiek is, zo verstaan, dus steeds theologische ethiek, maar niet alle theologie is "christiana" of "sancta".

201. Methode.
Vakwetenschappelijk bezig zijn houdt dus in, dat de analyse van de onderzoeker zich richt op een niet-analytische wetskring.
A. Door analyse dient deze eerst met behulp van het *principium exclusae antinomiae* ["principe van uitgesloten antinomieën"] te worden geanalyseerd uit het kosmisch verband waarin hij voorkomt. Daardoor wordt hij tot "veld van onderzoek".

cated here. No one, even those who also work at a scientific level, can ever get too much nonscientific knowledge.

DIVISION II

Scientific Knowing

198. Introduction
Scientific knowing everywhere relies on nonscientific knowing.

For now, I can only indicate very briefly what ought to be discussed in a theory about scientific knowing.

199. Division
We distinguish special-scientific and nonspecial-scientific (scientific) knowing. I devote a chapter to the discussion of each.

Chapter 1
SPECIAL SCIENTIFIC KNOWING

200. The connection between nonspecial-scientific and special-scientific knowing
Knowing in the special sciences distinguishes itself from nonspecial-scientific knowing by its ongoing isolation of increasingly refined interrelations in the several law-spheres. We speak of a *special* science when no more than one nonanalytic modality is investigated.

> Comment: "Mathematics," "astronomy," "zoology," and so on are terms, formed at a time prior to a sharp demarcation of fields of investigation, that indicate sciences in an earlier stage. Today, they are separating more and more into true special sciences, for example, mathematics into arithmetic and geometry or theology into pistology and ethics. Ethics in this context, then, is always theological ethics, but not all theology is Christian or sacred theology.

201. Method
Being busy in a special scientific way implies, then, that the analysis of the investigator is directed to a nonanalytic law-sphere.

a. Through analysis, and aided by the *principium exclusae antinomiae* (principle of excluded antinomy), such a law-sphere first needs to be analyzed out of the cosmic context in which it is found. In doing so, it becomes a "field of investigation."

Opm. 1. Het onderzochte is ten opzichte van de verbinding-zoekende analytische activiteit niet actief; zelfs, indien men wil, gnotisch passief. Deze passiviteit sluit echter geen ogenblik de eventuele niet-gnotische activiteit der onderzochte functies uit: zo is bijvoorbeeld het energetische wel degelijk actief, al is het in de stellingen der energetiek of fysica gnotisch passief.

De methode der vakwetenschap is steeds twee-enig, dat wil zeggen *synthetisch*. Alleen de analytica mist tot op zekere hoogte dit synthetisch karakter, namelijk voorzover men haar niet via de kentheorie benadert.

B. Vervolgens dringt de analyse steeds verder gnotisch actief in het eerst uit het kosmisch verband geanalyseerde veld door.

Opm. 2. Van het gehele veld van onderzoek ener vakwetenschap kan men een deel nader bezien, bijvoorbeeld het fysische van sterren en 't organische van één mens, dus van mij of van een ander. Doch men mag dan nooit vergeten, dat zulk een deel, ondanks deze beperking, met al 't andere in engere en ruimere samenhangen blijft staan. Brengt men zo (alleen secundair geoorloofde) isolering in verticale richting aan, ook een in horizontale richting is mogelijk: wetenschappelijk onderzoek kan zich speciaal richten op de ante- of retrocipatie(s) in een kring. Zo doen bijvoorbeeld de differentiaal- en integraal-aritmetiek, de socio-psychologie en de psycho-sociologie.

Opm. 3. De verdeling der wetenschappen over faculteiten wortelt vaak meer in de traditie dan in een heldere kentheorie; zo ontbrak bijvoorbeeld de studie in sommige vakken aanvankelijk geheel; later was 't dan wel eens moeilijk haar in 't bestaande kader van onderwijs in te voegen.

202. De verscheidenheid in methode.

Even groot als de verscheidenheid der niet-analytische functies is die der methoden haar te analyseren (methoden-pluralisme). Daar in de kosmos geen dichotomie van functiegroepen voorkomt is het ook niet mogelijk de wetenschappen in twee groepen te splitsen, bijvoorbeeld in natuur- en geesteswetenschappen. En evenmin valt te aanvaarden de onderscheiding in apriorische en aposteriorische kennis: het inzicht dat 2 maal 2 gelijk aan 4 is, moge voor òns "van zelf spreken", dat berust alleen dáárop, dat de aritmetische functie de eenvoudigste is; het kind vindt echter ook deze stelling niet zonder enige inspanning. Ook de indeling der wetenschappen in natuur- en cultuur-wetenschappen is te verwerpen: de cultuur is overal het resultaat der menselijke beheersing van het niet-menselijke. Wetenschap-pelijk valt ze daarom slechts te onderzoeken aan de hand van de modale verschillen die in beide, natuur en cultuur, voorkomen en in beide dezelfde zijn.

> Comment 1: With respect to the connection seeking analytic activity, what is being investigated is not active; it is, if you will, noetically passive. This passivity in no way restricts the eventual nonnoetic activity of the functions being investigated. So, for example, energy is certainly active, even though it is noetically passive in the propositions of energetics and physics.

The method of the special sciences is always binary, that is to say, *synthetic*. Only analytics (logic) lacks this synthetic character, at least in part, namely, to the extent that we do not approach it via the theory of knowledge.

b. Then analysis proceeds in a noetically active fashion within the field that was first analyzed out of its cosmic context.

> Comment 2: Within the entire field of investigation of a special science, it is possible to focus just on a part, for example, the physical aspect of only stars and the organic aspect of just one person, like myself or someone else. But we may not forget that such a part, in spite of this limitation, remains standing in limited and more open interrelations with all of the rest.
>
> So, after the field has been isolated, it is possible to introduce a second isolation, either in a vertical direction (as above) or in a horizontal direction. For example, scientific research can focus particularly on the anticipations or retrocipations within one sphere, as do differential calculus and integral calculus or social psychology and the psychosociology.
>
> Comment 3: The division of the sciences among faculties is rooted more in tradition than in a cogent theory of knowledge. Studies in some fields never developed, making it difficult in later years to incorporate them into existing curricula.

202. The diversity in method

The plurality of methods used to analyze these fields is as large as the diversity of nonanalytic functions. Because there are no dichotomous groups of functions in the cosmos, it is also impossible to split the sciences into two groups, like the "natural" sciences and the humanities. The distinction of a priori and a posteriori knowledge also lacks credibility. That 2 times 2 equals 4 might "speak for itself" to us, but this insight rests on nothing more than that the arithmetic function is the least complex. A child, however, does not simply discover this proposition without any effort. The division of the sciences into those of nature and of culture must likewise be rejected. Culture is always the result of human mastery of the nonhuman. It can only be investigated scientifically by looking at the modal differences that are present in both nature and culture and that are the same in both.

203. Het resultaat.

Het resultaat bestaat in wetenschappelijke oordelen, stellingen, wier inhoud noch enkel analytisch, noch enkel niet-analytisch is. Zo is de stelling "2 maal 2 is 4" niet enkel analytisch, noch ook enkel aritmetisch, maar een twee-eenheid: ze is aritmeticaal.

204. De verbinding van stellingen.

Een momenteel denkend mens kan niet zelden een samenhang ontwaren tussen de analytische functies van twee (of meer) vroeger gevonden stellingen. Zulk een mens staat dan zelf in een analytische waarnemende samenhang met de analytische functies van die stellingen, doch beziet nu de eveneens analytische samenhang tussen de analytische functies dier twee stellingen. Deze analytische activiteit noemt men "wetenschappelijk concluderen", de twee stellingen in dit verband "wetenschappelijke premissen" en de aldus gewonnen stelling "wetenschappelijke conclusie".

Zulk een conclusie onderstelt dus steeds twee stellingen. Deze kunnen vroeger eveneens door concludering zijn gevonden. Intussen mag bij het concluderen ook het niet-analytisch element dezer stellingen niet uit het oog verloren worden. Dat is vroeg of laat toch gewonnen niet door conclusie, maar door vakwetenschappelijk werken.

Daarbij komt, dat ook een door concludering gevonden stelling door vakwetenschappelijk onderzoek is te vinden. Meer dan een verkorten van en stimuleren tot het werk betekent het concluderen dus niet.

205. Samenwerking in wetenschap.

Het complex van door vakwetenschappelijk onderzoek en concludering gevonden stellingen wordt weergegeven in volzinnen en didactisch geordend meegedeeld aan anderen. Deze brengen hun bedenkingen in of werken op de gegeven basis voort.

Hoofdstuk II.
HET NIET-VAKWETENSCHAPPELIJK WETENSCHAPPELIJK KENNEN.

206. Samenvatting.

Wat daaronder ressorteert kan eerst bij een bredere behandeling dan thans mogelijk is tot z'n recht komen; onder dit hoofd ressorteert onder andere de pedagogiek, die veel meer dan een vakwetenschap is.

203. The result

The result consists of scientific statements (propositions) whose content is neither only analytic nor only nonanalytic. The proposition "2 times 2 is 4" is not only analytic nor only arithmetic but a biunity; it is arithmetical.

204. The connection of statements

A person who thinks diachronically can often perceive an interrelation between the analytic functions of two (or more) propositions found earlier. Such a person is, then, standing in an analytically perceptive interrelation with the analytic functions of those propositions and yet now sees the analytic interrelation between the analytic functions of these two propositions. This analytic activity is called a "scientific inference," the two propositions in this context "scientific premises," and the proposition gained, a "scientific conclusion."

Such a conclusion always presupposes two propositions. These, in turn, could have been inferred from others. With these inferences, the nonanalytic element of these propositions may not be lost sight of. That is something gotten not through inference but through special scientific labor.

In addition, an inferred proposition can also be found through special scientific research. Inferences, then, are nothing more than a shortcut and stimulus for the work.

205. Cooperation in science

The complex of propositions a special science finds through research and inference is represented in sentences, didactically ordered and communicated to others. These others, in turn, offer their considerations or continue the work on the basis given.

Chapter 2
NONSPECIAL-SCIENTIFIC SCIENTIFIC KNOWING

206. Summary

What falls under this heading can only have justice done to it with a broader discussion than is now possible. Pedagogy, among other things, fits in this bracket. It is much more than a special science.

DEEL II.

DE THEORIE OMTRENT TECHNÈ EN TECHNIEK.

207. Inleiding.

Heel wat korter dan de theorie omtrent de kennis kan in dit dictaat die omtrent de *technè* ["kunstwerk", "handvaardigheid"] behandeld worden: de *technè* ressorteert onder het historische en onderstelt dus het analytische.

Achtereenvolgens hebben we hier te behandelen de *technè* en haar verhouding tot de wetenschap.

ONDERDEEL I.

De technè.

208. Inleiding.

Hier komt aan de orde: de verhouding tussen het historische en de *technè*, de technische bewerking, de basis van het bewerkte en van de bewerking en de combinatie van bewerking en opneming in hogere samenhang.

209. Het historische en de technè.

Het historische omvat meer dan de *technè*. Zelfs de subjects–objects-verhouding in het historische is niet toereikend om duidelijk te maken wat *technè* is: er is ook een praktisch verstaan van producten der *technè*. *Technè* zelf is dan ook pas te omschrijven als een praktisch werkzaam zijn in de verhouding van subject tot object in de historische kring, waarbij het doel is, door bewerking van materiaal, praktisch-historische behoeften te bevredigen.

210. De technische bewerking.

Op de voorgrond staat hier de subject–object-relatie in het historische, verbonden met het schema actief–passief. Een voorbeeld moge dit toelichten.

Van fysische dingen – stukken metaal – maakt de mens onder andere machines. Ook vóórdien ontbrak de economische objectsfunctie aan het metaal niet: het had immers ook toen een economische waarde. Doch het was nog niet een machine. Voor dat het dit kon worden was tweeërlei nodig. Allereerst spreekt ook hier de subjects-

PART II

THE THEORY ABOUT KNOW-HOW AND TECHNOLOGY

207. Introduction

The theory about expertise can be dealt with much more briefly than the theory about knowledge. Know-how belongs under the historic function and, hence, presupposes the analytic function.

We will first discuss know-how and then its relationship to science.

DIVISION I

Know-How

208. Introduction

We will discuss the following: the relationship between the historic function and know-how, technical mastery, the basis of what is being worked and the working of it, and the combination of mastery and assimilation in a higher interrelation.

209. The historic and know-how

The historic function includes more than expertise. Even the subject–object relationship in the historic cannot adequately clarify what know-how (*technè*) is. There is also a practical understanding of products of skill. Know-how can itself only be circumscribed as a practical effort in the relationship of subject to object within, in the historic sphere, whose goal is to satisfy practical-historic needs.

210. Technical mastery

The subject–object relation in the historic law-sphere stands in the foreground here, connected with the schema active–passive. An example can elucidate this.

From physical things, from pieces of metal, we make machines, among other things. Before that happened, the economic object function of the metal was not lacking; it already had an economic value. But it was not yet a machine. Before it could become that, two things were needed. Here, too, it is first the subject function that has something to say. If metal was less resistant to fire, it would not be

functie een woord mee. Was metaal minder tegen vuur bestand, het zou niet tot machine worden verwerkt: de mens kan er slechts uithalen wat er "in zit". Doch aan de andere zijde wordt een fysisch ding niet tot machine zonder dit "er uit te halen", dat wil zeggen zonder vaak noeste arbeid van mensen.

> Opm. 1. Een zijdelings voordeel dat juist dit voorbeeld kan afwerpen is, dat wie het eenmaal eens rustig heeft geanalyseerd, voor goed is genezen van de machinetheorie inzake al het beneden-economische: niet alleen het organische, maar ook het fysische (en daarin het mechanische), is niet machinaal.

Ook hier ontmoet men dus de correlatie actief–passief. En wel, verbonden met een stand van zaken, die iets ingewikkelder is dan de tot nog toe besprokene. De "bewerking" is namelijk die menselijke activiteit, die een aanwezige objectsfunctie van een ander ding mede op grond van de aanleg van het te bewerken "materiaal" overeenkomstig een min of meer uitgewerkt plan wijzigt, ter voldoening aan een opgemerkte behoefte, die men wenst te bevredigen.

> Opm. 2. "Bewerking" – breder dan "vorming" – is dus, naar de zijde van het súbject niet "scheppend": ze sluit immers de aanwezigheid van het individuele geschapen materiaal en van de bewerkende mens in. Evenmin is zij naar de zijde van het object een verbinden van daarin aanwezige met niet aanwezige functies, doch slechts een verandering binnen het kader der reeds in het materiaal aanwezige functies.
>
> Opm. 3. Het "materiaal" behoeft niet steeds een fysisch ding te zijn. Ook planten en dieren – om ons op het ogenblik tot het niet-menselijke te bepalen – kunnen als zodanig dienst doen. Men denke aan de rol die flora en fauna in een hortus botanicus en in een zoölogische tuin spelen.

Waarom kan de bewerking alleen door mensen geschieden? De grond hiervoor ligt niet in het schema actief–passief: dat vindt men reeds in het fysische en daarmede in de verhouding tussen corpuscula. Het antwoord op deze vraag wordt eerst duidelijk, wanneer men onderzoekt, wat de bewerking modaal onderstelt. Dat is niet alleen een psychisch wensen, maar ook een analytisch onderscheiden en wel van doel en middel als technische correlata. Vandaar dat "bewerking" eerst in de historische wetskring voorkomt, in welke alleen de mens een subjectsfunctie bezit. Hoe gecompliceerder de kring is in welke de gecompliceerde wijziging ligt, des te meer onderstelt ook de bewerking. Zo bijvoorbeeld onderstelt kunst, wijl een esthetische bewerking van materiaal, meer dan *technè*.

used for machines. You can only get out of it what's "in it." On the other hand, a thing does not become a machine without "extracting" what's in it, that is, without the often diligent industry of humans.

> Comment 1: This example also has the advantage that those who take the time to investigate it carefully will be cured once and for all of the theory that claims that all of the subeconomic spheres function like machines. Neither the organic nor the physical (and therewith, the mechanical) spheres are machinelike.

Here, too, we meet the active–passive correlation. In this case, it is connected to a state of affairs that is somewhat more involved than what we have found previously. The "mastery" here is that human activity, taking the makeup of the "material" to be mastered into consideration, changes a thing's already present object function according to a more or less articulated plan in compliance with an observed need that someone wants to satisfy.

> Comment 2: "To master"—broader than "to form"—is not, on the side of the subject, "to create," for it presumes the presence of the individual created material and of the working person. Neither is it, on the side of the object, a matter of connecting functions it does have with those it doesn't. It is only a change within the context of the functions already present in the material.
>
> Comment 3: The "material" need not always be a physical thing. Plants and animals, limiting ourselves for the moment to nonhuman things, can also be used. Think of the part played by flora and fauna in a botanical garden and in a zoo.

Why can this mastery only occur through human beings? The grounds for this are not found in the active–passive schema, which we find already in the physical sphere, particularly in the relationship between corpuscles. The answer to this question first becomes clear after investigating what mastery presupposes modally: not only a psychic desire but also an analytic distinguishing, particularly, of means and ends as technical correlates. That is why mastery is first present in the historic law-sphere, in which only human beings possess a subject function. The more complicated the sphere in which the complex change lies is, the more mastery it also presupposes. Art, for example, as aesthetic mastery of material, presupposes more than just know-how.

211. De basis der technè.

Bij dit punt onderscheide men de basis bij de bewerkende en die bij het bewerkte.

A. De basis der bewerking.

Zij verschilt, maar is op z'n laagst de historische [wetskring].

B. De basis van het bewerkte.

Ook deze verschilt: zij ligt namelijk steeds in de hoogste der wetskringen in welke het betrokken object nog een subjectsfunctie bezit. Ze is dus bij metaal in het fysische, bij plant respectievelijk dier in het biotische respectievelijk het psychische te zoeken.

212. De combinatie van het bewerken en opnemen in hogere samenhang.

Een nieuwe combinatie in welke het schema actief–passief tweemaal een rol speelt, komt dan voor, wanneer op de bewerking een opname in samenhang volgt. Zo volgt het in bedrijf stellen van een machine op haar fabricatie en het in omloop brengen van geld op het munten.

De modaliteit van deze combinatie is steeds die van de behoefte, ter bevrediging van welke de bewerking plaats vond.

ONDERDEEL II.

Technè en wetenschap.

213. Inleiding.

Hier onderscheide men tweeërlei: de verhouding der *technè* tot de vakwetenschap en die der *technè* tot de wijsbegeerte.

214. Verhouding van technè en vakwetenschap.

Technè vindt men in iedere cultuur. En nergens is ze zonder technisch denken en kennen in de categorieën van middel en doel.

Intussen: praktisch denken en kennen is iets anders dan het beoefenen en bezitten van wetenschap. Daarmee strookt dat *technè* in haar primitieve vormen los van de vakwetenschappen staat.

Geheel anders echter is deze verhouding in culturen met sterk ontplooide vakwetenschap: hier steunt de *technè* op laatstgenoemde. Zo rust de chirurgie op de organologie, de chemie op de fysica en de organologie, 't experiment op verschillende vakwetenschappen.

Vandaar echter ook de verwarring in terminologie tussen *technè* en techniek, welke twee men echter vooral onderscheide. *Technè* is

211. The basis of know-how

Distinguish between the basis of the mastering and of what is mastered.

a. The basis of the mastering varies but is never lower than the historic function.

b. The basis of what is mastered varies as well. It always lies in the highest of the law-spheres in which the object involved still possesses a subject function. For metal, that is the physical, for plants and animals, respectively, the biotic and psychic law-spheres.

212. The combination of mastery and its appropriation in higher interrelation

A new combination in which the schema of active–passive twice plays a part occurs when what has been made is taken up into another interrelation. Putting a machine into operation following its fabrication and putting coins into circulation once they have been minted are two examples.

The modality of this combination is always that of want, in service of which the mastery took place.

DIVISION II

Know-How and Science

213. Introduction

Distinguish two things here: the relationship of know-how to special science and to philosophy.

214. Relationship of know-how and special science

Know-how is present in every culture but never without technical thinking and knowing in the categories of means and end.

All the same, practical thinking and knowing is something other than doing and having science. Likewise, know-how in its primitive forms is not attached to the special sciences.

The relationship is very different, however, in cultures with highly developed special sciences. There, know-how banks on the special sciences. Surgery builds on organology, chemistry on physics and organology, and experiments on various special sciences.

That, however, is also the reason for the confusion in terminology between *technè* (know-how) and technology. These should be distin-

namelijk de praxis, techniek of technologie de wetenschap omtrent deze. De techniek is dus een onderdeel van de historiewetenschap.

215. Technè en wijsbegeerte.

Wijsbegeerte onderstelt, wijl wetenschap, mede de *technè* als onderdeel van het niet-wetenschappelijk leven.

Anderzijds heeft de filosofie zich te bezinnen op de plaats, op de grenzen en op de religieuze zin der *technè*, gelijk tegenwoordig steeds meer geschiedt.

DEEL III.

DE THEORIE OMTRENT KUNST EN KUNSTWETENSCHAP.

216. Inleiding.

De kunst ressorteert onder het esthetische en onderstelt dus veel meer dan het analytische: onder andere ook het historische en de *technè*.

Achtereenvolgens hebben we hier te bespreken: de kunst en haar verhouding tot de wetenschap.

ONDERDEEL I.

De kunst.

217. Inleiding.

Weer vraagt onze aandacht de verhouding tussen het esthetische en de kunst, voorts de artistieke bewerking, de basis van het bewerkte en van de bewerking en tenslotte de combinatie van bewerking en opneming in hogere samenhang.

218. Het esthetische en de kunst.

Het eerste omvat meer dan kunst. Ook hier is zelfs de subjects-objects-verhouding in het esthetische niet toereikend om duidelijk te maken wat kunst is: er bestaat een subjectief genieten van objectief natuurschoon, dat wel esthetisch en toch niet artistiek is. Kunst is dan ook te omschrijven als praktisch werkzaam zijn in de verhouding van subject tot object in de esthetische kring, waarbij het doel is bevrediging van esthetische behoeften.

guished. *Technè* is the praxis, while technology is the science about this practical know-how. Technology, then, is a subdiscipline of the science called history.

215. *Know-how and philosophy*

Philosophy, being science, also presupposes practical expertise as part of nonscientific life.

On the other hand, philosophy has to reflect on the place, on the limits, and on the religious sense of practical know-how—something that happens more and more nowadays.

PART III

THE THEORY ABOUT ART AND AESTHETICS

216. *Introduction*

Art falls under the aesthetic law-sphere and, hence, presupposes much more than the analytic function, namely, the historic function and know-how.

We have to discuss here first art and then its relationship to science.

DIVISION I

Art

217. *Introduction*

Once again, our attention turns to the relationship between aesthetics and art, then to artistic mastery, to the basis of what is mastered and of the mastering, and finally to the combination of mastery and appropriation in a higher interrelation.

218. *The aesthetic and art*

The aesthetic law-sphere includes more than art. Here, too, even the subject–object relationship in the aesthetic is not sufficient to make clear what art is. The subjective enjoyment of objective natural beauty is aesthetic but not artistic. Art, then, can be circumscribed as being practically busy in the relationship of subject to object in the aesthetic sphere, with an eye to satisfying aesthetic needs.

Opm. Men spreke hier in plaats van behoeften niet van "smaak": dat is te
rationeel en daardoor eenzijdig.

219. De artistieke bewerking.

Hier is analogie met de *technè*. Intussen bevindt bij de kunst zich
alles op hoger, namelijk niet op historisch, maar op esthetisch plan.

220. De basis van het bewerkte en van de bewerking.

1. Omtrent de eerste geldt hetzelfde als bij het technisch bewerkte.

2. De basis der bewerking daarentegen is hier, anders dan ginds,
op z'n laagst de esthetische [wetskring].

221. De combinatie van bewerking en opneming in hogere samenhang.

Kunstwerken kunnen worden opgenomen in het rechtsleven – ze
zijn eigendom –, in het ethische – als geschenk – en in het pistische –
als symbool.

ONDERDEEL II.

Kunst en wetenschap.

222. Inleiding.

Ook hier onderscheide men, naar de indeling van de wetenschap,
de verhouding tussen kunst en vakwetenschap en die tussen kunst en
wijsbegeerte.

223. Kunst en vakwetenschap.

Kunst onderstelt het esthetische, dus praktische kennis, niet wetenschap.

Daarentegen onderstelt de wetenschap omtrent de kunst het artistieke leven. Deze kunstwetenschap ressorteert onder de esthetica, die
breder is.

224. Kunst en wijsbegeerte.

Kunst onderstelt niet wijsbegeerte, maar deze laatste wel de kunst
als onderdeel van het niet-wetenschappelijke leven.

De wijsbegeerte omtrent de kunst loopt parallel aan die omtrent
de *technè*.

Comment: It is best not to replace "needs" with "taste," which is too rational and, hence, one-sided.

219. *Artistic mastery*

Here is the analogy with know-how. But with art, everything is at a higher plane—not historic, but aesthetic.

220. *The basis of what is mastered and of the mastery*

What holds for the basis of what is mastered technically, holds here as well.

The basis of the mastery is, in this case, other than before, never lower than the aesthetic function.

221. *The combination of mastery and its appropriation in higher interrelation*

Artworks can be taken up into jural life as property, into ethical life as gifts, and into the pistic life as symbol.

DIVISION II

Art and Science

222. *Introduction*

Here, too, given the differences in science, distinguish the relationship between art and special science and the relationship between art and philosophy.

223. *Art and special science*

Art presupposes the aesthetic function, that is, practical knowledge, not science.

In turn, the science about art presupposes artistic life. This science of art is a subdiscipline of aesthetics, which is broader.

224. *Art and philosophy*

Art does not need philosophy, but philosophy does presuppose art as part of nonscientific living.

Philosophy about art runs parallel to the philosophy about know-how.

Literatuurverwijzing (1945)

Opmerking redacteur. Aan het einde van het dictaat komt de volgende verwijzing naar literatuur voor.

A. Inzake de wijsbegeerte der wetsidee:

Philosophia Reformata, 1[ste jaargang] Kampen: J.H. Kok, 1936 en vervolgens.

Prof. dr. H. Dooyeweerd, *De wijsbegeerte der wetsidee*, I – III. Amsterdam: Paris, 1935-1936.

Ds. J.M. Spier, *Inleiding in de wijsbegeerte der wetsidee*, 2e [druk]. Kampen: J.H. Kok, 1940.

B. Inzake andere concepties.

Ten deze zij verwezen (i) naar de werken aangeduid in paragraaf 2 van dit dictaat*; (ii) naar de literatuur vermeld in mijn *Conspectus Historiae*, nieuwste uitgave.

- - - - - - - - - - - - - - - - - - -

* *Redacteur.* In strikte zin worden in paragraaf 2 alleen auteurs genoemd. De bedoelde werken zijn de volgende.

Andel, H.A. van. Waarschijnlijk is bedoeld: *Godsdienst en wetenschap. Een boek voor denkende menschen. Bewerkt naar geschriften van Dr. H. Bavinck*, 1921.

Becher, Erich, *Einführung in die Philosophie*, München 1926.

Drews, Arthur Christian Heinrich, *Eduard von Hartmanns philosophisches System im Grundriss*. Heidelberg: Carl Winter's Universitätsbuchhandlung, 1902.

References (1945)

> *Editor's note:* These references are found at the end of the *Isagoge*.

A. Regarding the philosophy of the law-idea:

Philosophia Reformata, 1 Kampen: J.H. Kok, 1936 ff.

Prof. dr. H. Dooyeweerd, [*The New Critique of Theoretical Thought*, I–IV. Philadelphia: Presbyterian and Reformed, 1953.]

Rev. J.M. Spier, [*An Introduction Christian Philosophy*. Philadelphia: Presbyterian and Reformed, 1954.]

B. Regarding other conceptions.

The reader is referred (i) to the works indicated in paragraph 2 above,[*] and (ii) to the literature referenced in the newest revision of my *Conspectus Historiae*.

- - - - - - - - - - - - - - - - - - - -

[*] *Editor's note:* Strictly speaking, paragraph 2 only refers to authors. The works implied are:

> Andel, H.A. van. [probably]: *Godsdienst en wetenschap. Een boek voor denkende menschen. Bewerkt naar geschriften van Dr. H. Bavinck*, 1921.
>
> Becher, Erich, *Einführung in die Philosophie*, München 1926.
>
> Drews, Arthur Christian Heinrich, *Eduard von Hartmanns philosophisches System im Grundriss*. Heidelberg: Carl Winter's Universitäts-buchhandlung, 1902.

Fichte, Johann Gottlieb. Waarschijnlijk worden de volgende werken bedoeld: "Erste Einleitung in die Wissenschafslehre" en "Zweite Einleitung in die Wissenschafslehre" beide in *Philosophische Journal* 1797; en *Darstellung der Wissenschafslehre*, Tübingen 1801.

Fullerton, George Stuart, *Introduction to Philosophy*, 1906.

Herbart, Johann Friedrich, *Lehrbuch zur Einleitung in die Philosophie*, 1813, herausgegeben von K. Häntsch, mit Einleitung, 1912.

Külpe, Oswald, *Einleitung in die Philosophie*, 1895, 12e druk 1929.

Land, Jan Pieter Nicolaas, *Inleiding in de wijsbegeerte*, 's-Gravenhage, 1889, 2e ed. 1900.

Paulsen, Friedrich, *Einleitung in die Philosophie*, 1892, 39e en 40e druk 1924.

Raeymacker, Louis de, *Introduction a la Philosophie*. Brussels: Editions Universitaires Les Presses de Belgique, 1938, 2e ed. 1944.

Renouvier, Charles. Meest waarschijnlijk is *Essais de critique générale* (1854-1864), 2e editie 1875-1896, nader band IV: *Introduction à la philosophie analytique de l'histoire*, 1896/1897.

Reyer, W., *Einführung in die Phänomenologie*, Leipzig: F. Meiner, 1926.

Russell, Bertrand, *Problems of Philosophy*. London: Williams and Norgate, 1912, 3e druk 1918.

Walch, Johann Georg, *Einleitung in die Philosophie*, Leipzig 1727.

Wattjes, J.G., *Practische wijsbegeerte*, Delft, 1924 (mogelijk een tweede druk in 1926).

Windelband, Wilhelm, *Einleitung in die Philosophie*, Tübingen 1914, 3e druk 1923.

Wundt, Wilhelm, *Einleitung in die Philosophie* 1911 [1901?] 8e druk 1920.

Verder:

D.H.Th. Vollenoven, *Conspectus Historiae [Philosophiae]* ("Overzicht van de geschiedenis van de filosofie"); titel van Vollenhovens colleges over onderdelen van de geschiedenis van de wijsbegeerte. Verschillende dictaten naar aanleiding van deze colleges, aangeduid met dezelfde titel, werden tussen 1926 en 1948 als syllabi uitgegeven (thans te raadplegen in het Vollenhoven-archief). Vollenhovens laatste complete overzicht van de geschiedenis van de filosofie is van 1956, getiteld *Kort overzicht van de geschiedenis der wijsbegeerte voor de cursus Paedagogiek M.O.A.*, stencil-uitgave Theja, Amsterdam. Binnenkort verschijnt "Kort overzicht" in een Engelse vertaling.

In paragraaf 3 wordt bedoeld:

Fritz Heinemann, *Neue Wege der Philosophie Geist-Leben-Existenz*, 1929.

Fichte, Johann Gottlieb. [probably]: "Erste Einleitung in die Wissensch-afslehre" and "Zweite Einleitung in die Wissenschafslehre" both in *Philosophische Journal* 1797; and *Darstellung der Wissenschafslehre*, Tübin-gen 1801.

Fullerton, George Stuart, *Introduction to Philosophy*, 1906.

Herbart, Johann Friedrich, *Lehrbuch zur Einleitung in die Philosophie*, 1813, herausgegeben von K. Häntsch, mit Einleitung, 1912.

Külpe, Oswald, *Einleitung in die Philosophie*, 1895, 12th printing 1929.

Land, Jan Pieter Nicolaas, *Inleiding in de wijsbegeerte*, 's-Gravenhage, 1889, 2nd ed. 1900.

Paulsen, Friedrich, *Einleitung in die Philosophie*, 1892, 39th en 40th printing 1924.

Raeymacker, Louis de, *Introduction a la Philosophie*. Brussels: Editions Uni-versitaires Les Presses de Belgique, 1938, 2nd ed. 1944.

Renouvier, Charles. [probably] *Essais de critique générale* (1854-1864), 2nd edition 1875-1896, [as well as] IV: *Introduction à la philosophie analytique de l'histoire*, 1896/1897.

Reyer, W., *Einführung in die Phänomenologie*, Leipzig: F. Meiner, 1926.

Russell, Bertrand, *Problems of Philosophy*. London: Williams and Norgate, 1912, 3rd printing 1918.

Walch, Johann Georg, *Einleitung in die Philosophie*, Leipzig 1727.

Wattjes, J.G., *Practische wijsbegeerte*, Delft, 1924 [possibly a second printing in 1926].

Windelband, Wilhelm, *Einleitung in die Philosophie*, Tübingen 1914, 3rd printing 1923.

Wundt, Wilhelm, *Einleitung in die Philosophie* 1911 [1901?] 8th printing 1920.

Further:

D.H.Th. Vollenoven, *Conspectus Historiae [Philosophiae]* ("Survey of the History of Philosophy"); this title supported Vollenhoven's lectures on the history of philosophy. A variety of course syllabi under this same title were used between 1926 and 1948 (and are now available in the Vollenhoven-archives). Vollenhoven's last complete survey of the history of philosophy dates from 1956 (*Kort overzicht van de geschiedenis der wijsbegeerte voor de cursus Paedagogiek M.O.A.*, stencil-uitgave Theja, Amsterdam) and has recently been translated in D. H. Th. Vollenhoven, *The Problem-Historical Method and the History of Philosophy*, ed. Kornelis A. Bril (Amsterdam: De Zaak Haes, 2005).

In paragraph 3, the reference is:

Fritz Heinemann, *Neue Wege der Philosophie Geist-Leben-Existenz*, 1929.

Index of Terms

N.B. The numbers listed refer to the numbered paragraphs in the text.

Termenregister

N.B. De cijfers achter de termen hebben betrekking op de *genummerde paragrafen* van de tekst.

Index of Names

N.B. The numbers after the names refer to the numbered paragraphs in the text.

Names from the Bible

Register op persoonsnamen

N.B. De cijfers achter de namen hebben betrekking op de *genummerde paragrafen* van de tekst.

www.ingramcontent.com/pod-product-compliance
Lightning Source LLC
Chambersburg PA
CBHW020406100426
42812CB00001B/219